누구나 쉽게 배우는
파이썬 프로그래밍

PYTHON FOR KIDS:

A PLAYFUL INTRODUCTION TO PROGRAMMING

by JASON R. BRIGGS

누구나 쉽게 배우는
파이썬 프로그래밍

제이슨 R. 브리그스 지음 / 황반석, 이상훈 옮김

no starch
press

BJPUBLIC

저자 소개

제이슨 R. 브리그스(Jason R. Briggs)는 Radio Shack TRS-80에서 BASIC을 처음 배운 여덟 살 때부터 프로그래머였다. 그는 개발자이자 시스템 아키텍트로 전문적인 소프트웨어를 개발해왔으며, Java Developer's Journal의 편집 기자로도 근무했다. 그의 기사는 JavaWorld와 OnJava 그리고 ONLamp에 기재되었다. 이 책은 그의 첫 번째 책이다.

제이슨과 연락을 하려면 http://jasonrbriggs.com을 통하거나 mail@jasonrbriggs.com으로 이메일을 쓰면 된다.

일러스트레이터 소개

미란 리포바카(Miran Lipovaca)는 《Learn You a Haskell for Great Good!》의 저자다. 그는 복싱과 베이스 기타 연주 그리고 당연히 그림 그리기를 즐긴다. 해골 춤과 숫자 71에 매료되어 있으며, 자동문을 통과할 때면 자신의 마음으로 문을 여는 것처럼 행동한다.

기술 감수자 소개

Nueva School을 최근에 졸업한 15살의 조쉬 폴락(Josh Pollock)은 San Francisco의 Lick-Wilmerding High School의 신입생이다. 그는 9살 때 처음으로 프로그램의 기초를 시작했고 6학년 때 TI-BASIC을 이용하여 프로그래밍을 했으며, 7학년 때 자바와 파이썬을 했고 8학년 때 UnityScript를 접했다. 프로그래밍뿐만 아니라 트럼펫 연주와 컴퓨터 게임 개발 그리고 사람들에게 STEM(Science, technology, engineering, math)에 대해 가르쳐주는 것을 좋아한다.

감사의 글

이것은 마치 여러분이 상을 받으려고 무대에 올라갔는데 감사함을 표하고자 했던 명단을 다른 바지의 주머니에 넣어둔 것과 같습니다. 여러분은 몇 명의 사람들을 언급하는 것을 잊었을 것이며, 무대에서 내려갈 때를 알리는 음악이 곧 시작될 것입니다.

마찬가지로, 이 글은 이렇게 좋은 책을 만드는 데 도움을 준 것에 대한 엄청난 감사의 빚을 진 사람들에 대한 전체 명단이 아닙니다.

편집 기간 중에 "초보자들이 어떤 생각을 할지(이 책은 초보자(심지어 아이들)를 대상으로 쓰여졌기 때문에 그들의 눈높이에 맞게 쓰여졌습니다)"를 알려준 No Starch 팀, 특히 빌 폴락(Bill Pollock)에게 감사를 드립니다. 여러분이 오랫동안 프로그래밍을 해왔다면 처음 배우는 사람들이 얼마나 어려워하는지를 잊었겠지만, 빌은 자주 간과되거나 너무 복잡한 부분들에 대해 지적해주었습니다. 또한 300 페이지 이상의 올바른 코드를 제공하여 독자 여러분들이 머리를 잡아 뜯지 않도록 해준 뛰어난 관리자인 세레나 양(Serena Yang)에게 감사드립니다.

가장 큰 감사는 정말로 대단한 삽화를 그려준 미란 리포바카에게 가야 할 것입니다. 진짜로 대단함 그 이상이었습니다! 만약에 필자가 그림을 그렸다면 우리는 어떤 그림인지 모를 것들을 보게 되었을 것입니다. 우리는 "이게 곰인가? 혹시 개? 아니, 잠깐만... 나무일꺼야?"라고 했을 것입니다.

검토자들에게 감사를 드립니다. 그들이 제안했던 것들을 실행하지 못한 것이 있다면 사과드립니다. 여러분의 제안이 옳았을 것입니다. 아마 저의 이상한 성격 때문이었겠죠. 몇 가지 좋은 제안과 정말로 좋은 것들을 지적해준 조쉬(Josh)에게 특히 감사드립니다. 그리고 가끔씩 정확하지 않은 형식의 코드를 처리해 준 마리아(Maria)에게 사과드립니다.

하루 종일 컴퓨터 화면에 묻혀 살았던 남편에 대해 이해해주고 참아 준 나의 아내, 그리고 딸들에게 감사드립니다.

몇 년 동안 끝없는 격려를 해준 어머니, 그리고 마지막으로 1970년대에 컴퓨터를 사주시고 컴퓨터를 사용하고 싶어했던 어린 나를 참고 이해해준 아버지께 감사드립니다. 아버지가 없었다면 이 모든 것은 불가능했을 것입니다.

역자 소개

황반석

아이스하키와 전자 기타에 빠져있는 그는 한양대학교에서 컴퓨터공학을 전공한 이후 한결같이 개발자의 길을 걷고 있다. 처음에는 C, Visual C++를 이용한 애플리케이션을 개발하다가 인터넷이 확산되면서 Java/JSP를 이용한 대규모 웹 프로젝트들을 하였다. 그 후 모바일 시대가 도래하면서 Android, iPhone(iPod touch), iPad 애플리케이션들을 개발하고 있으며, 현재는 '트렌디앱'(http://www.trendyapp.co.kr)의 공동창업자이자 Chief Operating Officer로 폭넓은 모바일 세계를 개척하고 펼치겠다는 푸른 꿈을 꾸고 있다. 최근에는 Windows Phone에 대한 준비를 하면서 다양한 플랫폼을 기반으로 하는 사업을 준비하고 진행하고 있다.

옮긴 책으로는 《C#과 XAML을 이용한 Windows 8 애플리케이션 개발》(2013, 제이펍), 《핵심만 골라 배우는 iOS 6 프로그래밍》(2013, 제이펍), 《고급 개발자를 위한 iOS 프로그래밍, 그 한계를 넘어서》(2012, 비제이퍼블릭), 《핵심만 골라 배우는 오브젝티브-C 2.0》(2011, 제이펍), 《렛츠 고! iOS 4 애플리케이션 개발》(2011, 제이펍), 《입문자를 위한 아이폰 게임 개발》(2011, 제이펍), 《맥과 아이폰 개발자를 위한 Xcode》(2010, 제이펍)가 있다.

이상훈

경희대학교에서 컴퓨터공학을 전공하였으며 모바일 서비스 개발, 기획자로서 KT 2002 월드컵 프로모션용 모바일 서비스, 황진이맞고(모바일 게임), 인천송도 u-City 정보화공간 설계, u-Parking(무인주차시스템) 구축, SK텔레콤 기업형 메시지콜 개발, 비스트 스위터(모바일 보이스 팬클럽), 아모레 퍼시픽 모바일 광고 등 이동통신 및 모바일 관련 분야에서 다수의 프로젝트를 진행해왔다. 현재는 모바일 서비스 개발사 '트렌디앱'(http://www.trendyapp.co.kr)의 대표이사로 교육, 엔터테인먼트, 광고 및 기업 솔루션 분야에서 다양한 애플리케이션의 제작과 서비스를 추진하고 있다.

역자 머리말

1980년대 후반에 구상되기 시작한 파이썬은 1989년 12월에 개발이 시작되어 현재는 버전 3.3.2까지 발전해왔습니다. 오픈 소스 정책을 유지하는 파이썬은 다양한 장점들을 가지고 있습니다. 그 중에 가장 두드러진 장점들 중에 하나가 바로 웹 애플리케이션과 데스크톱 애플리케이션, 그리고 심지어는 게임 및 3D 그래픽에 걸친 여러 가지 애플리케이션에서 사용할 수 있다는 것입니다. 또한 Windows와 맥 OS X, 리눅스에서도 사용할 수 있으며 소스 코드를 그대로 사용할 수 있다는 점일 것입니다. 개발자에게 가장 큰 장점은 빠르고 강력한 애플리케이션을 만들 수 있을 뿐만 아니라, 다른 프로그래밍 언어로 만들어진 애플리케이션과 무리 없이 동작한다는 점입니다.

"프로그래밍 책은 어렵고 지루하다." 프로그래밍을 경험해봤던 사람들이라면 누구나 한 번쯤은 느꼈을 것입니다. 모든 일이 그렇겠지만, 프로그래밍 역시 지나고 보면 참으로 당연하고 이해할 수 있는 것이었는데 처음 배울 때는 전혀 그렇지 않습니다. 역자 역시 어릴 때부터 프로그래밍을 배웠지만 중간에 그만두고 싶었던 적이 많았고 내가 갈 길이 아니라고 생각한 적이 많았습니다. 함께 같이 공부하던 학과 사람들 중에서도 중간에 포기한 사람들도 있었고 졸업 후에 프로그램 개발을 떠난 사람들도 있습니다. 공부하다 보면 어느 순간부터 지겹고 이해되지 않는 설명을 하는 책과 씨름하고 있었다는 것이 그들의 고백이었습니다.

지금 이 글을 보고 있는 독자 여러분! 지금 당장 이 책의 중간 아무 곳이나 펼쳐보세요. 아마 놀라실 것입니다. 어쩌면 이 책은 여러분들이 지금까지 보지 못했던 프로그래밍 책의 구성과 내용으로 쓰여져 있을 것입니다. 역자는 처음 이 책을 받아 보았을 때 이런 생각을 했습니다. "정말로 이 책으로 프로그래밍을 배울 수 있을까?" 이런 생각을 하게 된 이유는 마치 다 큰 어른이 초등학교 저학년 산수(요즘은 뭐라고 부르는지 모르지만 제가 어렸을 때는 '산수'라고 했습니다. 하하) 책을 보는 느낌이었습니다. 하지만 한 장 한 장 읽어가면서 원서의 저자가 의도한 것이 무엇인지 알게 되었습니다. 프로그래밍은 어렵지 않고 쉽게 시작할 수 있으며, 재미있는 것이라는 점입니다.

이 책은 파이썬의 기초를 다룹니다. 그리고 간단한 게임을 만들기 위하여 필요한 부분들을 배워갑니다. 어쩌면 프로그래밍 언어를 배워서 간단한 게임을 만들 수 있다면 대단한 발전과 많은 것을 배웠다는 뜻일 것입니다. 파이썬을 배워보고 싶으신 분들과 프로그래밍에 대해 알고 싶으신 분들께 추천드리고 싶습니다. 이 책이 여러분에게 처음으로 끝까지 읽을 수 있을 만큼 재미있는 책이

역자 머리말

될 것이며, 이제서야 프로그래밍을 이해하게 되는 첫 걸음이 될 것이라 믿습니다.

역자인 저는 항상 한 가지를 목표로 번역을 합니다. 그것은 원서 저자의 지식과 전달하고자 하는 마음을 그대로 옮기자는 것입니다. 그래서 번역서가 나올 때마다 걱정되면서 또 바램을 갖습니다. 역자 역시 부족한 사람이며 그 부족함을 알기에, 조금이나마 독자들에게 도움을 드리고자 인터넷 카페(http://cafe.naver.com/petersbook)를 운영하고 있습니다. 책을 읽으시면서 궁금한 점이나 의견, 저자 또는 역자에게 묻고 싶은 것을 올려주시면 최대한 답변해드리도록 노력하겠습니다. 또한 이 곳에도 샘플 코드와 오탈자 정보들도 올리도록 하겠습니다.

"Almighty God!" 하나님의 은혜는 언제나 제 생각을 뛰어 넘습니다. 그분의 계획과 인도하심을 항상 이해하지 못하지만, 늘 선한 것으로 채워주심을 믿고 또 뒤늦게 알게 됩니다. 그래서 오늘도 감사드립니다. 항상 응원해주시고 사랑해주시는 양가 부모님들께 깊은 감사를 드립니다. 주말에도 커피숍 구석에 박혀있는 나를 이해하고 지원해주는 사랑하는 나의 아내(강승희)에게 고마움과 사랑을 전합니다. 새로운 모바일 세상을 열기 위하여 뜨거운 열정과 젊음을 불태우고 있는 트렌디앱(http://www.trendyapp.co.kr/) 임직원에게 감사와 격려의 박수를 보냅니다. 특히, 이번 번역을 함께 하면서 알게 모르게 고생을 많이 했을 Steve(이상훈)에게 큰 감사를 드립니다. 부족한 역자를 믿고 번역을 맡겨준 비제이퍼블릭 관계자 여러분께도 감사드립니다. 한 분 한 분 모두를 뵙지 못했지만, 지금도 묵묵히 좋은 책을 만들어 주셔서 감사드립니다. 나의 롤모델이자 가장 큰 가르침을 주신 내 아버지, 오늘도 뜨거운 감사를 드리며 그리움을 전합니다.

2013년 6월, 황반석

파이썬은 1991년 네덜란드의 프로그래머 귀도 반 로섬(Guido van Rossum)이 발표한 고급 프로그래밍 언어로 초보자부터 전문가까지 폭넓은 사용자층을 보유하고 있습니다. 파이썬은 다양한 플랫폼에서 사용할 수 있고 라이브러리(모듈)가 풍부하여 누구나 쉽게 강력한 응용 프로그램을 만들수 있는 강점이 있습니다. 이런 장점으로 소프트웨어 제작의 효율성을 강조하는 미국에서는 이미파이썬이 널리 이용되고 있으며 최근 국내에서도 대학을 중심으로 개발자가 늘고 있습니다. 오토데스크, 마야, 블렌더 3D, 페인트샵 프로, 비트토렌트, 트랙(Trac, 프로젝트 관리 툴), 문명4(게임) 등 업무용 소프트웨어에서 보안, 게임에 이르기까지 우리가 익히 알고 있는 많은 소프트웨어의 개발에도 광범위하게 활용되고 있습니다.

이 책은 이처럼 유용한 파이썬의 기초를 배울 수 있는 파이썬 프로그래밍 입문서입니다. 파이썬을처음 접하거나 프로그래밍 경험이 전혀 없는 초보자도 흥미로운 예제를 따라 하다 보면 컴퓨터가 프로그램을 통해 할 수 있는 일과 할 수 없는 일에 대해 이해하면서 프로그래밍의 기본 개념도 잡을 수있고 파이썬을 이용해 생각보다 훌륭한 프로그램을 만들 수 있는 수준에 오르게 됩니다.

프로그래밍 또는 코딩 기법을 배운다는 것은 일종의 논리적 언어를 배우는 것이며, 이 언어를 통해컴퓨터에게 일을 시키고 정보를 주고 받는 방법에 대해 알아가는 과정입니다. 이 과정 중에서 새로운 것을 만드는 창조적인 경험과 실행되었을 때의 성취감은 여러분이 보다 유용하고 강력한 소프트웨어를 만들 수 있는 에너지를 제공해줍니다. 파이썬은 초보자가 이러한 경험을 하기에 적합한언어이며, 이 책은 보다 쉽고 재미있는 방식으로 이 과정을 여러분께 안내해드릴 것입니다.

한편, 이번 번역은 아쉬운 마음이 큰 가운데 즐거움이 남는 그런 일이었습니다. 저자가 원문에서보여주는 내용을 정확히 번역하면서도 서로 다른 나라의 언어, 문화적 차이에서 오는 어색함을 최대한 자연스럽게 독자들이 이해할 수 있도록 표현하는 것을 목표로 시작했지만 도중에 부족함을많이 느끼며 함께 번역을 한 Peter(황반석)에게 대부분이 미뤄져 아쉬움이 컸습니다. 반면에, 번역과정 중에 책의 예제를 따라 하다 보면 어느새 번역은 뒤로 한 채 소스 코드에 빠져들고 있는 제 자신을 발견할 때마다 프로그램의 매력을 실감하는 즐거운 시간이었으며 독자 여러분도 이런 매력을함께 느꼈으면 하는 바람입니다.

마지막으로, 이 책을 읽어주실 독자 여러분께 미리 감사의 말씀을 전합니다. 아울러, 좋은 책을 번역할 수 있는 기회를 준 비제이퍼블릭에 감사드리고 공동 창업자이자 멘토이며 저의 부족함을 상상 이상으로 채워주시는 Peter(황반석)에게도 다시 한번 감사드립니다. 세상을 바꿀 새로운 서비스를 만들기 위해 밤낮으로 고생하는 우리 회사(트렌디앱) 임직원 여러분과 프로젝트를 믿고 맡겨주시는 고객사 여러분께도 머리 숙여 감사드리고 건승을 기원합니다. 무엇보다도 주말을 집에서 보내며 아빠와 캠핑을 가는 날만 손꼽아 기다리던 정민, 진형이 그리고 묵묵히 옆에서 지켜보며 응원해준 아내 은주에게 사랑과 감사의 말을 전합니다.

2013년 6월, 이상훈

목차

서문

왜 컴퓨터 프로그래밍을 배워야 할까?

프로그래밍은 창의력과 추론 능력, 그리고 문제 해결 능력을 발전시켜준다. 프로그래머는 아무것도 없는 상태에서 무언가를 만들 기회를 가지며, 프로그래밍 구조를 컴퓨터가 실행할 수 있는 형태로 바꾸기 위해 로직을 사용하고, 예상한 만큼 빠르게 작업되지 않을 때 무엇이 문제였는지 발견하여 문제를 해결한다. 프로그래밍은 재미있으며, 때로는 도전해야 할 일(아주 가끔은 짜증나는 일)이고, 여기서 배운 기술들은 학교나 직장에서 유용하게 사용할 수 있다. 여러분이 컴퓨터와는 전혀 상관없는 직업을 갖는다고 해도 말이다. 적어도, 프로그래밍은 좋지 않은 날씨에 오후를 보내는 가장 좋은 방법일 것이다.

왜 파이썬인가?

파이썬은 초보 프로그래머에게 정말로 유용한 기능들을 가진 배우기 쉬운 프로그래밍 언어다. 다른 프로그래밍 언어들과 비교할 때 코드를 읽기가 매우 쉬우며, 프로그램을 입력하고 실행해 볼 수 있는 인터렉티브 쉘을 가지고 있다. 간단한 언어 구조와 인터렉티브 쉘뿐만 아니라 파이썬은 학습 과정을 확대할 수 있는 기능들을 가지고 있으며, 게임을 만들 경우에 간단한 애니메이션을 넣을 수 있게 해준다. 그 중 한 가지는 1960년대에 Logo 프로그래밍 언어에서 사용되었던 Turtle 그래픽에서 영감을 받아 교육적인 목적으로 설계된 turtle 모듈이다. 또 다른 하나는 고급 그래픽과 애니메이션으로 프로그램을 만들 수 있는 간단한 방법을 제공하는 Tk GUI 툴킷을 위한 인터페이스인 tkinter 모듈이다.

코딩을 배우는 방법

여러분이 무언가를 처음 시도해볼 때처럼 기본적인 것부터 시작하는 것이 최선이다. 따라서 첫 번째 장에서 시작하고 중간에 몇몇 장을 건너뛰려는 충동을 참아라. 어떤 사람도 처음 접하는 악기로 오케스트라 교향곡을 연주할 수 없다. 조종사가 되려는 학생들이 기본적인 조작 방법을 배우지 않고는 비행기를 운전할 수 없다. 체조 선수는 처음부터 뒤로 덤블링을 할 수 없을 것이다. 너무 빠르게 앞으로 진행한다면 기본적인 개념들을 기억하지 못할 뿐만 아니라, 뒷장의 내용이 실제보다 더 복잡하게 느껴질 것이다.

이 책을 따라 각각의 예제들을 실행해보면 어떻게 동작하는지 이해할 수 있을 것이다. 각 장마다 프로그래밍 퍼즐이 있으며, 여러분의 프로그래밍 기술을 더욱 향상시켜 줄 것이다. 기초에 대해 이해하는 것이 중요하다는 점을 기억한다면, 나중에 좀 더 복잡한 개념을 더 쉽게 이해할 수 있을 것이다.

어떤 부분이 너무 복잡하거나 힘들다면 다음의 내용들이 도움을 줄 수 있을 것이다.

1. 문제를 좀 더 작은 부분으로 나눠라. 작은 부분의 코드가 어떤 작업을 하고 있는지를 이해하거나 어려운 부분에서의 작은 부분에 대해서만 생각해보라(한 번에 전체를 이해하려고 하지 말고 작은 부분의 코드에만 집중하라).

2. 그래도 도움이 되지 않는다면 잠시 그대로 두는 것이 최선이기도 하다. 잠을 자고 그 다음 날 다시 살펴보라. 이것은 여러 문제에 대한 좋은 해결 방법이기도 하며, 컴퓨터 프로그래머들에게는 특히 도움이 될 수 있다.

누가 이 책을 읽어야 할까?

이 책은 남녀노소 상관없이 처음 프로그래밍을 하는 컴퓨터 프로그래밍에 관심이 있는 모든 사람을 대상으로 한다. 만약에 다른 사람이 만든 프로그램을 단순히 사용하는 것이 아니라 여러분만의 소프트웨어를 어떻게 개발하는지 배우고 싶다면 『누구나 쉽게 배우는 파이썬 프로그래밍』이 좋은 시작일 것이다.

이 책에서 여러분은 파이썬을 설치하는 방법과 파이썬 쉘을 시작하는 방법, 기본적인 계산, 화면에 텍스트를 출력하고 리스트를 생성하는 것, 그리고 if 문과 for 루프가 무엇인지와 if 문과 for 루프를 이용하여 간단한 제어를 수행하는 방법을 배울 것이다. 또한 함수를 가지고 코드를 어떻게 재사용하는지와 클래스 및 객체의 기본, 그리고 내장된 파이썬 함수와 모듈에 대해서도 배울 것이다.

간단한 turtle 그래픽과 고급 turtle 그래픽에 대해 배울 것이며, tkinter 모듈을 이용하여 컴퓨터 화면에 그리는 방법도 배울 것이다. 각 장에는 작은 프로그램을 만들면서 새로 배운 지식들을 복습하게 하는 여러 난이도의 프로그래밍 퍼즐이 있다.

기초적인 프로그래밍 지식을 쌓은 다음, 게임을 어떻게 만드는지 배우게 될 것이다. 여러분은 두 개의 게임을 만들 것이며, 충돌 감지와 이벤트, 다양한 애니메이션 기술들을 배울 것이다.

이 책에 있는 대부분의 예제들은 파이썬의 IDLE(Integrated DeveLopment Environment) 쉘을 사용한다. IDLE은 구문을 강조하며, 다른 애플리케이션들에서 사용되는 것과 같은 복사 붙이기 기능, 나중에 코드를 저장할 수 있는 편집 창을 제공한다. 이것은 IDLE가 인터렉티브 환경이자 텍스트 편집기와 약간 비슷한 것처럼 동작한다는 의미다. 이 책의 예제들은 기본적인 콘솔과 일반 텍스트 편집기에서 잘 동작할 것이다. 하지만 IDLE의 구문 강조와 약간 더 친숙한 환경은 코드에 대한 이해를 도울 것이며, 첫 장에서 어떻게 설정하는지 살펴보게 될 것이다.

이 책에서 다룰 내용

다음은 각 장에 대한 개요다.

1장은 파이썬을 처음 설치하는 방법과 프로그래밍에 대한 소개를 한다.

2장은 기본 계산과 변수에 대해 소개하며, **3장**은 문자열, 리스트, 튜플 등의 기본 파이썬 타입들을 설명한다.

4장은 turtle 모듈을 처음 맛본다. 우리는 화살표 모양의 거북이를 화면상에서 움직이도록 하는 프로그래밍을 배울 것이다.

5장은 다양한 조건문과 if 문을 다루며, **6장**에서는 for 루프와 while 루프를 배울 것이다.

7장에서부터 함수에 대해 사용하고 만들기 시작할 것이며, **8장**에서는 클래스와 객체에 대해 다룰 것이고 이후에 게임을 개발하는 데 필요할 프로그래밍 기술들을 제공하기 위해 기본적인 개념들을 충분히 다룰 것이다. 여기서는 약간 더 복잡한 것에 대해 다루기 시작한다.

9장은 파이썬에 내장된 함수들에 대해 살펴보며, **10장**은 파이썬과 함께 디폴트로 설치된 몇 가지 모듈들을 살펴본다.

11장은 조금 더 복잡한 도형들을 그리기 위해 turtle 모듈로 돌아온다. **12장**은 고급 그래픽을 만들기 위해 tkinter 모듈을 사용한다.

13장과 **14장**에서는 이전 장들에서 배운 지식을 기반으로 우리의 첫 번째 게임인 "바운스!" 게임을 만든다. **15장**부터 **18장**까지는 또 다른 게임인 "미스터 스틱맨 탈출 게임"을 만든다. 이 게임 개발에 대해 설명하는 장에서는 실수하기 쉬울 것이다. 만약에 어떠한 문제가 생겼다면, 웹사이트 (http://python-for-kids.com/)에서 이에 대한 코드를 다운로드하고 여러분이 만든 코드와 비교해보라.

후기에서는 PyGame과 다른 프로그래밍 언어들에 대해 살펴본다.

마지막으로, **부록**에서는 파이썬의 키워드에 대해 자세히 배울 것이며, **용어 정리**에서는 이 책에서 사용한 프로그래밍 용어에 대한 정의를 배울 것이다. **프로그래밍 퍼즐 정답**에서는 각 장의 프로그래밍 퍼즐에 대한 풀이를 확인할 수 있다.

웹사이트

이 책을 읽으면서 도움이 필요하다면, 모든 예제와 프로그래밍 퍼즐을 다운로드할 수 있는 웹사이트 (http://python-for-kids.com/)를 방문해보자.

즐기자!

이 책을 공부한다면 프로그래밍이 즐거울 수 있다는 것을 기억하자. 이것이 일이라고 생각하지 말고, 프로그래밍을 여러분의 친구나 다른 사람들과 공유할 수 있는 재미있는 게임이나 애플리케이션을 만드는 방법이라고 생각하자.

프로그램을 만드는 방법을 배우는 것은 논리와 사고력을 증진시키며 창의적인 결과를 얻을 수 있다. 여러분이 어떤 것을 만들든지 이 모든 것을 즐기길 바란다!

PART I
프로그래밍 배우기

뱀이라고 모두 기어 다니진 않는다

컴퓨터 프로그램은 컴퓨터가 어떤 동작을 수행하도록 하는 명령어들의 집합이다. 이것은 전선이나 마이크로 칩, 카드 또는 하드 드라이브 같은 컴퓨터의 물리적인 부분이 아니라, 그 하드웨어에서 실행되는 숨겨진 것들이다. 컴퓨터 프로그램(필자는 앞으로 그냥 **프로그램**(program)이라고 할 것이다)은 그러한 하드웨어들이 할 일들을 알려주는 명령어들의 묶음이다. 소프트웨어(Software)는 컴퓨터 프로그램들의 묶음이다.

컴퓨터 프로그램이 없다면 여러분이 매일 사용하는 거의 모든 기기들은 아무런 작업을 하지 않게 되거나 지금보다 훨씬 쓸모 없어질 것이다. 어떤 형태로든, 컴퓨터 프로그램은 여러분의 개인용 컴퓨터뿐만 아니라 비디오 게임 시스템이나 핸드폰 또는 자동차의 GPS 시스템도 제어한다. 소프트웨어는 LCD TV와 리모컨뿐만 아니라, 최신 라디오와 DVD 플레이어, 오븐, 일부의 냉장고 같은 것들도 제어한다. 심지어는 자동차 엔진과 신호등, 가로등, 기차 신호, 전자 게시판, 엘리베이터도 프로그램에 의해 제어된다.

프로그램은 생각과 비슷하다. 만약에 생각이 없다면, 여러분은 아마도 마루바닥 위에 서서 멍하니 앞을 바라보며 티셔츠에 침을 흘리고 있게 될 것이다. 마찬가지로, 컴퓨터 프로그램은 컴퓨터가 할 일을 알려준다.

만일 여러분이 컴퓨터 프로그램을 짤 줄 안다면 여러 가지 유용한 작업들을 할 수 있을 것이다. 물론, 자동차나 신호등 또는 냉장고를 조정하는 프로그램을 짤 수는 없을 것이다(적어도 지금 당장은). 하지만 웹 페이지나 여러분만의 게임 또는 숙제를 도와주는 프로그램을 만들 수는 있을 것이다.

언어에 대한 이야기

사람들처럼 컴퓨터도 다양한 언어로 의사소통을 하며, 이들이 사용하는 것을 프로그래밍 언어라고 한다. **프로그래밍 언어**(programming language)는 컴퓨터와 이야기를 나눌 수 있는 특별한 수단으로, 인간과 컴퓨터 모두가 이해할 수 있는 명령을 사용하는 방법이다.

Ada와 Pascal과 같이 사람들의 이름을 따서 만든 프로그래밍 언어들이 있으며, BASIC과 FORTRAN처럼 간단한 약어로 이름 지어진 언어들도 있다. 심지어는 파이썬(Python)처럼 TV 프로그램 이름을 따서 지어진 언어들도 있다. 그렇다. 파이썬 프로그래밍 언어는 뱀의 일종인 비단뱀(python)의 이름이 아닌, Monty Python's Flying Circus라는 TV 프로그램의 이름을 딴 것이다.

> **NOTE** Monty Python's Flying Circus은 1970년대에 처음 방송된 영국의 코미디 방송이었으며, 지금도 특정 시청자들 사이에서 엄청난 인기를 끌고 있다. 이 프로그램은 "Ministry of Silly Walks"와 "The Fish-Slapping Dance", 어떠한 치즈도 팔지 않는 "The Cheese Shop"같은 에피소드들이 있다.

파이썬 프로그래밍 언어는 초보자들에게 매우 유용하다. 가장 중요한 점은, 파이썬을 이용하면 간단하고 효율적인 프로그램을 정말로 빠르게 작성할 수 있다. 다른 프로그래밍 언어들에서 코드를 읽는 데 매우 어렵게 만들어 초보자들에게 전혀 익숙하지 않은 괄호({ })와 해시(#), 그리고 달러 표시($) 같은 복잡한 심볼들을 파이썬은 많이 가지고 있지 않다.

파이썬 설치하기

파이썬을 설치하는 것은 매우 간단하다. 여기서 우리는 윈도우 7과 맥 OS X, 우분투(Ubuntu)에 설치하는 방법을 설명할 것이다. 파이썬을 설치할 때, 파이썬용 프로그램을 작성할 수 있게 해주는 IDLE(Integrated DeveLopment Environment) 프로그램에 대한 바로 가기도 만들 것이다. 만약에 파이썬이 여러분의 컴퓨터에 이미 설치되어 있다면 "파이썬을 설치했다면"이라는 절로 넘어가자.

윈도우 7에 파이썬 설치하기

마이크로소프트 윈도우 7용 파이썬을 설치하려면 웹 브라우저에서 http://www.python.org/로 가서 파이썬 3용 최신 윈도우 인스톨러를 다운로드하자. 다음과 같이 Quick Links라는 이름의 메뉴를 살펴보자.

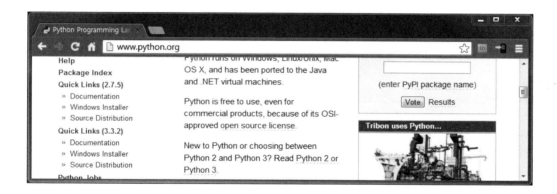

NOTE 여러분이 다운로드한 파이썬의 버전이 3으로만 시작한다면, 버전이 정확하게 일치하지 않아도 된다.

윈도우 인스톨러를 다운로드했다면, 그 아이콘을 더블클릭하여 다음과 같이 디폴트 위치에 파이썬을 설치한다.

1. Install for All Users를 선택하고 Next를 클릭한다.

2. 디폴트 디렉터리를 변경하지 말고 그대로 둔 상태로 설치 디렉터리의 이름에 주목하자(아마도 C:₩Python33). 그런 다음 Next를 클릭한다.

3. 설치에서 Customize Python 부분은 건너뛰고 Next를 클릭한다.

이 작업이 끝나면 시작 메뉴에 Python 3 항목이 생길 것이다.

다음으로, 바탕화면에 Python 3 바로 가기를 추가하는 다음의 단계를 따라 하자.

1. 바탕화면을 오른쪽 클릭하고, 팝업 메뉴에서 **새로 만들기 > 바로 가기**를 선택한다.

2. **항목 위치 입력**이라는 곳에 다음과 같이 입력한다(앞에서 보았던 설치 디렉터리에 맞게 입력하자).

    c:₩Python33₩Lib₩idlelib₩idle.pyw -n

다이얼로그는 다음과 같이 보일 것이다.

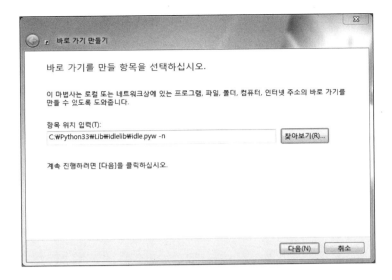

3. **다음(N)**을 클릭하여 다음 단계로 간다.

4. 이름을 IDLE라고 입력하고 **마침**을 클릭하여 바로 가기를 생성한다.

이제 페이지를 건너뛰어 "파이썬을 설치했다면"이라는 절로 넘어가자.

맥 OS X에 파이썬 설치하기

여러분이 맥을 사용하고 있다면, 맥에 이미 설치된 파이썬 버전(어쩌면 최신 버전이 아닐 수 있음)을 찾아야 한다. 최신 버전을 사용하고자 한다면 http://www.python.org/getit/에서 맥용 최신 인스톨러를 다운로드한다.

이곳에는 두 가지 인스톨러가 있으며, 여러분의 맥에 설치된 맥 OS X의 버전과 맞는 것을 다운로드해야 한다(맥 OS X의 버전을 확인하려면 상단 메뉴 바에 있는 **애플** 아이콘을 클릭하고 **이 매킨토시에 관하여**(About this Mac) 메뉴를 선택한다). 다음의 내용을 참고하여 인스톨러를 선택하자.

- 여러분의 맥 OS X 버전이 10.3에서 10.6 사이에 있다면 i386/PPC용 파이썬 3의 64-bit/32-bit 버전을 다운로드한다.

- 여러분의 맥 OS X 버전이 10.6보다 높다면 x86-64용 파이썬 3의 64-bit/32-bit 버전을 다운로드한다.

파일(그 파일의 확장자는 .dmg일 것이다)을 다운로드했다면 그것을 더블클릭하자. 그러면 파일들이 표시되는 창을 보게 될 것이다.

여기에서 Python.mpkg를 더블클릭하고 설치 단계를 따라간다. 파이썬을 설치하기 전에 여러분의 맥에 대한 관리자(administrator) 패스워드를 입력하는 다이얼로그가 나타날 것이다(본인이 맥에 대한 관리자가 아니라서 패스워드를 모른다면 관리자를 찾아 물어보자. 여러분의 상사일 수도 있고 부모님일 수도 있다).

다음으로, 파이썬의 IDLE 애플리케이션을 실행하기 위한 스크립트를 다음과 같이 바탕화면에 추가하자.

1. 화면의 우측 상단에 있는 작은 돋보기 모양의 **Spotlight** 아이콘을 클릭한다.

2. 거기에 나타난 상자에 Automator라고 입력한다.

3. 검색 결과로 나온 것들 중에서 로봇 모양의 **애플리케이션**(Application)을 클릭한다. 이것은 가장 연관된 항목(Top Hit) 또는 응용 프로그램(Applications)이라는 곳에 있을 것이다.

4. Automator를 실행하고 **응용 프로그램**(Application) 템플릿을 선택한다.

5. **선택**(Choose)을 클릭한다.

6. 목록에서 **쉘 스크립트 실행**(Run Shell Script)을 찾아서 그것을 오른쪽 빈 패널에 드래그한다. 그렇게 하면 다음의 그림과 같이 될 것이다.

7. 텍스트 박스에 **cat**이라는 단어가 보일 것이다. 그 단어를 선택하고 다음의 내용(**open**에서부터 **-n**까지의 모든 내용)으로 교체하자.

```
open -a "/Applications/Python 3.2/IDLE.app" --args -n
```

8. **파일**(File) **> 저장**(Save)를 선택하고, 그 이름을 IDLE라고 입력한다.

9. 그 파일을 둘 위치를 묻는 다이얼로그에서 **Desktop**(데스크톱)을 선택한다.

이제 페이지를 건너뛰어 "파이썬을 설치했다면"이라는 절로 넘어가자.

우분투에 파이썬 설치하기

우분투(Ubuntu) 리눅스 배포판에는 파이썬이 이미 설치되어 있지만, 이전 버전일 수 있다. 우분투 12.x에 파이썬 3을 다음과 같이 설치하자.

1. 사이드바(Sidebar)에서 우분투 소프트웨어 센터(Ubuntu Software Center) 버튼을 클릭한다(오렌지 색 가방 모양처럼 생겼을 것이다. 만약에 이것이 보이지 않는다면 대시 홈(Dash Home) 아이콘을 클릭하고 다이얼로그에 Software라고 입력한다).

2. 소프트웨어 센터의 우측 상단에 있는 검색 박스에 Python이라고 입력한다.

3. 소프트웨어 목록들이 표시되면 IDLE의 최신 버전을 선택한다. 그림에서는 IDLE(using Python 3.2)이다.

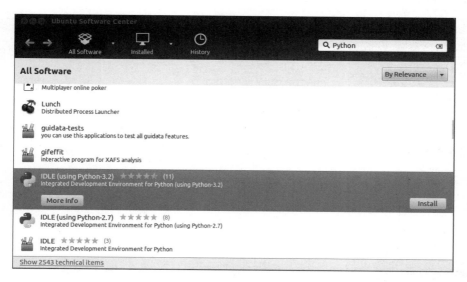

4. Install을 클릭한다.

5. 설치하기 위해 관리자 패스워드를 입력하고 **Authenticate**를 클릭한다(관리자 패스워드를 모른다면 관리자를 찾아 물어보자. 여러분의 상사일 수도 있고 부모님일 수도 있다).

NOTE 우분투의 몇몇 버전들에서 메인 메뉴에 IDLE가 아닌 Python(v3.2)만 보인다면 그것을 대신 설치해도 된다.

이제 최신 파이썬이 설치되었으니, 시작해보자.

파이썬을 설치했다면

이제는 여러분의 윈도우 또는 맥 OS X 바탕화면에 IDLE라는 이름의 아이콘이 있을 것이다. 우분투를 사용하고 있다면 Application 메뉴에서 IDLE(using Python 3.2) 또는 최신 버전의 애플리케이션이 있는 Programming이라는 새로운 그룹이 보일 것이다. 아이콘을 더블클릭하거나 메뉴 옵션을 선택하면 다음과 같은 화면이 보일 것이다.

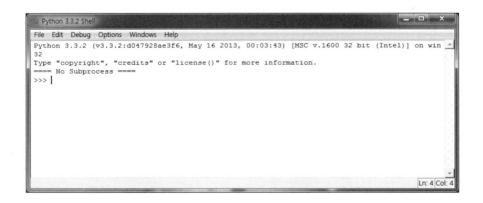

이것이 파이썬의 통합 개발 환경인 파이썬 쉘(Python shell)이다. 세 개의 꺾은 괄호(>>>)를 **프롬프트**(prompt)라고 부른다.

프롬프트에서 다음과 같은 명령어를 입력해보자.

```
>>> print("Hello World")
```

이와 같이 쌍따옴표("")도 입력했는지 확인하고 명령어의 끝에서 키보드의 엔터(ENTER)를 누른다. 이 명령어를 올바르게 입력했다면 다음과 같이 보일 것이다.

```
>>> print("Hello World")
Hello World
>>>
```

파이썬 쉘이 다른 명령들을 받을 준비가 되었다는 것을 알려주기 위해 프롬프트가 또 다시 나타날 것이다.

축하한다! 여러분은 첫 번째 파이썬 프로그램을 작성했다. print라는 단어는 **함수**(function)라고 불리는 파이썬 명령어의 타입이며, 이것은 쌍따옴표 안에 쓴 글자를 화면에 표시해준다. 기본적으로, 여러분은 컴퓨터에 여러분과 컴퓨터 모두가 이해할 수 있는 명령으로 "Hello World"라는 글자를 화면에 출력하라고 지시한 것이다.

파이썬 프로그램 저장하기

만약에 여러분이 예전에 작성했던 파이썬 프로그램을 다시 사용하고 싶을 때마다 똑같이 다시 입력하여 작성해야 한다면, 파이썬 프로그램은 정말로 불편한 것이 되었을 것이다. 프로그램의 코드를 모두 출력한다면 예전에 작성했던 프로그램을 참조할 수도 있을 것이다. 물론 몇 줄 안 되는 짧은 프로그램들은 다시 작성할 수도 있겠지만, 워드프로세서와 같은 큰 프로그램은 수백만 줄의 코드가 있을 수 있기 때문에 쉽지 않을 것이다. 그러한 프로그램을 모두 출력한다면 100,000쪽 이상이 될 것이고, 그 엄청난 양의 종이들을 옮겨 다니는 것이 얼마나 끔찍한지 상상이 될 것이다. 만일 그런 상황이 된다면 무서운 돌풍을 만나지 않길 바랄 뿐이다.

다행스러운 것은 나중에 사용하기 위해서 프로그램을 저장할 수가 있다는 것이다. 새로운 프로그램을 저장하기 위해서 IDLE를 열고 File > New Window를 클릭하자. 메뉴 바에 Untitled라는 이름과 함께 빈 창이 나타날 것이다. 새로운 쉘 창에 다음의 코드를 입력해보자.

```python
print("Hello World")
```

이제 File > Save를 선택한다. 파일명을 묻는 다이얼로그 창이 뜨면 hello.py라고 입력하고 그 파일을 바탕화면에 저장하라. 그런 다음 Run > Run Module을 선택하면 여러분이 저장했던 프로그램이 다음과 같이 실행될 것이다.

만약 hello.py 창이 열린 상태에서 쉘 창을 닫고 Run > Run Module을 선택하면 여러분의 프로그램이 다시 또 실행될 것이다 (프로그램이 실행되지 않고 파이썬 쉘을 다시 열고 싶다면 Run > Python Shell을 선택한다).

이 코드를 실행하면 바탕화면에 hello.py라는 새로운 아이콘이 있을 것이다. 이 아이콘을 더블클릭하면 검정색 창이 나타났다가 사라질 것이다. 무슨 일이 일어난 것일까?

여러분이 슈퍼히어로와 같은 시력을 가지고 있다면 창이 닫히기 전에 "Hello World"라고 출력된 파이썬 커맨드라인 콘솔(쉘 화면과 유사함)을 보게 될 것이다.

메뉴에서 선택하는 대신에 키보드의 단축키를 이용하여 새로운 창을 만들고, 파일을 저장한 다음 실행할 수도 있다.

- 윈도우와 우분투에서는 CTRL-N을 눌러 새로운 쉘 창을 생성하고, 작성이 끝난 다음에 CTRL-S를 눌러 파일을 저장하고 F5를 눌러서 프로그램을 실행해보자.

- 맥 OS X에서는 ⌘-N을 눌러 새로운 쉘 창을 생성하고, ⌘-S를 눌러 파일을 저장한 다음에 FN키를 누른 상태에서 F5를 누르면 프로그램이 실행된다.

복습

이번 장에서 우리는 거의 모든 사람들이 컴퓨터 프로그래밍을 배울 때 시작하는 Hello World 애플리케이션을 만들어봤다. 다음 장에서는 파이썬 쉘을 가지고 훨씬 더 유용한 것들을 시도해 볼 것이다.

2
계산과 변수

이제 여러분은 파이썬을 설치했고 파이썬 쉘을 어떻게 시작하는지 알게 되었으니 다른 작업을 할 준비가 된 것이다. 우리는 간단한 계산을 해본 다음에 변수에 대한 얘기를 할 것이다. **변수** (Variable)는 컴퓨터 프로그램에서 값을 저장하는 방법이며, 여러분이 좋은 프로그램을 만들 수 있도록 도움을 준다.

파이썬으로 계산하기

일반적으로, 8 × 3.57과 같이 두 숫자의 곱을 묻는다면 계산기나 연필과 종이를 사용할 것이다. 음, 그렇다면 파이썬 쉘을 이용하여 계산을 하려면 어떻게 해야 할까? 한번 살펴보자.

바탕화면에 있는 IDLE 아이콘을 더블클릭하거나, 우분투를 사용하고 있다면 Application 메뉴에서 IDLE 아이콘을 클릭하여 파이썬 쉘을 시작하자. 그리고 프롬프트에 다음과 같이 입력하자.

```
>>> 8 * 3.57
28.56
```

파이썬에서 곱하기 계산은 곱하기 표시(x)가 아닌 별표(*)를 사용한다는 것에 주목하라.

조금 더 재미있는 계산을 시도해보자.

여러분이 뒷마당을 파서 20개의 금화가 담긴 가방을 발견했다고 가정해보자. 다음 날, 지하실에 몰래 내려가서 할아버지가 발명한 스팀 방식의 복제 장치에 금화들을 넣어봤다(그 기계 안에는 20개의 동전만 들어갈 수 있다). 갑자기 윙~ 하는 소리와 함께 불꽃이 튀기더니 몇 시간 후에 10개의 금화가 더 나왔다.

만약에 1년 동안 매일 한 번씩 이러한 작업을 했다면 얼만큼의 동전을 갖게 될까?

$10 \times 365 = 3650$
$20 + 3650 = 3670$

물론 이것은 계산기를 사용하든 종이 위에 직접 계산하든 매우 쉬운 계산이지만, 이 모든 계산을 파이썬 쉘을 이용하여 할 수도 있다. 먼저, 10개의 동전과 1년의 365일을 곱하면 3650을 얻게 된다. 그 다음, 원래 있던 20개의 동전을 합치면 3670이 된다.

```
>>> 10 * 365
3650
>>> 20 + 3650
3670
```

이제, 까마귀가 여러분의 침실에 둔 반짝이는 금화를 발견하고 매주 3개씩 가져 갔다고 해보자. 1년이 지나면 몇 개가 남아있을까? 다음은 이 계산을 쉘에서 어떻게 하는지 보여준다.

```
>>> 3 * 52
156
>>> 3670 - 156
```

3514

첫 번째로, 1년의 52주에 3개의 동전을 곱한다. 그 결과는 156이다. 우리가 가지고 있는 전체 동전(3670)에서 그 수를 빼면 1년이 지날 때 3514개의 동전을 갖게 될 것이라고 알려준다.

이것은 매우 간단한 프로그램이다. 이 책에서는 좀 더 재미있는 프로그램을 만들기 위해서 이러한 아이디어들을 어떻게 확장하는지 배우게 될 것이다.

파이썬 연산자

가능한 여러 가지 수학 연산들 중에 이제 우리는 곱셈과 덧셈, 뺄셈, 그리고 나눗셈을 파이썬 쉘에서 할 수 있다. 수학적인 연산을 수행하기 위해 파이썬에서 사용되는 기본적인 기호들을 **연산자**(operator)라고 한다(표 2-1 참조).

표 2-1 기본적인 파이썬 연산자

기호	연산자
+	덧셈
-	뺄셈
*	곱셈
/	나눗셈

정방향 슬래시(/)는 나눗셈에 사용된다. 왜냐하면 분수를 표현할 때 사용하는 구분선과 비슷하기 때문이다. 예를 들어, 100명의 해적이 있고 20개의 큰 통이 있어서 한 통마다 몇 명의 해적들을 숨길 수 있는지 계산하고자 한다면, 100명의 해적을 20개의 통으로 나누는 식(100 ÷ 20)으로 파이썬 쉘에서는 100 / 20을 입력한다. 슬래시는 그 기호의 상단 부분이 오른쪽에 있는 것임을 기억하라.

연산자의 우선순위

연산의 순서를 제어하기 위해 프로그래밍 언어에서 괄호를 사용한다. **연산**(operation)은 연산자를 이용하는 모든 것이다. 곱셈과 나눗셈은 덧셈과 뺄셈보다 우선순위가 높다. 이 말은 먼저 계산을 한다는 뜻이다. 다시 말하자면, 파이썬에 연산식을 입력할 때 곱셈이나 나눗셈은 덧셈이나 뺄셈보다 먼저 수행된다.

예를 들어, 다음의 연산식에서는 30과 20을 먼저 곱하고 그 결과에 5를 더한다.

```
>>> 5 + 30 * 20
605
```

이 연산식은 "30과 20을 곱한 다음, 5를 더한 결과"라는 말이다. 이 결과는 605다. 다음과 같이 앞에 있는 두 개의 숫자를 괄호로 감싸면 연산의 순서가 바뀐다.

```
>>> (5 + 30) * 20
700
```

이 연산식의 결과는 605가 아닌 700이다. 왜냐하면 괄호는 파이썬에게 괄호를 먼저 계산하고 그 다음에 괄호 밖에 있는 것을 계산하라고 알려주기 때문이다. 이 예제는 "5와 30을 더한 다음, 20을 곱한 결과"라는 말이다.

괄호는 중첩(nested)될 수 있다. 이 말은 다음과 같이 괄호 안에 괄호를 둘 수 있다는 것이다.

```
>>> ((5 + 30) * 20) / 10
70.0
```

여기서는 파이썬이 가장 안에 있는 괄호를 먼저 계산하고, 그 다음으로 밖에 있는 것을 계산한 다음, 마지막으로 나누기 연산을 한다. 다시 말해서 이 연산식은 "5와 30을 더하고, 그 다음에 20을 곱한 다음, 10으로 나눈 결과"라는 말이다. 여기서 일어나는 작업은 다음과 같다.

- 5와 20을 더하면 35가 된다.

- 35에 20을 곱하면 700이 된다.

- 700을 10으로 나누면 최종적으로 70이 된다.

만약에 괄호를 사용하지 않았다면 그 결과는 달라진다.

```
>>> 5 + 30 * 20 / 10
65.0
```

여기서는 30에 20을 먼저 곱하고(그 결과는 600), 그리고 600을 10으로 나눈다(그 결과는 60). 마지막으로 5를 더해서 65라는 결과를 얻게 된다.

WARNING 연산자 순서를 제어하는 괄호를 사용되지 않았다면 곱셈과 나눗셈은 항상 덧셈과 뺄셈보다 먼저 한다는 것을 기억하자.

변수는 상표와 같다

프로그래밍에서 **변수**(Variable)는 숫자와 문자 그리고 숫자와 문자의 리스트 등의 정보를 저장하기 위한 장소를 의미한다. 어떻게 보면 어떤 물건의 상표와 같다고도 할 수 있다.

예를 들어, fred라는 이름의 변수를 생성하려면 등호 표시(=)를 사용하여 파이썬에게 어떤 정보를 그 변수에 둔다고 알려주게 된다. 다음은 fred라는 변수를 생성하고 100이라는 값을 준다고 파이썬에게 말하는 것이다(다른 변수에 같은 값을 둘 수 없다는 의미는 아니다).

```
>>> fred = 100
```

변수에 담긴 값을 확인하려면 다음과 같이 쉘에서 print를 입력하고 괄호 안에 변수명을 넣어보자.

```
>>> print(fred)
100
```

fred 변수에 다른 값을 넣어 변수의 값을 변경하라고 파이썬에게 알려줄 수도 있다. 예를 들어, 다음은 fred 변수를 200으로 변경하는 방법이다.

```
>>> fred = 200
>>> print(fred)
200
```

첫 번째 줄은 fred 값을 200으로 준다는 말이다. 두 번째 줄에서 변경되었는지를 확인하기 위해 fred의 값을 묻는다. 파이썬은 마지막 줄에서 그 결과를 출력해준다.

동일한 값을 넣기 위해 하나 이상의 변수를 사용할 수도 있다.

```
>>> fred = 200
>>> john = fred
>>> print(john)
200
```

이 예제에서는 john과 fred 사이에 등호 표시를 사용하여 파이썬에게 john이라는 이름의 변수가 fred와 같은 값을 갖길 원한다고 말하는 것이다.

물론 fred라는 것은 그렇게 유용한 변수명이 아닐 것이다. 왜냐하면 그 이름으로는 그 변수가 무엇을 위해 사용되는지를 알 수 없기 때문이다. fred라는 이름 대신에 number_of_coins라는 변수를 사용해보자.

```
>>> number_of_coins = 200
>>> print(number_of_coins)
200
```

이것은 200개의 동전에 대해 말하고 있음을 분명하게 해준다.

변수명은 문자와 숫자 그리고 밑줄(_)로 구성될 수 있지만, 숫자로 시작해서는 안 된다. 변수명은 한 문자(예를 들어 a)부터 긴 문장까지 무엇이든 될 수 있다(변수명에는 공백이 있어서는 안 되기 때문에 단어를 구분하기 위하여 밑줄을 사용하자). 빠르게 코딩을 하고 싶다면 짧은 변수명을 사용하는 것이 좋다. 여러분이 선택한 이름은 그 변수명이 사용되는 의미에 따라 결정되어야 한다.

이제 변수를 어떻게 생성하는지 배웠으니, 어떻게 사용하는지를 살펴보자.

변수 사용하기

앞에서, 지하실에 있던 할아버지의 멋진 기계로 새로운 동전들을 만들 때 1년 후 얼마나 많은 동전들을 마술처럼 얻을 수 있는지에 대한 연산식을 기억하는가? 그 식은 다음과 같다.

```
>>> 20 + 10 * 365
3670
>>> 3 * 52
156
>>> 3670 - 156
3514
```

이것을 한 줄의 코드로 바꿀 수 있다.

```
>>> 20 + 10 * 365 - 3 * 52
3514
```

이제 숫자들을 변수로 바꿔보자. 다음과 같이 입력해보자.

```
>>> found_coins = 20
>>> magic_coins = 10
>>> stolen_coins = 3
```

이것들은 found_coins와 magic_coins, stolen_coins 변수를 생성한다.

이제 다음과 같이 다시 입력해보자.

```
>>> found_coins + magic_coins * 365 - stolen_coins * 52
3514
```

동일한 결과를 얻게 된다는 것을 볼 수 있을 것이다. 이게 무슨 상관인가? 여기에는 변수의 마법이 있다. 만약에 허수아비가 여러분 창문에 있어서 까마귀가 3개가 아닌 2개의 동전만 훔쳐간다

면 어떻게 될까? 우리가 변수를 사용하기 때문에 변수의 값을 간단하게 변경할 수 있으며, 연산식에서 그 변수가 사용된 모든 곳이 바뀔 것이다. 우리는 다음과 같이 **stolen_coins** 변수를 2로 변경할 수 있다.

```
>>> stolen_coins = 2
```

다음과 같이, 다시 계산을 하기 위해서 연산식을 복사해서 붙일 수 있다.

1. 텍스트를 복사하기 위해 마우스로 선택한 다음에 다음과 같이 그 줄의 끝까지 드래그한다.

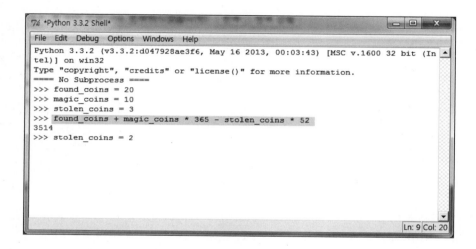

2. CTRL 키(맥을 사용하고 있다면 ⌘키)를 누른 상태에서 C를 눌러 선택한 텍스트를 복사한다(다음부터는 CTRL-C라고 할 것이다).

3. 마지막 프롬프트를 클릭한다(**stolen_coins** = 2 다음 줄).

4. CTRL 키를 누른 상태에서 V를 눌러서 선택한 텍스트를 붙여 넣는다(다음부터는 CTRL-V라고 할 것이다).

5. 새로운 결과를 보기 위해서 ENTER를 누른다.

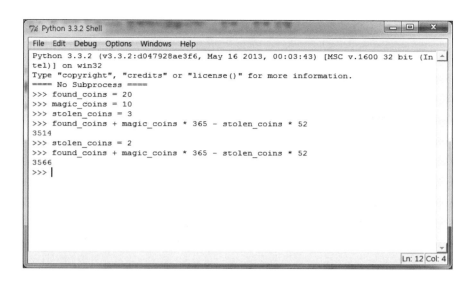

전체 연산식을 다시 입력하는 것보다 훨씬 쉽지 않은가? 물론 그렇다.

다른 변수들을 변경한 다음 복사(CTRL-C)한 다음에 변경한 것이 어떤 결과를 가져다 주는지를 확인하기 위해 연산식을 다시 붙여 넣을 수도 있다(CTRL-V). 예를 들어, 여러분이 할아버지의 기계를 탁탁 쳐서 작동시킬 때마다 3개의 동전이 더 나온다면 1년에 4661개의 동전을 얻게 될 것이다.

```
>>> magic_coins = 13
>>> found_coins + magic_coins * 365 - stolen_coins * 52
4661
```

물론 이 같은 연산식에서 변수를 이용하는 것은 아주 조금 더 편리하다. 하지만 우리는 **정말로 유용한** 경우를 아직 보지 못했을 뿐이다. 지금은 그냥 변수는 값을 담는 방법이며, 나중에 사용할 수 있다는 점을 기억하자.

복습

이번 장에서는 파이썬의 연산자들을 이용하여 간단한 연산식을 계산했고 연산식의 순서(파이썬이 연산식을 계산하기 위한 순서)를 제어하기 위해 괄호를 어떻게 사용하는지 배웠다. 그 다음으로 값을 담기 위해 변수를 생성했고 계산식에서 그 변수를 사용했다.

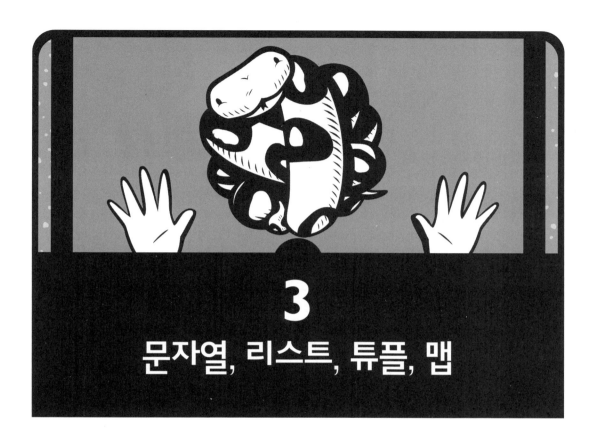

3
문자열, 리스트, 튜플, 맵

2장에서 우리는 파이썬을 가지고 기본적인 계산을 해봤으며 변수에 대해 배웠다. 이번 장에서는 파이썬 프로그램에서의 다른 요소들(문자열과 리스트, 튜플, 맵)을 가지고 작업할 것이다. 여러분은 프로그램에서 메시지(게임에서 "Get Ready"와 "Game Over" 같은 메시지)를 표시하기 위해 문자열을 사용할 것이다. 또한 어떤 것들의 집합을 저장하기 위해 리스트와 튜플, 맵을 어떻게 사용하는지 배우게 될 것이다.

문자열

프로그래밍 용어로 텍스트를 보통 **문자열**(string)이라고 부른다. 문자열을 문자들의 집합처럼 생각한다면 이해가 될 것이다. 이 책에 있는 모든 문자와 숫자, 기호들은 문자열이 될 수 있다. 이런 관점에서 여러분의 이름도 문자열이 될 수 있으며 주소도 그럴 수 있다. 사실, 우리가 1장에서 생성했던 첫 번째 파이썬 프로그램은 "Hello World"라는 문자열을 사용했다.

문자열 생성하기

파이썬에서는 텍스트를 겹따옴표로 감싸서 문자열을 생성한다. 예를 들어, 2장에서 쓸모 없었던 fred 변수를 가져다가 다음과 같이 문자열을 담도록 할 수 있다.

```
fred = "Why do gorillas have big nostrils? Big fingers!!"
```

그런 다음, fred 내부에 있는 것이 무엇인지 확인하기 위해서 다음과 같이 print(fred)를 입력할 수 있다.

```
>>> print(fred)
Why do gorillas have big nostrils? Big fingers!!
```

다음과 같이 홑따옴표를 사용하여 문자열을 생성할 수도 있다.

```
>>> fred = 'What is pink and fluffy? Pink fluff!!'
>>> print(fred)
What is pink and fluffy? Pink fluff!!
```

하지만 홑따옴표(')나 겹따옴표(")만 이용하여 한 줄 이상의 텍스트를 입력하려고 하거나 어떤 따옴표로 시작했는데 다른 따옴표로 끝나는 경우에는 파이썬 쉘이 에러 메시지를 낼 것이다. 예를 들어 다음과 같이 입력해보자.

```
>>> fred = "How do dinosaurs pay their bills?
```

그러면 다음과 같은 결과를 보게 될 것이다.

```
SyntaxError: EOL while scanning string literal
```

이것은 구문에 대한 에러 메시지다. 왜냐하면 끝나는 문자열에 홑따옴표나 겹따옴표를 사용해야 하는 규칙을 지키지 않았기 때문이다.

구문(Syntax)이라는 말은 문장 안에서 단어들의 배치와 순서를 의미하며, 여기에서는 프로그램 내에 단어와 심볼의 배치와 순서를 의미한다. 따라서 SyntaxError라는 말은 무엇인가가 파이썬이 예상하지 못한 순서로 되어있다는 뜻이거나, 파이썬이 기대한 무언가를 빠뜨렸다는 의미다. EOL은 end-of-line이라는 뜻으로, 그 뒤에 있는 에러 메시지는 파이썬이 그 줄의 끝까지 읽어 봤는데 문자열을 닫는 겹따옴표가 없었다는 것을 여러분에게 알려주는 것이다.

문자열에 한 줄 이상의 여러 줄로 된 텍스트를 사용하려면(멀티라인 문자열(multiline string)이라고도 한다) 세 개의 홑따옴표('''')를 사용하고, 다음과 같이 각 줄의 사이에 ENTER를 입력한다.

```
>>> fred = '''How do dinosaurs pay their bills?
With tyrannosaurus checks!'''
```

이제 이 작업이 잘 되었는지를 확인하기 위해 fred의 내용을 출력해보자.

```
>>> print(fred)
How do dinosaurs pay their bills?
With tyrannosaurus checks!
```

문자열과 관련된 문제들을 처리하기

이제 파이썬이 에러 메시지를 표시하게 되는 문자열에 대한 몇 가지 복잡한 예제를 살펴보자.

```
>>> silly_string = 'He said, "Aren't can't shouldn't wouldn't."'
SyntaxError: invalid syntax
```

첫 번째 줄에서 우리는 홑따옴표로 감싼 문자열(변수를 silly_string로 정의함)을 생성하려고 시도했다. 하지만 텍스트에는 `can't`와 `shouldn't`, `wouldn't`라는 단어에 홑따옴표뿐만 아니라 겹따옴표도 섞여있다. 완전히 엉망이다!

파이썬은 사람만큼 영리하지 못하다는 것을 명심하자. 따라서 파이썬이 보는 문자열은 `He said,` `"Aren`일 뿐이며, 그 뒤에 다른 글자들이 있다고 기대하지 않는다. 파이썬이 따옴표(홑따옴표든 겹따옴표든) 표시를 보면, 처음에 있는 표시 다음부터 시작하여 그 줄에서 그 다음에 나오는 표시까지를 인식하게 된다. 이 예제에서는 `He` 앞에 있는 홑따옴표부터 시작하며, 그 줄에서 파이썬이 인식할 수 있는 끝은 `Aren`의 `n` 다음의 홑따옴표다. IDLE은 잘못된 곳을 강조한다.

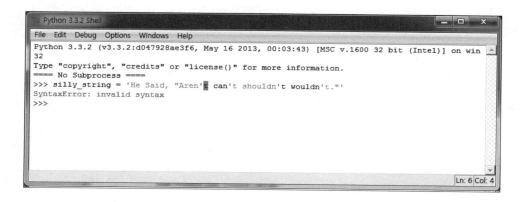

IDLE의 마지막 줄은 어떤 종류의 에러가 발생했다는 것을 알려준다(이 예제에서는 syntax error).

홑따옴표 대신에 겹따옴표를 사용해도 에러가 발생한다.

```
>>> silly_string = "He said, "Aren't can't shouldn't wouldn't.""
SyntaxError: invalid syntax
```

여기서 파이썬은 겹따옴표 안에 있는 문자열을 인식하게 되며, 그것은 `He said,` (공백까지 포함)이다. 그 다음에 있는 모든 문자열들이 에러가 된다.

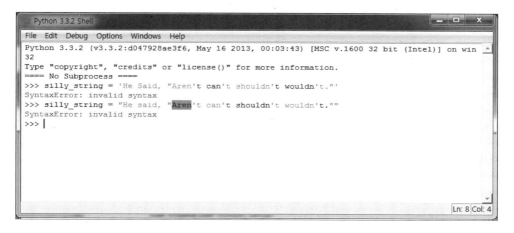

```
Python 3.3.2 Shell                                                    _ □ X
File  Edit  Debug  Options  Windows  Help
Python 3.3.2 (v3.3.2:d047928ae3f6, May 16 2013, 00:03:43) [MSC v.1600 32 bit (Intel)] on win
32
Type "copyright", "credits" or "license()" for more information.
==== No Subprocess ====
>>> silly_string = 'He Said, "Aren't can't shouldn't wouldn't."'
SyntaxError: invalid syntax
>>> silly_string = "He said, "Aren't can't shouldn't wouldn't.""
SyntaxError: invalid syntax
>>> |
                                                                      Ln: 8 Col: 4
```

파이썬 관점에서 에러가 나는 이유는 나머지 것들 전부는 거기에 있지 말아야 하기 때문이다. 파이썬은 따옴표와 쌍을 이루는 다음 번 따옴표를 찾을 뿐이지, 여러분이 텍스트에서 언급하고자 하는 것들이 무엇인지는 알지 못한다.

이러한 문제에 대한 해결책은 앞에서 배웠던 세 개의 홑따옴표(''')를 사용하는 멀티라인 문자열이다. 이것은 에러 없이 문자열에 겹따옴표와 홑따옴표를 혼합하여 사용할 수 있게 해준다. 사실, 만일 우리가 세 개의 홑따옴표를 사용한다면 문자열 내에 홑따옴표와 겹따옴표의 조합을 얼마든지 사용할 수 있게 된다(거기에 세 개의 홑따옴표를 사용하지 않는 한). 에러가 없는 문자열 버전의 모습은 다음과 같을 것이다.

```
    silly_string = '''He said, "Aren't can't shouldn't wouldn't."'''
```

잠깐만! 더 알아야 할 것이 있다. 만약에 여러분이 파이썬에서 홑따옴표나 겹따옴표를 정말로 사용하고 싶다면, 세 개의 홑따옴표 대신에 문자열에 있는 각각의 따옴표 앞에 백슬래시(\)를 추가할 수도 있다. 이것을 **이스케이핑**(escaping)이라고 부른다. 이것은 파이썬에게 "그래, 내가 쓴 문자열 안에 따옴표가 있다는 것을 나도 알아. 그런데 난 네가 마지막 따옴표가 나타날 때까지 이것을 무시해줬으면 좋겠어."라고 말하는 것이다.

문자열 이스케이핑은 문자열을 읽는 데 방해될 수 있으므로 멀티라인 문자열을 사용하는 것이 더 좋을 것이다. 이스케이핑을 사용하는 코드를 볼 수도 있기에, 백슬래시가 거기에 있는 이유를 살펴보도록 하자.

다음은 이스케이핑이 어떻게 동작하는지를 보여주는 몇 가지 예제다.

```
❶ >>> single_quote_str = 'He said, "Aren\'t can\'t shouldn\'t wouldn\'t."'
❷ >>> double_quote_str = "He said, \"Aren't can't shouldn't wouldn't.\""
  >>> print(single_quote_str)
  He said, "Aren' t can't shouldn't wouldn't."
  >>> print(double_quote_str)
  He said, "Aren't can't shouldn't wouldn't."
```

먼저 ❶에서는 홑따옴표와 문자열 내에 있는 홑따옴표 앞에 백슬래시를 이용하여 문자열을 생성한다. ❷에서는 겹따옴표와 문자열 내에 있는 겹따옴표 앞에 백슬래시를 이용하여 문자열을 생성한다. 다음 줄에서는 우리가 생성한 변수들을 출력한다. 여기서 주목할 것은 백슬래시 문자는 출력할 때 나타나지 않는다는 점이다.

문자열에 값을 포함하기

만약에 변수의 값을 이용하여 메시지를 표시하고자 한다면, 나중에 추가할 값에 대한 표시인 **%s**를 이용하여 문자열에 값을 포함시킬 수 있다(값을 포함하는 것을 프로그래머들은 "값 삽입하기"라고 한다). 예를 들어, 게임에서 여러분이 기록한 점수를 파이썬이 계산하거나 저장한 다음에 그것을 "I scored ___ points"라는 문장에 추가하려면, 그 문장 안에 그 값을 위치할 곳으로 **%s**를 이용하고 파이썬에게 그 값을 알려준다.

```
>>> myscore = 1000
>>> message = 'I scored %s points'
>>> print(message % myscore)
I scored 1000 points
```

여기서 우리는 값으로 1000을 가진 **myscore**라는 변수를 생성하고, 점수를 표시하기 위한 곳인 **%s**가 있는 "I scored **%s** points"라는 단어들을 가진 문자열로 **message** 변수를 생성한다. 다음 줄에서는 print(**message**)를 호출한다. **%** 심볼은 파이썬에게 **myscore** 변수에 저장된 값으로 **%s**를 대체하라고 알려주는 것이다. 이 메시지를 출력한 결과는 I scored 1000 points이다. 값에 대한 변수를 사용하지 않아도 되며, print(**message** % 1000)라고 해도 동일한 작업을 하게 된다.

다음 예제와 같이 다른 변수를 이용하여 **%s**에 다른 종류의 값을 전달할 수도 있다.

```
>>> joke_text = '%s: a device for finding furniture in the dark'
>>> bodypart1 = 'Knee'
>>> bodypart2 = 'Shin'
>>> print(joke_text % bodypart1)
Knee: a device for finding furniture in the dark
>>> print(joke_text % bodypart2)
Shin: a device for finding furniture in the dark
```

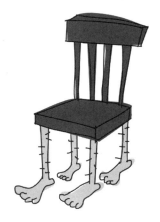

여기서는 세 개의 변수를 생성한다. 첫 번째 변수인 joke_text는 %s 표시로 시작한다. 그 외의 다른 변수들은 bodypart1과 bodypart2다. 우리는 joke_text 변수를 출력하는 데 한 번은 bodypart1 변수의 내용으로 또 한 번은 bodypart2 변수의 내용으로 사용하기 위해 % 연산자를 써서 서로 다른 메시지를 출력하게 한다.

문자열 안에서 하나 이상의 플레이스홀더(placeholder)를 사용할 수도 있다.

```
>>> nums = 'What did the number %s say to the number %s? Nice belt!!'
>>> print(nums % (0, 8))
What did the number 0 say to the number 8? Nice belt!!
```

하나 이상의 플레이스홀더를 사용하면 예제와 같이 대체할 값들을 괄호로 묶어야 한다. 값의 순서는 문자열에서 사용될 순서다.

문자열 곱하기

10에 5를 곱하면 어떻게 될까? 그 답은 물론 50이다. 하지만 10에 a를 곱하면 무엇이 될까? 다음은 파이썬의 대답이다.

```
>>> print(10 * 'a')
aaaaaaaaaa
```

파이썬 프로그래머들은 쉘에서 메시지를 표시할 때 특정 수의 공백을 가진 문자열들로 줄을 맞추기 위해서 이러한 방법을 사용한다. 다음의 예제는 쉘에서 어떻게 출력될까? (File > New Window

를 선택하고 다음의 코드를 입력하자.)

```
spaces = ' ' * 25
print('%s 12 Butts Wynd' % spaces)
print('%s Twinklebottom Heath' % spaces)
print('%s West Snoring' % spaces)
print()
print()
print('Dear Sir')
print()
print('I wish to report that tiles are missing from the')
print('outside toilet roof.')
print('I think it was bad wind the other night that blew them away.')
print()
print('Regards')
print('Malcolm Dithering')
```

쉘 창에서 이 코드를 입력했다면 File > Save As를 선택한다. 파일명을 myletter.py라고 하자.

NOTE 지금 이후의 내용에서 Save AS: 파일명.py를 보게 된다면 이번 예제에서 했던 것처럼 **File > New Window**를 선택하여 새롭게 나타난 창에 코드를 입력하고 그 이름으로 저장하도록 하자.

이 예제에서 첫 번째 줄은 빈 칸을 25번 곱한 **spaces** 변수를 생성한다. 그 다음의 세 줄에서 텍스트를 쉘의 오른쪽으로 정렬하기 위해 그 변수를 사용한다. 그러면 다음과 같은 **print** 구문의 결과를 보게 될 것이다.

```
Python 3.3.2 Shell
File  Edit  Debug  Options  Windows  Help
>>>
                        12 Butts Wynd
                        Twinklebottom Heath
                        West Snoring


Dear Sir

I wish to report that tiles are missing from the
outside toilet roof.
I think it was bad wind the other night that blew
them away.

Regards
Malcolm Dithering
>>>
>>>
>>>
>>>
>>>
>>>
                                            Ln: 30 Col: 4
```

정렬을 위하여 곱셈을 사용하는 것뿐만 아니라, 이상한 메시지를 화면에 채우기 위해서도 사용될 수 있다. 다음 예제를 직접 실행해보자.

```
>>> print(1000 * 'snirt')
```

리스트는 문자열보다 더 강력하다

"거미의 다리와 개구리의 발가락, 도롱뇽의 눈, 박쥐 날개, 달팽이 버터, 뱀 비듬"은 (여러분이 마법사가 아니라면) 일반적인 쇼핑 목록이 아니다. 하지만 문자열과 리스트 사이의 차이에 대한 다음의 첫 번째 예제에서는 이 쇼핑 목록을 사용할 것이다.

우리는 다음과 같은 문자열을 이용하여 wizard_list 변수에 항목들의 목록을 저장한다.

```
>>> wizard_list = 'spider legs, toe of frog, eye of newt, bat wing,
slug butter, snake dandruff'
```

```
>>> print(wizard_list)
spider legs, toe of frog, eye of newt, bat wing, slug butter, snake
dandruff
```

하지만 우리는 우리가 조작할 수 있는 마법 같은 파이썬 객체인 **리스트**(list)를 생성할 수도 있다. 다음은 이러한 항목들을 리스트로 작성한 모습이다.

```
>>> wizard_list = ['spider legs', 'toe of frog', 'eye of newt',
                'bat wing', 'slug butter', 'snake dandruff']
>>> print(wizard_list)
['spider legs', 'toe of frog', 'eye of newt', 'bat wing', 'slug
butter', 'snake dandruff']
```

리스트를 생성하는 것은 문자열을 생성하는 것보다 타이핑을 조금 더 해야 한다. 하지만 리스트는 문자열보다 훨씬 더 유용하다. 왜냐하면 리스트를 조작할 수 있기 때문이다. 예를 들어, 리스트의 위치(인덱스 위치(index position)라고 불리는)를 대괄호([ ]) 안에 입력하여 wizard_list의 세 번째 항목(eye of newt)을 출력할 수 있다.

```
>>> print(wizard_list[2])
eye of newt
```

엇, 이것이 리스트의 세 번째 항목일까? 그렇다. 리스트는 인덱스 위치 0부터 시작하므로 리스트의 첫 번째 항목은 0이고 두 번째 항목은 1이며, 세 번째 항목은 2다. 사람들에게는 이것이 잘 이해되지 않을 수 있겠지만 컴퓨터는 이해한다.

문자열에 있는 것을 수정하는 것보다 리스트에 있는 항목을 수정하는 것이 훨씬 더 쉬울 수 있다. 우리에게 도롱뇽의 눈 대신에 달팽이 혀가 필요하다고 하자. 다음은 리스트에서 이 작업을 실행한 방법을 보여준다.

```
>>> wizard_list[2] = 'snail tongue'
>>> print(wizard_list)
['spider legs', 'toe of frog', 'snail tongue', 'bat wing', 'slug
butter', 'snake dandruff']
```

이것은 인덱스 위치 2번에 eye of newt 대신에 snail tongue을 설정한다.

또 다른 방법은 리스트에 있는 항목들의 부분 집합을 표시하는 것이다. 이 작업은 대괄호 안에 콜론(:)을 사용한다. 예를 들어, 맛있는 샌드위치를 위한 최고의 재료들인 리스트의 세 번째 항목에서 다섯 번째 항목을 보려면 다음과 같이 입력한다.

```
>>> print(wizard_list[2:5])
['snail tongue', 'bat wing', 'slug butter']
```

[2:5]라고 쓰는 것은 "인덱스 위치 2에서부터 인덱스 위치 5(하지만 이것을 포함하지 않음)까지의 항목들을 표시하라."는 의미로, 다시 말하자면 2와 3, 4 항목을 말한다.

리스트는 숫자를 포함한 모든 종류의 항목들을 저장하는 데 사용될 수 있다.

```
>>> some_numbers = [1, 2, 5, 10, 20]
```

문자열도 담을 수 있다.

```
>>> some_strings = ['Which', 'Witch', 'Is', 'Which']
```

숫자와 문자열을 섞어서 담을 수도 있다.

```
>>> numbers_and_strings = ['Why', 'was', 6, 'afraid', 'of', 7,
                           'because', 7, 8, 9]
>>> print(numbers_and_strings)
['Why', 'was', 6, 'afraid', 'of', 7, 'because', 7, 8, 9]
```

또한 리스트는 다른 리스트를 저장할 수도 있다.

```
>>> numbers = [1, 2, 3, 4]
>>> strings = ['I', 'kicked', 'my', 'toe', 'and', 'it', 'is', 'sore']
```

```
>>> mylist = [numbers, strings]
>>> print(mylist)
[[1, 2, 3, 4], ['I', 'kicked', 'my', 'toe', 'and', 'it', 'is', 'sore']]
```

이번 리스트 안에 있는 리스트 예제는 세 개의 변수를 생성한다. 세 개의 변수는 네 개의 숫자로 구성된 numbers와 여덟 개의 문자열로 구성된 strings numbers와 strings를 사용하는 mylist이 다. 세 번째 리스트(mylist)는 두 개의 항목만 가지고 있다. 왜냐하면 각각의 리스트에 대한 변수 명이지, 그 변수에 있는 내용이 아니기 때문이다.

리스트에 항목 추가하기

리스트에 항목을 추가하기 위해서 append 함수를 사용한다. **함수**(function)는 파이썬에게 어떤 일을 하라고 알려주는 많은 양의 코드다. 여기서 append는 리스트의 끝에 항목을 추가한다.

예를 들어, 곰의 트림(이런 것이 존재한다고 필자는 확신한다)을 마법사의 쇼핑 목록에 추가하려 면 다음과 같이 할 수 있다.

```
>>> wizard_list.append('bear burp')
>>> print(wizard_list)
['spider legs', 'toe of frog', 'snail tongue', 'bat wing', 'slug
butter', 'snake dandruff', 'bear burp']
```

같은 방법으로 마법사의 쇼핑 목록에 다른 것들을 더 추가할 수 있다.

```
>>> wizard_list.append('mandrake')
>>> wizard_list.append('hemlock')
>>> wizard_list.append('swamp gas')
```

이제 마법사의 쇼핑 목록은 다음과 같을 것이다.

```
>>> print(wizard_list)
['spider legs', 'toe of frog', 'snail tongue', 'bat wing', 'slug
butter', 'snake dandruff', 'bear burp', 'mandrake', 'hemlock', 'swamp
gas']
```

마법사는 중요한 마법을 만들 준비가 되었다!

리스트에서 항목 삭제하기

리스트에서 항목을 삭제하려면 del 명령어(delete의 약자)를 사용한다. 예를 들어, 마법사의 쇼핑 목록에서 여섯 번째 항목(snake dandruff)을 삭제하려면 다음과 같다.

```
>>> del wizard_list[5]
>>> print(wizard_list)
['spider legs', 'toe of frog', 'snail tongue', 'bat wing', 'slug
butter', 'bear burp', 'mandrake', 'hemlock', 'swamp gas']
```

NOTE　　인덱스 위치는 0에서부터 시작한다는 것을 기억하라. 따라서 wizard_list[5]는 실제로 리스트의 여섯 번째 항목을 의미한다.

다음은 우리가 추가했던 항목들(mandrake와 hemlock, swamp gas)을 제거하는 방법을 보여준다.

```
>>> del wizard_list[8]
>>> del wizard_list[7]
>>> del wizard_list[6]
>>> print(wizard_list)
['spider legs', 'toe of frog', 'snail tongue', 'bat wing', 'slug
butter', 'bear burp']
```

리스트 연산

더하기 표시(+)를 이용하면 숫자를 더하는 것처럼 리스트들을 합칠 수 있다. 예를 들어, 숫자 1부터 4까지가 담긴 list1이라는 것과 몇몇 단어들이 포함된 list2라는 리스트가 있다고 하자. 여러분은 다음과 같이 + 표시와 print를 이용하여 더할 수 있다.

```
>>> list1 = [1, 2, 3, 4]
>>> list2 = ['I', 'tripped', 'over', 'and', 'hit', 'the', 'floor']
>>> print(list1 + list2)
[1, 2, 3, 4, 'I', 'tripped', 'over', 'and', 'hit', 'the', 'floor']
```

두 개의 리스트를 더하고 그 결과를 다른 변수에 설정할 수 있다.

```
>>> list1 = [1, 2, 3, 4]
>>> list2 = ['I', 'ate', 'chocolate', 'and', 'I', 'want', 'more']
>>> list3 = list1 + list2
>>> print(list3)
[1, 2, 3, 4, 'I', 'ate', 'chocolate', 'and', 'I', 'want', 'more']
```

또한 숫자만큼 리스트를 곱할 수 있다. 예를 들어 list1을 5번 곱하려면 list1 * 5라고 쓴다.

```
>>> list1 = [1, 2]
>>> print(list1 * 5)
[1, 2, 1, 2, 1, 2, 1, 2, 1, 2]
```

이것은 실제로 파이썬에게 list1을 다섯 번 반복하라고 알려주는 것으로, 그 결과는 1, 2, 1, 2, 1, 2, 1, 2, 1, 2다.

반면, 나누기(/)와 빼기(-)는 다음과 같이 에러를 발생시킨다.

```
>>> list1 / 20
Traceback (most recent call last):
  File "<pyshell>", line 1, in <module>
    list1 / 20
TypeError: unsupported operand type(s) for /: 'list' and 'int'
>>> list1 - 20
Traceback (most recent call last):
  File "<pyshell>", line 1, in <module>
    list1 - 20
TypeError: unsupported operand type(s) for -: 'list' and 'int'
```

그런데 왜 그럴까? 음, +로 리스트를 결합하는 것과 *로 리스트를 반복하는 것은 이해하기 매우 쉬운 연산이다. 이러한 개념들은 실제 세계에서도 통용된다. 예를 들어 필자가 두 장의 쇼핑 목록을 여러분에게 주면서 "두 개의 목록을 합치세요."라고 말한다면 여러분은 다른 종이에 순서대로 모든 항목들을 옮겨 적을 것이다. "이 쇼핑 목록을 세 번 곱하세요."라고 말했다면 그 역시 이해가 될 것이다. 여러분은 다른 종이에 모든 쇼핑 항목들을 세 번 적을 것이다.

하지만 목록을 어떻게 나눌 수 있을까? 예를 들어, 1에서 6까지 여섯 개의 숫자가 있는 목록을 2로 나누려고 한다고 하자. 다음은 서로 다른 세 가지 방법들을 보여준다.

```
[1, 2, 3]        [4, 5, 6]
[1]              [2, 3, 4, 5, 6]
[1, 2, 3, 4]     [5, 6]
```

목록을 중간으로 나눠야 할까? 아니면 아무데나 골라서 그것을 기준으로 나눠야 할까? 간단하게 답할 수가 없으며, 여러분이 파이썬에게 목록을 나누라고 한다면 파이썬도 어떻게 해야 할지 모를 것이다. 바로 이것이 에러를 내는 이유다.

리스트에 리스트를 더하는 것이 아니라 다른 것을 더할 때도 같은 결과가 나온다. 리스트에 다른 것을 더할 수 없다. 예를 들어, 다음은 list1에 50이라는 숫자를 더하려고 할 때 생기는 현상이다.

```
>>> list1 + 50
Traceback (most recent call last):
  File "<pyshell>", line 1, in <module>
    list1 + 50
TypeError: can only concatenate list (not "int") to list
```

여기서는 왜 에러가 났을까? 음, 리스트에 50을 더하는 것이 무슨 뜻일까? 이 말은 각 항목마다 50씩 더하라는 것일까? 만약에 항목이 숫자가 아니면 어떻게 해야 할까? 혹시 리스트의 시작 부분이나 마지막 부분에 숫자 50을 추가하라는 의미일까?

컴퓨터 프로그래밍에서 명령어는 여러분이 입력한 방식대로 동작한다. 멍청한 컴퓨터는 검은 것과 흰 것으로만 식별한다. 컴퓨터에게 복잡한 결정을 하도록 명령한다면 에러를 던질 것이다.

튜플

튜플(tuple)은 다음 예제처럼 괄호를 사용하는 리스트와 같다.

```
>>> fibs = (0, 1, 1, 2, 3)
>>> print(fibs[3])
2
```

여기서 우리는 숫자 0, 1, 1, 2 그리고 3을 가진 **fibs**라는 변수를 정의한다. 그런 다음, 리스트처럼 **print(fibs[3])**을 이용하여 튜플에서 인덱스 위치 3의 항목을 출력한다.

튜플과 리스트 사이의 가장 큰 차이점은 튜플은 한 번 생성하면 수정할 수 없다는 것이다. 예를 들어, 튜플 **fibs**에 있는 첫 번째 값을 숫자 4로 바꾸려고 한다면(**wizard_list**에 있는 값들을 바꿨던 것처럼) 다음과 같은 에러 메시지를 보게 될 것이다.

```
>>> fibs[0] = 4
Traceback (most recent call last):
  File "<pyshell>", line 1, in <module>
    fibs[0] = 4
TypeError: 'tuple' object does not support item assignment
```

그렇다면 리스트 대신 튜플을 사용하는 이유가 무엇일까? 그 이유는 때때로 변경할 수 없다는 것을 알고 있는 것이 유용하기 때문이다. 만약에 두 개의 요소를 가진 튜플을 생성했다면, 그것은 항상 그 두 개의 요소만 가지게 될 것이다.

파이썬 맵은 길을 찾는 데 도움을 주지는 않는다

파이썬에서 **맵**(map)은 리스트와 튜플처럼 어떤 것들의 집합이다(딕셔너리(dictionary)의 약어인 dict라고도 알려진 것이다). 맵이 리스트나 튜플과 다른 차이점은 맵에 있는 각각의 항목들은 **키**(key)와 그에 대응하는 **값**(value)을 갖는다는 것이다.

예를 들어, 사람들의 목록과 그들이 좋아하는 스포츠를 나타낸다면 다음과 같이 사람 이름 다음에 스포츠 이름으로 된 정보를 파이썬 리스트에 담을 수 있을 것이다.

```
>>> favorite_sports = ['Ralph Williams, Football',
                       'Michael Tippett, Basketball',
                       'Edward Elgar, Baseball',
                       'Rebecca Clarke, Netball',
                       'Ethel Smyth, Badminton',
                       'Frank Bridge, Rugby']
```

만약에 필자가 여러분에게 Rebecca Clarke가 좋아하는 스포츠가 무엇인지를 물어본다면, 여러분은 이 리스트를 검색한 다음에 그 답이 netball임을 알게 될 것이다. 하지만 만약에 리스트에 100명(또는 그 이상)이 있다면 어떨까?

이제 이와 동일한 정보를 사람 이름을 키로, 좋아하는 스포츠를 값으로 맵에 담는다면 파이썬 코드는 다음과 같을 것이다.

```
>>> favorite_sports = {'Ralph Williams' : 'Football',
                       'Michael Tippett' : 'Basketball',
                       'Edward Elgar' : 'Baseball',
                       'Rebecca Clarke' : 'Netball',
                       'Ethel Smyth' : 'Badminton',
                       'Frank Bridge' : 'Rugby'}
```

각각의 키와 값을 구분하기 위해서 콜론을 사용하며, 각 키와 값은 홑따옴표로 둘러싸인다. 역시 주목해야 할 것은 맵에 있는 항목들은 소괄호나 대괄호가 아닌 중괄호({ })로 묶인다는 점이다.

이 결과인 맵(각 키가 특정 값에 매핑됨)은 표 3-1과 같을 것이다.

표 3-1 키는 맵에 있는 좋아하는 스포츠의 값을 가리킨다

키	값
Ralph Williams	Football
Michael Tippett	Basketball
Edward Elgar	Baseball
Rebecca Clarke	Netball
Ethel Symth	Badminton
Frank Bridge	Rugby

이제 Rebecca Clarke이 좋아하는 스포츠를 알기 위해서 다음과 같이 그녀의 이름을 키로 사용하여 우리의 맵인 **favorite_sports**에 접근한다.

```
>>> print(favorite_sports['Rebecca Clarke'])
Netball
```

그러면 정답이 Netball임이 나온다.

맵에서 어떤 값을 삭제하려면 삭제하려는 키를 이용한다. 예를 들어 다음은 Ethel Smyth를 삭제하는 방법이다.

```
>>> del favorite_sports['Ethel Smyth']
>>> print(favorite_sports)
{'Rebecca Clarke': 'Netball', 'Michael Tippett': 'Basketball', 'Ralph
Williams': 'Football', 'Edward Elgar': 'Baseball', 'Frank Bridge':
'Rugby'}
```

맵에 있는 값을 변경하는 데에도 마찬가지로 키를 이용한다.

```
>>> favorite_sports['Ralph Williams'] = 'Ice Hockey'
>>> print(favorite_sports)
{'Rebecca Clarke': 'Netball', 'Michael Tippett': 'Basketball', 'Ralph
```

Williams': 'Ice Hockey', 'Edward Elgar': 'Baseball', 'Frank Bridge':
'Rugby'}

Ralph Williams라는 키를 사용하여 좋아하는 스포츠를 Football에서 Ice Hockey로 변경했다.

여러분이 보면 알겠지만 맵을 가지고 작업하는 것은 리스트나 튜플을 가지고 작업하는 것과 비슷하다. 다만, 맵은 더하기 연산자(+)로 결합할 수가 없다. 만약에 결합하려고 시도해본다면 다음과 같은 에러 메시지가 나타날 것이다.

```
>>> favorite_sports = {'Rebecca Clarke': 'Netb  all',
                       'Michael Tippett': 'Basketball',
                       'Ralph Williams': 'Ice Hockey',
                       'Edward Elgar': 'Baseball',
                       'Frank Bridge': 'Rugby'}
>>> favorite_colors = {'Malcolm Warner' : 'Pink polka dots',
                       'James Baxter' : 'Orange stripes',
                       'Sue Lee' : 'Purple paisley'}
>>> favorite_sports + favorite_colors
Traceback (most recent call last):
  File "<stdin>", line 1, in <module>
TypeError: unsupported operand type(s) for +: 'dict' and 'dict'
```

맵을 결합하는 것은 파이썬이 이해하지 못하므로 이 작업은 포기하자.

복습

이번 장에서는 파이썬이 텍스트를 저장하기 위해 문자열을 어떻게 사용하는지와 여러 개의 항목들을 처리하기 위해 리스트와 튜플을 어떻게 사용하는지 배웠다. 여러분은 리스트에 있는 항목들이 변경될 수 있음을 보았으며, 하나의 리스트에 다른 리스트를 결합할 수 있음도 알았다. 하지만 튜플에 있는 값들은 변경될 수 없었다. 그리고 값들을 식별하는 키를 가지고 값을 저장하는 맵을 어떻게 사용하는지도 배웠다.

프로그래밍 퍼즐

다음의 내용은 스스로 해볼 수 있는 몇 가지 실험들이다. 정답은 이 책의 마지막 장에서 찾을 수 있다.

#1: 좋아하는 것들

여러분이 좋아하는 취미에 대한 리스트를 만들고 그 리스트에 games이라는 변수명을 붙여준다. 이제 여러분이 좋아하는 음식에 대한 리스트를 만들고 foods라는 이름의 변수명을 준다. 두 개의 리스트를 결합하고 그 결과를 favorites라고 한다. 마지막으로, 변수 favorites를 출력한다.

#2: 전쟁 참여자 숫자 세기

만약에 3개의 빌딩 각각의 지붕에 25명의 닌자들이 숨어있으며 두 개의 터널 각각의 안에는 40명의 사무라이들이 있다면 몇 명의 닌자들과 사무라이들이 전쟁에 참여할까? (여러분은 파이썬 쉘에서 하나의 연산식으로 할 수 있다.)

#3: 환영 인사!

두 개의 변수를 생성하라. 하나는 여러분의 이름을 가리키는 것이며 다른 하나는 여러분의 성을 가리키는 것이다. 이제 문자열을 생성하고, 그 두 개의 변수들을 이용하여 마치 "Hi there, Brando Ickett!"과 같이 메시지에 여러분의 이름을 출력할 수 있는 플레이스홀더를 사용한다.

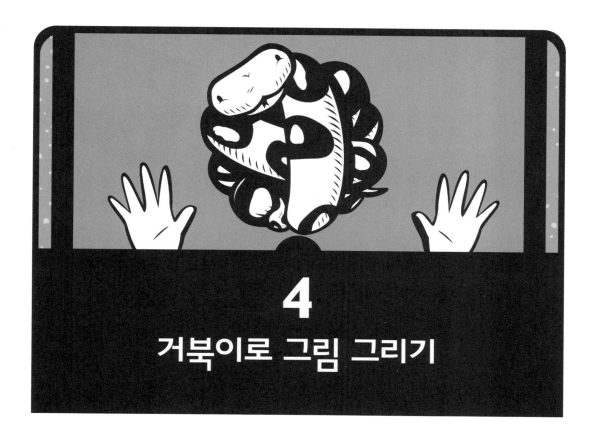

4
거북이로 그림 그리기

파이썬에서 **거북이**(turtle)는 실제 세계에 있는 거북이와 비슷하다. 우리가 알고 있는 거북이는 파충류의 일종으로 매우 느리게 움직이며 등쪽에 자기 집을 가지고 다닌다. 파이썬에서 거북이는 화면을 천천히 움직이는 작고 검은 화살표다. 파이썬 거북이가 화면을 움직이면 실제로 흔적을 남긴다고 생각해보자. 사실 실제 거북이보단 달팽이와 더 비슷하다.

파이썬 거북이는 컴퓨터 그래픽의 기초를 배우는 데 도움이 되므로, 이번 장에서는 파이썬 거북이를 사용하여 간단한 도형과 라인을 그려볼 것이다.

파이썬 turtle 모듈 사용하기

파이썬에서 **모듈**(module)은 다른 프로그램에 의해 사용될 수 있는 유용한 코드를 제공하는 방법이다(모듈은 우리가 사용할 수 있는 함수들을 가지고 있다). 모듈에 대해서는 7장에서 더 자세히 배울 것이다. 파이썬은 컴퓨터가 화면에 그림을 그리는 방법을 배우는 데 사용되는 **turtle**이라는 이름의 특별한 모듈을 가지고 있다. **turtle** 모듈은 기본적으로 간단한 선과 점, 곡선을 그릴 수 있는 벡터 그래픽 프로그래밍을 할 수 있게 한다.

파이썬 거북이가 어떻게 동작하는지 살펴보자. 먼저 바탕화면에 있는 아이콘(우분투를 사용하고 있다면 Application > Programming > IDLE를 선택)을 클릭하여 파이썬 쉘을 시작한다. 다음으로 파이썬에게 **turtle** 모듈을 임포트하라고 알려준다.

```
>>> import turtle
```

모듈을 임포트하는 것은 파이썬에게 그것을 사용하고 싶다고 알려주는 것이다.

> **NOTE** 우분투를 사용하고 있는데 이 부분에서 에러가 발생한다면 tkinter를 설치해야 할 것이다. 이것을 설치하기 위해서는 우분투 소프트웨어 센터(Ubuntu Software Center)를 열고 검색 박스에 python-tk라고 입력한다. "Tkinter – Writing Tk Application with Python"이라는 것이 창에 나타날 것이다. **Install**을 클릭하여 그 패키지를 설치한다.

캔버스 생성하기

turtle 모듈을 임포트했으니, 화가의 캔버스처럼 그림을 그리기 위한 빈 공간인 캔버스를 생성해야 한다. 캔버스를 생성하기 위해서 자동으로 캔버스를 생성하는 **turtle** 모듈의 **Pen** 함수를 호출한다. 다음의 코드를 파이썬 쉘에 입력하자.

```
>>> t = turtle.Pen()
```

다음과 같이 중앙에 화살표가 있는 빈 상자(캔버스)가 보일 것이다.

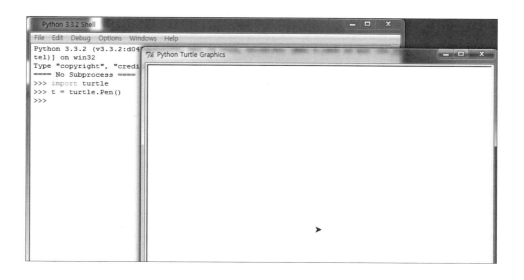

화면 중앙에 있는 화살표가 바로 그 거북이다. 그렇다. 사실은 거북이처럼 생기진 않았다.

만약에 거북이 창(Turtle window)이 파이썬 쉘 창 뒤에 있다면 뭔가 정상적으로 동작하지 않고 있는 것처럼 보일 것이다. 마우스를 거북이 창 위로 이동하면 마우스 커서가 다음 그림과 같이 (또는 모래시계로) 변할 것이다.

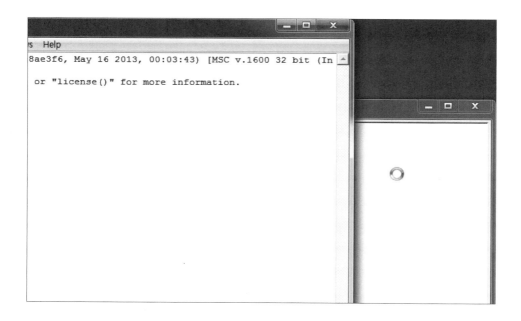

이런 일이 발생할 수 있는 이유가 몇 가지 있다. 윈도우나 맥을 사용하는 경우 바탕화면에 있는 아이콘에서 쉘을 시작하지 않았다면 윈도우 시작 메뉴에 있는 IDLE(파이썬 GUI)를 클릭했거나 IDLE가 올바르게 설치되지 않았을 것이다. 지금 있는 쉘을 종료하고 바탕화면에 있는 아이콘을 클릭하여 쉘을 다시 시작해보자. 만약에 그래도 제대로 되지 않는다면 다음과 같이 그 쉘 대신에 파이썬 콘솔을 사용해보자.

- 윈도우에서는 **시작**(Start) > **프로그램**(All Programs)을 선택하고 **Python 3.3** 그룹에서 **Python (command line)**을 클릭한다.

- 맥 OS X에서는 화면의 우측 상단에 있는 스팟라이트(Spotlight) 아이콘을 클릭하고 Terminal이라고 입력한다. 터미널(Terminal)이 열리면 거기에 python이라고 입력한다.

- 우분투에서는 Applications 메뉴에서 터미널을 열고 python이라고 입력한다.

거북이 움직이기

turtle 모듈의 Pen 함수를 사용하는 것처럼 여러분이 생성했던 변수 t에서 사용할 수 있는 함수들을 이용하여 거북이를 움직이도록 명령할 수 있다. 예를 들어 forward 명령은 거북이에게 앞으로 움직이라고 하는 것이다. 거북이를 앞쪽으로 50 픽셀 움직이게 하려면 다음의 명령을 입력하자.

```
>>> t.forward(50)
```

여러분은 다음과 같은 화면을 보게 될 것이다.

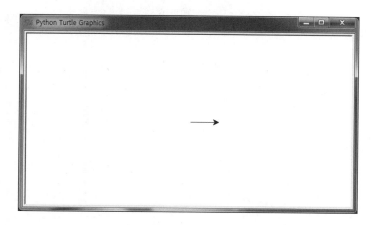

거북이가 50 픽셀 앞으로 움직였다. **픽셀**(pixel)은 화면상의 1 포인트를 말한다. 이것은 어떤 것을 표현할 수 있는 가장 작은 단위다. 여러분이 모니터에서 보는 모든 것들은 작고 사각형의 점인 픽셀로 이루어진다. 캔버스를 확대하여 거북이가 그린 선을 본다면, 거북이의 경로를 나타내는 화살표가 여러 픽셀임을 알 수 있을 것이다. 이것이 컴퓨터 그래픽의 기초다.

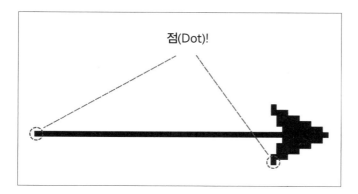

이제 다음의 명령으로 거북이를 왼쪽으로 90도 돌려보자.

```
>>> t.left(90)
```

각도에 대해 아직 배우지 않았다면, 여기서 잠깐 배워보자. 여러분이 원의 중앙에 서 있다고 생각해 보자.[1]

- 여러분이 바라보고 있는 방향이 0도다.

- 여러분의 왼쪽 팔쪽이 왼쪽 90도다.

- 여러분의 오른쪽 팔쪽이 오른쪽 90도다.

다음의 그림에서 왼쪽이나 오른쪽 90도를 확인할 수 있을 것이다.

---

1   사실상, 이 책은 초등학생도 이해할 수 있을 정도로 쉽게 쓰여졌다.

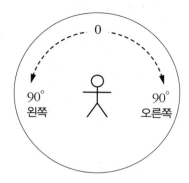

만약에 오른쪽 팔을 기준으로 오른쪽으로 원을 그리며 돈다면 180도는 여러분의 뒤쪽이며, 270도는 왼팔이 있는 쪽이고, 360도는 원래 서 있던 곳으로 되돌아올 것이다. 각도는 0도에서 360도까지다. 다음 그림의 원에서 오른쪽으로 돌 때 45도씩 증가하는 것을 볼 수 있을 것이다.

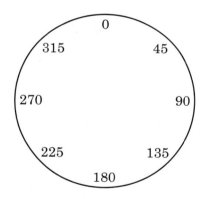

파이썬 거북이를 왼쪽으로 돌리면 새로운 방향을 향하면서 돌게 된다(여러분의 몸을 왼쪽으로 90도 돌린 것과 같다).

`t.left(90)` 명령은 화살표의 방향을 위쪽으로 향하게 한다(왜냐하면 처음에 오른쪽을 향하고 있었기 때문이다).

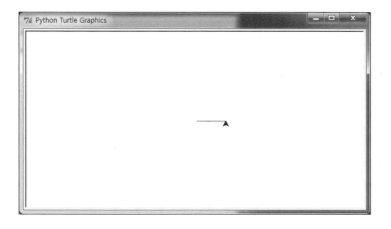

NOTE t.left(90)을 호출하는 것은 t.right(270)을 호출하는 것과 같다. t.right(90)을 호출하는 것이 t.left(270)을 호출하는 것과도 같으며, 각도를 따라 돌아가는 원을 생각하면 된다.

이제 우리는 사각형을 그릴 것이다. 입력했던 코드 밑에 다음의 코드를 추가하자.

```
>>> t.forward(50)
>>> t.left(90)
>>> t.forward(50)
>>> t.left(90)
>>> t.forward(50)
>>> t.left(90)
```

거북이는 사각형을 그린 다음, 처음에 있던 방향을 향하게 될 것이다.

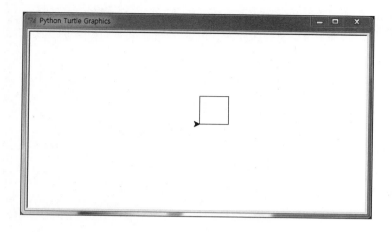

캔버스를 지우려면 reset을 입력한다. 이것은 캔버스를 깨끗하게 하며 거북이를 시작 위치에 둔다.

```
>>> t.reset()
```

거북이를 그대로 둔 상태에서 화면을 깨끗하게 지우는 clear를 사용할 수도 있다.

```
>>> t.clear()
```

거북이를 오른쪽(right)으로 돌리거나 뒤로(backward) 움직이게 할 수도 있다. 캔버스에서 팬을 떼기 위해서 up을 사용할 수 있으며(다시 말해서 거북이에게 그림 그리는 것을 멈추라고 알려 줌), down으로 다시 그리기를 시작하게 할 수 있다. 이러한 함수들은 우리가 사용했던 명령들처럼 사용하면 된다.

명령어들을 이용하여 다른 그림을 그려보자. 이번에는 두 개의 선을 그릴 것이다. 다음의 코드를 입력해보자.

```
>>> t.reset()
>>> t.backward(100)
>>> t.up()
>>> t.right(90)
>>> t.forward(20)
>>> t.left(90)
```

```
>>> t.down()
>>> t.forward(100)
```

제일 먼저, t.reset()으로 캔버스를 리셋하고 거북이를 다시 처음에 있던 위치로 옮겨놓는다. 다음으로, t.backward(100)으로 거북이를 뒤쪽으로 100 픽셀 이동한 다음에 펜을 들어 그리기를 멈추기 위해 t.up()을 이용한다.

그리고 t.right(90) 명령으로 거북이를 오른쪽으로 90도 돌려서 화면의 아래쪽을 향하도록 하고, t.forward(20)으로 20 픽셀 앞으로 이동시킨다. 세 번째 줄에서 up 명령어를 사용했기 때문에 아무것도 그려지지 않는다. t.left(90)으로 거북이의 방향을 왼쪽으로 90도 돌려서 거북이가 화면의 오른쪽을 향하게 한 다음에 down 명령어로 거북이에게 펜을 다시 내려놓고 다시 그리기 시작하라고 얘기한다. 마지막으로, t.forward(100)으로 우리가 처음에 그렸던 선과 평행하게 앞쪽으로 선을 그린다. 우리가 그린 두 개의 평행한 선은 다음과 같을 것이다.

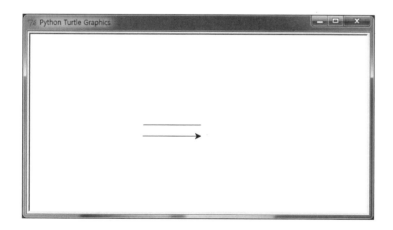

복습

이번 장에서는 파이썬의 turtle 모듈을 어떻게 이용하는지를 배웠다. 우리는 left와 right를 이용하여 방향을 돌리고 forward와 backward 명령을 이용하여 간단한 선(line)을 그렸다. 그리고 up을 이용하여 거북이가 그리는 것을 멈추도록 하는 방법과 down으로 다시 그리도록 하는 방법도 배웠다. 또한 각도에 따라 거북이를 돌리는 방법도 배웠다.

프로그래밍 퍼즐

거북이로 다음과 같은 모양을 그려보자. 정답은 이 책의 마지막 장에 있다.

#1: 사각형

새로운 캔버스를 생성하고 turtle 모듈의 Pen 함수를 이용하여 사각형을 그려보자.

#2: 삼각형

또 다른 캔버스를 생성하고 이번에는 삼각형을 그려보자. 각도를 이용하여 거북이의 방향을 돌리는 방법이 기억나도록 "거북이 움직이기" 절에 있는 각도에 대한 원 그림을 다시 살펴보자.

#3: 모서리 없는 상자

다음의 그림처럼 네 개의 선들을 그리는 프로그램을 작성해보자(크기는 중요하지 않다. 그냥 모양에만 집중하자).

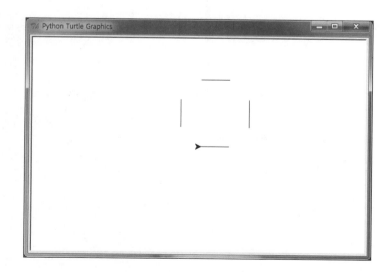

5
IF와 ELSE로 물어보자

프로그래밍을 하다 보면 예/아니오에 대한 질문을 하게 된다. 그리고 그 대답을 기반으로 어떤 작업을 할지 결정한다. 예를 들면, "나이가 20살보다 많니?"라는 질문에 예라고 답했다면 "넌 너무 늦었어!"라고 반응할 수도 있다.

이러한 질문들은 **조건문**(condition)이라고 불리며, **if 문** 안에 이러한 조건문과 응답을 조합한다. 조건문은 단 하나의 질문보다 더 많은 질문들로 복잡해질 수 있으며, `if` 문은 여러 가지 질문들과 각각의 질문에 대한 답에 따라 다른 반응들로 결합될 수 있다.

이번 장에서는 프로그램에서 `if` 문을 어떻게 사용하는지를 배울 것이다.

IF 문

파이썬에서 if 문은 다음과 같이 작성된다.

```
>>> age = 13
>>> if age > 20:
        print('You are too old!')
```

if 문은 if age > 20:처럼 if라는 키워드로 만들어지며, 조건문이 그 다음에 오고 끝에 콜론(:)을 쓴다. 콜론 다음 줄은 블록 안에 있어야 하며, 질문에 대한 대답이 '예'(파이썬 프로그래밍에서는 참(true))이라면 그 블록에 있는 명령이 실행될 것이다. 자, 블록과 조건문을 어떻게 작성하는지 살펴볼까?

블록은 프로그래밍 구문들을 모아둔 것

코드의 **블록**(block)은 프로그래밍 구문들의 집합이다. 예를 들어 if age > 20:이 참일 경우 "You are too old!"라는 말보다 더 많은 것들을 출력하고 싶다고 하자. 아마도 다음과 같은 문장들이 될 것이다.

```
>>> age = 25
>>> if age > 20:
        print('You are too old!')
        print('Why are you here?')
        print('Why aren\'t you mowing a lawn or sorting papers?')
```

이 코드 블록은 age > 20이라는 조건이 참일 경우에만 실행되는 세 개의 **print** 문으로 구성된다. 블록에 있는 각각의 줄은 그 위에 있는 **if** 문과 비교할 때 네 칸의 공백을 앞에 두게 된다. 눈에 보이는 공백이 있는 다음의 코드를 다시 살펴보자.

```
>>> age = 25
>>> if age > 20:
    □□□□print('You are too old!')
    □□□□print('Why are you here?')
    □□□□print('Why aren\'t you mowing a lawn or sorting papers?')
```

파이썬에서 TAB 키를 눌렀을 때 추가되는 탭이나 스페이스바를 눌렀을 때 추가되는 빈칸인 **공백**(whitespace)은 의미가 있다. 동일한 위치(왼쪽에서 동일한 개수의 공백으로 들여쓴 위치)에 있는 코드는 하나의 블록으로 그룹지어진 것이며, 이전에 있던 공백보다 더 많은 공백을 가지고 새로운 코드 줄을 시작하는 것은 이전 블록에 속한 새로운 블록을 시작하는 것이다.

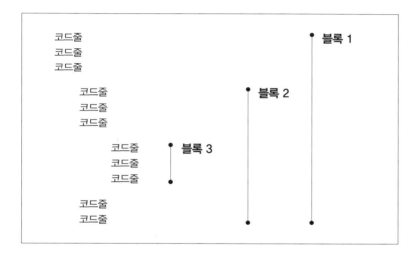

우리는 블록에 있는 구문들을 그룹짓는다. 왜냐하면 그러한 구문들은 서로 관련이 있기 때문이다. 이러한 구문들은 모두 같이 실행되어야 한다.[1]

들여쓰기 간격을 바꾸면 일반적으로 그것은 새로운 블록을 생성한다는 것이다. 다음의 예제는 들여쓰기 간격을 변경하여 생성된 세 가지 서로 다른 블록을 보여준다.

---

1 동시에 실행된다는 의미가 아니라, 모두 차례차례 실행된다는 의미다.

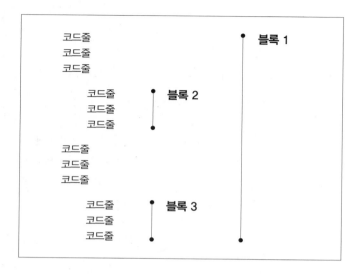

여기서 블록 2와 블록 3이 동일한 들여쓰기 간격을 가지고 있지만, 서로 다른 블록으로 간주된다. 왜냐하면 그 중간에 들여쓰기 간격이 한 단계 작은 블록이 있기 때문이다.

이러한 관점으로, 처음 코드 줄에는 네 칸의 공백을 그리고 그 다음에는 여섯 칸의 공백을 가진 어떤 블록을 실행시키면 **들여쓰기 에러**(indentation error)가 날 것이다. 왜냐하면 파이썬은 한 블록에 있는 모든 코드 줄은 모두 동일한 공백을 가질 것이라고 예상하고 있기 때문이다. 따라서 네 칸의 공백으로 처음에 시작했다면, 그 블록 내에서는 계속해서 네 칸의 공백을 사용해야 한다. 다음의 예제를 살펴보자.

```
>>> if age > 20:
    □□□□print('You are too old!')
    □□□□□□print('Why are you here?')
```

필자는 무엇이 다른지를 여러분이 확인할 수 있도록 눈에 보이는 공백으로 표시했다. 여기서 주목해야 할 것은 세 번째 줄의 공백이 네 칸이 아닌 여섯 칸이라는 것이다.

이 코드를 실행해보면 IDLE는 문제가 있는 곳을 빨간 색(확인할 것) 블록으로 강조하면서 SyntaxError 메시지를 보여 줄 것이다.

```
>>> age = 25
>>> if age > 20:
        print('You are too old!')
    ■print('Why are you here?')
SyntaxError: unexpected indent
```

파이썬은 두 번째 print의 앞에 두 칸의 공백이 더 있을 것이라고 예상하지 못했다.

> **NOTE**   공백을 일관되게 유지하면 코드를 훨씬 더 읽기 쉽게 해준다. 만일 프로그램을 만들면서 블록의 시작을 네 칸의 공백으로 했다면 프로그램 내의 다른 블록들도 처음 시작할 때 네 칸의 공백을 두도록 하자. 그리고 블록에 있는 각각의 코드 줄들도 동일한 공백 개수를 갖도록 하자.

조건문은 비교하는 데 도움을 준다

조건문(condition)은 프로그래밍 구문으로 어떤 것을 비교하여 그 조건에 맞는지(참(True)) 맞지 않은지(거짓(False))를 알려준다. 예를 들어 age > 10은 조건문이며 "변수 age의 값이 10보다 큰가?"라는 말이다. hair_color == 'mauve'도 조건문이며 "변수 hair_color의 값이 mauve인가?"라는 말이다.

조건문을 생성하기 위해서는 **연산자**(operator)라고 불리는 파이썬의 기호를 사용한다. 표 5-1은 조건문에 사용되는 몇 가지 기호들이다.

표 5-1 조건문을 위한 기호

기호	정의
==	~와 같다
!=	~와 같지 않다
>	~보다 크다
<	~보다 작다
>=	~보다 크거나 같다
<=	~보다 작거나 같다

예를 들어 여러분이 10살이라면 your_age == 10이라는 조건문은 True를 반환할 것이며, 그렇지 않다면 False를 반환할 것이다. 만약에 여러분이 12살이라면 your_age > 10이라는 조건문은 True를 반환할 것이다.

WARNING   '~와 같다'는 조건문을 정의할 경우에는 등호 표시 두 개(==)를 사용하도록 하자.

몇 가지 예제를 더 살펴보자. 다음은 나이를 10이라고 설정한 다음에 age가 10보다 크면 "You are too old for my jokes!"라고 출력하는 조건문을 작성한 것이다.

```
>>> age = 10
>>> if age > 10:
        print('You are too old for my jokes!')
```

이 코드를 IDLE에 입력하고 엔터 키를 누르면 무슨 일이 일어날까?

아무 일도 일어나지 않는다.

왜냐하면 age의 값이 10보다 크지 않아서 파이썬은 print 블록을 실행하지 않는다. 변수 age를 20으로 설정했다면 그 메시지가 출력되었을 것이다.

이제는 이 예제를 수정하여 ~보다 크거나 같다(>=)로 바꿔보자.

```
>>> age = 10
>>> if age >= 10:
        print('You are too old for my jokes!')
```

이번에는 "You are too old for my jokes!"라는 메시지를 화면에서 볼 수 있을 것이다. 왜냐하면 변수 age의 값이 10과 같기 때문이다.

다음은 ~와 같다(==)로 바꿔보자.

```
>>> age = 10
>>> if age == 10:
```

```
print('What\'s brown and sticky? A stick!!')
```

화면에서 "What's brown and sticky? a stick!!"라는 메시지를 볼 수 있을 것이다.

IF-THEN-ELSE 문

if 문을 사용하면 어떤 조건이 True일 경우에 어떤 작업을 하도록 하는 것 외에도, 어떤 조건이 참이 아닐 경우(False)에 어떤 작업을 하도록 사용할 수도 있다. 예를 들어, 여러분의 나이가 12세인데 if 문에서 12세가 아닐 경우(False)에 어떤 메시지를 화면에 출력하도록 할 수 있다.

여기서 사용하는 기술은 if-then-else 문을 사용하는 것이다. 이것은 "만약에 조건문이 참이면 이것을 실행하고, 그렇지 않으면 저것을 실행해."라는 말이다.

if-then-else 문을 생성해보자. 다음의 코드를 쉘에 입력하자.

```
>>> print("Want to hear a dirty joke?")
Want to hear a dirty joke?
>>> age = 12
>>> if age == 12:
        print("A pig fell in the mud!")
else:
        print("Shh. It's a secret.")

A pig fell in the mud!
```

변수 age에 12를 설정했으므로, age가 12와 같은지를 묻는 조건문은 첫 번째 메시지를 화면에 출력한다는 것을 알 수 있을 것이다. 이제 다음과 같이 age의 값을 12가 아닌 값으로 변경해보자.

```
>>> print("Want to hear a dirty joke?")
Want to hear a dirty joke?
>>> age = 8
>>> if age == 12:
```

```
                print("A pig fell in the mud!")
        else:
                print("Shh. It's a secret.")

        Shh. It's a secret.
```

이번에는 두 번째 print 메시지를 보게 될 것이다.

IF 문과 ELIF 문

if 문은 elif(else-if의 약자) 문으로 확장할 수 있다. 예를 들어 어떤 사람이 10살인지 11살인지 또는 12살인지를 검사할 수 있으며, 각각에 따라 서로 다른 작업을 하는 프로그램을 만들 수 있다. 이 구문은 if-then-else 문과 다르며, 하나 이상의 elif 문을 둘 수가 있다.

```
    >>> age = 12
❶  >>> if age == 10:
❷          print("What do you call an unhappy cranberry?")
            print("A blueberry!")
❸  elif age == 11:
            print("What did the green grape say to the blue grape?")
            print("Breathe! Breathe!")
❹  elif age == 12:
❺          print("What did 0 say to 8?")
            print("Hi guys!")
    elif age == 13:
            print("Why wasn't 10 afraid of 7?")
            print("Because rather than eating 9, 7 8 pi.")
    else:
            print("Huh?")

    What did 0 say to 8? Hi guys!
```

이 예제에서 두 번째 줄에 있는 if 문은 변수 age의 값이 10인지를 검사한다 ❶. 그 다음에 있는 print 문은 age가 10일 때 실행된다 ❷. 하지만 우리는 age를 12로 설정했기 때문에 컴퓨터는 다음 줄에 있는 if 문 ❸ 으로 넘어가서 age가 11인지를 검사한다. 이것도 아니기 때문에 컴퓨터는 다음 줄에 있는 if 문 ❹ 으로 넘어가서 age가 12인지를 검사한다. 이번에는 12가 맞기 때문에 컴퓨터는 print 문❺ 을 실행한다.

앞의 코드를 IDLE에 입력하면 들여쓰기가 자동으로 될 것이므로 print 문의 입력이 끝나고 if 문과 elif 문, else 문을 입력할 때 백스페이스(BACKSPACE)나 DELETE 키를 눌러 가장 왼쪽 끝에서 입력을 시작할 수 있게 하자. 이는 프롬프트(>>>)가 빠졌을 때의 if 문과 같은 위치다.

조건문 조합하기

코드를 더 짧고 간단하게 해주는 and와 or 키워드를 사용하면 조건문을 조합할 수 있다. 다음은 or를 사용하는 예제다.

```
>>> if age == 10 or age == 11 or age == 12 or age == 13:
        print('What is 13 + 49 + 84 + 155 + 97? A headache!')
    else:
        print('Huh?')
```

이 코드에서 첫 번째 줄에 있는 조건들 중에 어떤 것이든지 참이라면(즉 age가 10이거나 11, 12 또는 13이라면) 다음 줄에 있는 print로 시작하는 코드 블록이 실행될 것이다.

첫 번째 줄의 조건이 참이 아니라면(else) 파이썬은 마지막 줄에 있는 블록으로 이동하여 Huh?를 화면에 출력할 것이다.

이 코드를 더 줄인다면 and 키워드와 함께 ~보다 크거나 같다(>=)와 ~보다 작거나 같다(<=) 연산자를 다음과 같이 이용할 수 있다.

```
>>> if age >= 10 and age <= 13:
        print('What is 13 + 49 + 84 + 155 + 97? A headache!')
    else:
        print('Huh?')
```

첫 번째 줄에서 age >= 10 and age <= 13:처럼 정의한 것처럼, age가 10보다 크거나 같고 13보다 작거나 같으면 그 다음 줄에 있는 print 문의 코드 블록이 실행될 것이다. 예를 들어 변수 age의 값이 12라면 What is 13 + 49 + 84 + 155 + 97? A headache!가 화면에 출력될 것이다. 왜냐하면 12는 10보다 크고 13보다 작기 때문이다.

아무런 값이 없는 변수 – NONE

변수에 숫자와 문자 리스트를 할당할 수 있는 것처럼, 아무것도 할당하지 않거나 빈 값을 할당할 수도 있다. 파이썬에서 빈 값은 None이라고 하며, 값이 없는 것이다. None이라는 값은 0과 다르다. 왜냐하면 이것은 0이라는 값이 아닌 값이 없는 것이기 때문이다. 우리가 빈 값을 변수로 주면 그 변수의 값은 없는 것이다. 다음의 예제를 살펴보자.

```
>>> myval = None
>>> print(myval)
None
```

None이라는 값을 변수에 할당하는 것은 그 변수의 초기의 빈 상태로 리셋하는 것이다. 변수에 None을 설정하는 것은 그 변수에 값을 설정하지 않기 위한 한 방법이다. 프로그램에서 나중에 변수가 필요할 예정이지만 초기에 변수를 설정하고 싶을 때 이와 같이 할 수 있다. 대부분의 프로그래머들은 프로그램의 앞 부분에 변수들을 정의한다. 왜냐하면, 엄청난 양의 코드에서 사용되는 모든 변수들의 이름을 쉽게 알아보기 위해서이다.

다음의 예제와 같이 if 문에서 None을 검사할 수도 있다.

```
>>> myval = None
>>> if myval == None:
        print("The variable myval doesn't have a value")

The variable myval doesn't have a value
```

이것은 변수에 대한 값이 계산되지 않은 변수만 계산하고 싶을 경우에 유용하다.

문자열과 숫자와의 차이점

사용자 입력(User input)은 사람이 키보드로 입력하는 것으로 입력되는 것은 문자가 될 수도 있고 방향키나 ENTER 키가 될 수도 있으며, 그 외의 다른 모든 것들이 될 수가 있다. 파이썬에서 사용자 입력은 문자열로 간주된다. 이 말은 여러분이 키보드로 10이라는 숫자를 입력할 경우에 파이썬은 숫자 10을 숫자가 아닌 문자열 변수에 저장한다는 것이다.

그렇다면 숫자 10과 '10'은 무엇이 다를까? 홑따옴표로 둘러 쌓였다는 것만 다르고 두 개가 똑같아 보인다. 하지만 컴퓨터는 매우 다르게 인식한다.

예를 들어 if 문에서 변수 **age**의 값을 다음과 같이 비교한다고 해보자.

```
>>> if age == 10:
        print("What's the best way to speak to a monster?")
        print("From as far away as possible!")
```

여기서 우리가 다음과 같이 변수 **age**에 숫자 **10**을 설정했다고 하자.

```
>>> age = 10
>>> if age == 10:
        print("What's the best way to speak to a monster?")
        print("From as far away as possible!")
What's the best way to speak to a monster?
From as far away as possible!
```

앞에서 알 수 있듯이 print 문이 실행된다.

다음에는 다음과 같이 변수 **age**에 문자열 '**10**'을(홑따옴표와 함께) 설정했다고 하자.

```
>>> age = '10'
>>> if age == 10:
```

```
print("What's the best way to speak to a monster?")
print("From as far away as possible!")
```

이번에는 print 문이 실행되지 않는다. 왜냐하면 파이썬은 홑따옴표(문자열)에 있는 숫자를 숫자로 보지 않기 때문이다.

다행스러운 것은 파이썬에게 문자열을 숫자로 또는 숫자를 문자열로 바꾸는 마법의 함수가 있다는 것이다. 예를 들어 int를 사용하여 문자열 '10'을 숫자로 변환할 수 있다.

```
>>> age = '10'
>>> converted_age = int(age)
```

변수 converted_age는 숫자 10을 가지게 될 것이다.

숫자를 문자열로 변환하려면 str을 사용하자.

```
>>> age = 10
>>> converted_age = str(age)
```

여기서 converted_age는 숫자 10 대신에 문자열 10을 갖게 될 것이다.

이 변수가 문자열(age = '10')로 설정되었을 때 if age == 10 구문에서 아무것도 출력하지 않았던 것을 기억하는가? 만약에 if 구문에서 판단하기 전에 그 변수를 변환시켰다면 완전히 다른 결과가 나왔을 것이다.

```
>>> age = '10'
>>> converted_age = int(age)
>>> if converted_age == 10:
        print("What's the best way to speak to a monster?")
        print("From as far away as possible!")
What's the best way to speak to a monster?
From as far away as possible!
```

하지만 소수점이 있는 숫자를 변환하려고 한다면 다음과 같은 에러가 날 것이다. 그 이유는 int 함수는 정수형만 받기 때문이다.

```
>>> age = '10.5'
>>> converted_age = int(age)
Traceback (most recent call last):
    File "<pyshell#35>", line 1, in <module>
    converted_age = int(age)
ValueError: invalid literal for int() with base 10: '10.5'
```

ValueError는 사용하려고 하는 값이 올바르지 않다는 것을 알려주는 것이다. 이 문제를 해결하려면 int 대신 float 함수를 사용하면 된다. float 함수는 정수가 아닌 숫자들을 처리할 수 있다.

```
>>> age = '10.5'
>>> converted_age = float(age)
>>> print(converted_age)
10.5
```

숫자가 아닌 내용이 들어있는 문자열을 변환하려고 할 경우에도 ValueError가 날 것이다.

```
>>> age = 'ten'
>>> converted_age = int(age)
Traceback (most recent call last):
    File "<pyshell#1>", line 1, in <module>
    converted_age = int(age)
ValueError: invalid literal for int() with base 10: 'ten'
```

복습

이번 장에서는 특정 조건에 대해 참일 경우에만 실행되는 코드 블록을 생성하기 위해 if 문을 어떻게 생성하는지 배웠다. 여러분은 다른 조건에 대한 결과로 다른 코드가 실행되도록 하는 elif 를 사용하여 if 문을 확장하는 방법과 조건문이 참이 아닐 경우에 코드를 실행하기 위해 else 문을 어떻게 사용하는지도 살펴봤다. 또한 어떤 숫자가 원하는 범위 안에 들어오는지를 보기 위해 서 and와 or 키워드를 사용하여 조건문을 결합하는 방법을 배웠고, int와 str, float를 사용하여 문자열을 숫자로(숫자를 문자열로) 변경하는 방법도 배웠다. 그리고 아무것도 없다(None)는 것 이 파이썬에서는 의미가 있음을 배웠으며, 변수를 초기의 빈 상태로 다시 설정할 때 사용될 수 있 다는 것을 배웠다.

프로그래밍 퍼즐

if 문과 조건문을 사용하여 다음의 퍼즐들을 풀어보자. 정답은 이 책의 마지막 장에 있다.

#1: 부자인가요?

다음 코드는 어떤 것을 실행하게 될까? 쉘에서 입력하지 않고 코드만 보고 대답해보자. 그런 다음 쉘을 통해 답이 맞았는지 확인해보자.

```
>>> money = 2000
>>> if money > 1000:
        print("I'm rich!!")
else:
        print("I'm not rich!!")
          print("But I might be later...")
```

#2: 트윙키!

트윙키(변수명은 twinkies)의 개수가 10보다 작은지 아니면 500보다 큰지를 검사하는 if 문을 생성하자. 만약에 이 조건에 맞는다면 "Too few or too many"라는 메시지를 출력한다.

#3: 올바른 숫자

money 변수에 담긴 돈이 100과 500 사이인지 또는(or) 1,000과 5,000 사이인지를 검사하는 if 문을 생성하라.

#4: 여러 닌자와 싸울 수 있다

ninjas라는 변수에 담긴 숫자가 50보다 작다면 "That's too many"라는 문자열을 출력하고, 30보다 작으면 "It'll be a struggle, but I can take 'em"을 출력하며, 10보다 작으면 "I can't fight those ninjas!"라고 출력하는 if 문을 생성하자. 시작하는 코드는 다음과 같이 한다.

```
>>> ninjas = 5
```

6
빙글빙글 돌기

똑같은 작업을 계속해서 반복하는 것보다 더 나쁜 것은 없다. 어떤 사람들이 잠을 이루지 못할 때 눈을 감고 양을 세는 데는 이유가 있으며, 털이 있는 포유류가 가지고 있는 엄청난 수면 유도 능력과는 전혀 상관이 없다. 바로 어떤 것을 무한히 반복하는 것은 지루한 일이며, 흥미로운 일에 집중하지 않을 경우에는 쉽게 잠에 빠질 수 있기 때문이다.

스스로 잠들려고 하는 게 아니라면 프로그래머들은 자신들이 반복적으로 어떤 작업을 하는 것을 특히나 더 좋아하지 않는다. 감사하게도, 대부분의 프로그래밍 언어들은 다른 프로그래밍 구문과 코드 블록 같은 것들을 자동으로 반복하는 for 루프라고 불리는 것을 가지고 있다.

이번 장에서는 for 루프뿐만 아니라 파이썬에서 제공하는 또 다른 루프인 while 루프도 살펴볼 것이다.

FOR 루프 사용하기

파이썬에서 hello를 다섯 번 출력하려면 다음과 같이 할 수 있다.

```
>>> print("hello")
hello
>>> print("hello")
hello
>>> print("hello")
hello
>>> print("hello")
hello
>>> print("hello")
hello
```

하지만 이것은 정말로 지루한 방법이다. 이렇게 하는 대신에, 타이핑과 반복적인 일을 줄이기 위해서 다음과 같이 for 루프를 사용할 수 있다.

```
❶ >>> for x in range(0, 5):
❷ >        print('hello')
   hello
   hello
   hello
   hello
   hello
```

❶에 있는 range 함수는 시작 숫자부터 끝에 있는 숫자 바로 앞까지의 숫자 리스트를 생성할 때 사용될 수 있다. 약간 혼란스러울 수 있다. 이것이 어떻게 동작하는지를 정확하게 살펴보기 위해서 list 함수와 range 함수를 결합해보자. range 함수는 실제로 숫자들의 목록을 생성하지는 않고 루프와 함께 동작하도록 특별히 설계된 파이썬 객체의 타입인 **이터레이터**(iterator)를 반환한

다. 하지만 range와 list를 결합하면 숫자의 목록을 얻게 된다.

```
>>> print(list(range(10, 20)))
[10, 11, 12, 13, 14, 15, 16, 17, 18, 19]
```

❶의 코드인 for 루프의 경우는 다음과 같은 작업을 하라고 파이썬에게 지시하는 것이다.

- 시작 숫자인 0부터 5가 되기 전에 멈춘다.

- 각 숫자를 세면서, 변수 x에 그 값을 저장한다.

그런 다음, 파이썬은 ❷의 코드 블록을 실행한다. ❷번 줄을 시작하기 전에 네 칸의 공백이 더 있다는 것(❶번 줄과 비교할 때)에 주목하자. IDLE는 여러분을 위해서 자동으로 들여쓰기를 해줄 것이다.

두 번째 줄 다음에 엔터를 치면 파이썬은 "hello"를 다섯 번 출력한다.

hello를 세기 위해서 print 구문에서 x를 사용할 수도 있다.

```
>>> for x in range(0, 5):
        print('hello %s' % x)
hello 0
hello 1
hello 2
hello 3
hello 4
```

for 루프를 다시 빼고 코딩을 한다면 다음과 같이 될 것이다.

```
>>> x = 0
>>> print('hello %s' % x)
hello 0
>>> x = 1
>>> print('hello %s' % x)
hello 1
```

```
>>> x = 2
>>> print('hello %s' % x)
hello 2
>>> x = 3
>>> print('hello %s' % x)
hello 3
>>> x = 4
>>> print('hello %s' % x)
hello 4
```

따라서 루프를 이용하는 것은 코드에서 여덟 줄을 실제로 줄여준다. 좋은 프로그래머들은 한 번 이상의 작업을 하는 것을 싫어하기 때문에 for 루프는 프로그래밍 언어에서 가장 유명한 구문 중에 하나다.

for 루프를 만들 때 반드시 range와 list 함수를 사용해야 할 필요는 없다. 3장에 있었던 쇼핑 리스트처럼 이미 생성한 리스트를 다음과 같이 사용할 수도 있다.

```
>>> wizard_list = ['spider legs', 'toe of frog', 'snail tongue',
                'bat wing', 'slug butter', 'bear burp']
>>> for i in wizard_list:
        print(i)
spider legs
toe of frog
snail tongue
bat wing
slug butter
bear burp
```

이 코드는 "wizard_list에 있는 각 항목에 대하여 변수 i에 그 값을 저장하고 그 변수의 내용을 출력하라."는 말이다. 만일 for 루프를 없앤다면 다음과 같이 해야 할 것이다.

```
>>> wizard_list = ['spider legs', 'toe of frog', 'snail tongue',
                'bat wing', 'slug butter', 'bear burp']
```

```
>>> print(wizard_list[0])
spider legs
>>> print(wizard_list[1])
toe of frog
>>> print(wizard_list[2])
snail tongue
>>> print(wizard_list[3])
bat wing
>>> print(wizard_list[4])
slug butter
>>> print(wizard_list[5])
bear burp
```

다시 한 번, 루프가 얼마나 많은 코드를 줄여줬는지 알 수 있다.

또 다른 루프를 만들어보자. 다음의 코드를 쉘에 입력하자. 쉘은 이 코드를 자동으로 들여쓰기 해 줄 것이다.

```
❶ >>> hugehairypants = ['huge', 'hairy', 'pants']
❷ >>> for i in hugehairypants:
❸         print(i)
❹         print(i)
❺
❻ huge
  huge
  hairy
  hairy
  pants
  pants
```

첫 번째 줄인 ❶번에서는 'huge'와 'hairy', 'pants'를 가진 리스트를 생성한다. 다음 줄인 ❷번에서는 리스트의 항목들을 가지고 루프를 돌며, 각 항목은 변수 i에 할당된다. 우리는 그 변수의 내용을 그 다음 줄인 ❸번과 ❹번에서 두 번씩 출력한다. 그 다음의 빈 줄인 ❺번에서 엔터를 눌러서 파이썬에게 블록이 끝났음을 알려주며, 이 코드를 실행하고 각 항목을 두 번씩 출력한다❻.

만약에 공백의 개수가 틀리게 입력된다면 에러 메시지를 받게 될 것이라는 것을 기억하자. 앞의 코드의 ❹번 줄에서 공백을 하나 더 입력했다면 파이썬은 다음과 같은 들여쓰기 에러를 표시할 것이다.

```
>>> hugehairypants = ['huge', 'hairy', 'pants']
>>> for i in hugehairypants:
        print(i)
      ■print(i)


SyntaxError: unexpected indent
```

5장에서 배웠던 것처럼 파이썬은 공백의 개수가 일치할 것이라고 기대하고 있다. 여러분이 얼마나 많은 공백을 넣었는지는 상관없다. 단지 새로운 줄마다 같은 공백이 있기만 하면 된다(이렇게 하면 사람들이 읽기도 좋다).

다음은 두 개의 코드 블록을 가진 복잡한 for 루프를 보여준다.

```
>>> hugehairypants = ['huge', 'hairy', 'pants']
>>> for i in hugehairypants:
        print(i)
        for j in hugehairypants:
                print(j)
```

이 코드에서 코드 블록은 어디에 있을까? 첫 번째 블록은 첫 번째 for 루프다.

```
hugehairypants = ['huge', 'hairy', 'pants']
for i in hugehairypants:
    print(i)                    #
    for j in hugehairypants:  # 여기가 첫 번째 블록이다.
        print(j)                #
```

두 번째 블록은 두 번째 for 루프에 있는 한 줄의 print 문이다.

```
❶ hugehairypants = ['huge', 'hairy', 'pants']
   for i in hugehairypants:
       print(i)
❷     for j in hugehairypants:
❸         print(j)                    # 여기가 두 번째 블록이다..
```

이 코드가 어떻게 동작하는지 알아볼 수 있는가?

❶에서 hugehairypants라는 리스트를 생성한 다음, 그 다음의 두 줄에서 리스트에 있는 항목들을 가지고 루프를 돌면서 하나씩 출력하라고 알려준다. 하지만 ❷에서 그 리스트를 가지고 다시 루프를 돌게 될 것이다. 이번에는 변수 j에 값을 할당하고 ❸에서 다시 각 항목을 출력한다. ❷와 ❸의 코드는 for 루프의 부분이다. 이것은 리스트를 가지고 for 루프를 돌면서 실행할 것이라는 의미다.

따라서 이 코드를 실행하면 huge 다음에 huge와 hairy, pants를 출력하고, hairy 다음에 huge와 hairy, pants를 출력하는 식으로 동작할 것이다.

이 코드를 파이썬 쉘에서 입력하고 결과를 확인해보자.

```
    >>> hugehairypants = ['huge', 'hairy', 'pants']
    >>> for i in hugehairypants:
❶           print(i)
            for j in hugehairypants:
❷                   print(j)

◈   huge
    huge
    hairy
    pants
◈   hairy
    huge
    hairy
    pants
```

◆ pants
   huge
   hairy
   pants

파이썬은 첫 번째 루프에 들어가서 리스트에 있는 하나의 항목을 출력한다 ❶. 그 다음, 두 번째 루프에 들어가서 리스트에 있는 모든 항목을 출력한다❷. 그리고 리스트의 다음 항목을 출력하는 print(i) 명령을 계속 진행하고 다시 한 번 print(j)로 리스트의 전체 항목을 출력한다. 그 결과를 보면 ◆ 표시된 줄은 print(i) 문장에 의해 출력된 것이며, 표시되지 않은 줄은 print(j)로 출력된 것이다.

이렇게 이상하게 출력된 예제보다 더 실질적인 예제로는 어떤 것이 있을까? 2장에서 계산 작업을 했던 것을 기억해보자. 거기서 우리는 할아버지의 동전 복제 장치를 사용하여 일년 동안 얼마나 많은 금화를 얻을 수 있는지를 살펴봤다. 그 계산식은 다음과 같았다.

```
>>> 20 + 10 * 365 - 3 * 52
```

이것은 10개의 복제된 동전에 일년 365일 곱하고 발견한 20개의 동전을 더한 다음, 까마귀가 매주 훔쳐가는 동전 3개를 계산하여 뺀 것을 나타낸다.

매주 얼마의 금화가 더 생기는지 확인하면 좋을 것 같다. 이러한 작업은 for 루프를 사용하여 할 수 있다. 하지만 먼저 우리는 매주마다 생기는 동전의 합계를 나타내는 magic_coins 변수의 값을 변경해야 한다. 매일 10개의 동전이 생기며, 한 주는 7일이므로 magic_coins은 70이 되어야 한다.

```
>>> found_coins = 20
>>> magic_coins = 70
>>> stolen_coins = 3
```

루프에서 사용할 coins라는 변수를 생성하여 매주마다 증가하는 값을 확인할 수 있다.

```
>>> found_coins = 20
```

```
    >>> magic_coins = 70
    >>> stolen_coins = 3
❶  >>> coins = found_coins
❷  >>> for week in range(1, 53):
❸            coins = coins + magic_coins - stolen_coins
❹            print('Week %s = %s' % (week, coins))
```

❶에서는 변수 coins에 found_coins 변수의 값을 담는다. 이것은 처음 시작하는 숫자가 된다. 다음 줄인 ❷에서 블록 안에 명령어들이 실행하게 될 for 루프를 설정한다(블록은 ❸번과 ❹번에서 구성된다). 루프가 돌 때마다 변수 week에는 1에서 52까지의 숫자가 차례로 담긴다.

❸은 약간 더 복잡하다. 기본적으로 매주마다 우리가 생성한 동전의 개수를 더하고 까마귀가 훔쳐가는 동전을 빼는 것이다. coins 변수를 보물상자 같은 것이라고 생각해보자. 매주마다 새로운 동전이 그 상자에 쌓일 것이다. 따라서 ❸의 진짜 의미는 "coins 변수의 내용을 현재 내가 가지고 있는 동전 개수에 이번 주에 만든 동전을 더해."라는 의미다. 등호 표시(=)는 이 코드에서 최고의 부분으로 "오른쪽에 있는 작업을 먼저 한 다음에 왼쪽의 이름으로 저장해."라는 뜻이다.

❹는 플레이스홀더(placeholder)를 이용한 print 구문으로, 몇 번째 주인지와 지금까지의 동전 합계를 화면에 출력한다(이 부분이 이해되지 않는다면 "문자열에 값을 포함하기" 절을 다시 읽어보자). 이 프로그램을 실행하면 다음과 같은 결과를 볼 수 있다.

```
Python 3.3.2 Shell
File  Edit  Debug  Options  Windows  Help
Python 3.3.2 (v3.3.2:d047928ae3f6, May 16 2013, 00:03:43) [MSC v.1600 32 bit (I
ntel)] on win32
Type "copyright", "credits" or "license()" for more information.
==== No Subprocess ====
>>> found_coins = 20
>>> magic_coins = 70
>>> stolen_coins = 3
>>> coins = found_coins
>>> for week in range(1, 53):
        coins = coins + magic_coins - stolen_coins
        print('Week %s = %s' % (week, coins))


Week 1 = 87
Week 2 = 154
Week 3 = 221
Week 4 = 288
Week 5 = 355
Week 6 = 422
Week 7 = 489
Week 8 = 556
Week 9 = 623
Week 10 = 690
Week 11 = 757
Week 12 = 824
Week 13 = 891
Week 14 = 958
Week 15 = 1025
Week 16 = 1092
Week 17 = 1159
Week 18 = 1226
                                                          Ln: 65 Col: 4
```

루프에 대해 이야기를 하고 있지만

for 루프가 파이썬에서 할 수 있는 유일한 루프는 아니다. while 루프라는 것도 있다. for 루프는 특정 길이만큼 루프를 돌지만, while 루프는 루프를 끝내야 할 시점을 알지 못할 경우에 사용되는 루프다.

20개의 계단을 상상해보자. 계단이 실내에 있다면 20개의 계단을 쉽게 올라갈 수 있을 것이다. 이 경우의 for 루프는 다음과 같다.

```
>>> for step in range(0, 20):
        print(step)
```

이번에는 산길에 있는 계단을 상상해보자. 산이 정말로 높아서 정상에 오르기 전에 지칠 수 있으며 날씨가 갑자기 나빠져서 더 이상 오를 수 없게 될지도 모른다. 이러한 경우 while 루프는 다음과 같을 것이다.

```
step = 0
while step < 10000:
    print(step)
    if tired == True:
        break
    elif badweather == True:
        break
    else:
        step = step + 1
```

이 코드를 입력하고 실행해보면 에러가 날 것이다. 왜 그럴까? 아직 tired 변수와 badweather 변수를 생성하지 않았기 때문이다. 물론 이 코드는 실제로 동작하기엔 부족한 프로그램이지만 while 루프의 기본 예제로는 충분하다.

step = 0이라는 코드로 step이라는 변수를 생성하면서 시작한다. 다음으로, step 변수의 값이 산 아래에서 정상까지의 계단 수인 10,000보다 작은지(step < 10000)를 검사하는 while 루프를 생성한다. 올라간 계단이 10,000개보다 작으면 파이썬은 이후의 코드를 실행한다.

print(step)으로 그 변수의 값을 출력하고, tired 변수의 값이 True인지를 if tired == True:로 검사한다(True는 불리언(Boolean) 값으로 8장에서 배울 것이다). 만약에 참이라면 break 키워드를 사용하여 루프를 빠져 나온다. break 키워드는 루프를 즉시 빠져 나오는 방법이며(다시 말해서 루프를 멈춘다) while과 for 루프에서 동작한다. 여기서는 이 블록을 건너뛰고 step = step + 1 줄로 들어간다.

elif badweather == True:는 badweather 변수가 True로 설정되어 있는지를 검사한다. 만약에 그렇다면 break 키워드를 사용하여 루프를 빠져 나온다. 만일 tired 변수도 True가 아니고 badweather 변수도 True가 아니라면, step 변수는 step = step + 1 명령으로 1 증가하고 계속해서 루프를 돈다.

따라서 while 루프는 다음과 같은 절차로 동작한다.

1. 조건을 검사한다.

2. 블록에 있는 코드를 실행한다.

3. 반복한다.

while 루프는 다음과 같이 하나의 조건문이 아닌 여러 개의 조건문을 가지고 생성되는 것이 더 일반적이다.

```
❶ >>> x = 45
❷ >>> y = 80
❸ >>> while x < 50 and y < 100:
        x = x + 1
        y = y + 1
        print(x, y)
```

여기서 우리는 45라는 값을 넣으면서 변수 x를 생성하고❶, 80이라는 값을 넣으면서 변수 y를 생성한다❷. 이 루프는 두 개의 조건(x가 50보다 작은지, 그리고 y가 100보다 작은지)을 검사한다❸. 두 개의 조건 모두가 참이라면, 두 개의 변수 모두에 1을 더하고 출력하는 그 다음의 코드가 실행될 것이다. 다음은 이 코드의 결과다.

```
46 81
47 82
48 83
49 84
50 85
```

어떻게 동작하는지 알겠는가?

우리는 변수 x를 45부터 시작하고 변수 y를 80부터 시작하여 루프가 실행될 때마다 1씩 더했다. 이 루프는 x가 50보다 작고 y가 100보다 작을 때까지만 실행될 것이다. 이 루프가 다섯 번 실행되면(각 변수에 1씩 더해지므로) 변수 x는 50이 된다. 이제는 첫 번째 조건(x < 50)에 맞지 않게 되어 파이썬은 루프를 종료해야 한다고 인식한다.

while 루프를 사용하는 또 다른 일반적인 예는 반영구적인 루프를 생성하는 것이다. 이것은 영원히 실행되는 루프의 일종이지만, 어떤 일이 생길 때까지 계속되는 것이다. 다음의 예제를 살펴보자.

```
while True:
    이런저런 코드
    이런저런 코드
    이런저런 코드
    if some_value == True:
        break
```

while 루프의 조건이 True라는 것은 항상 참이라는 것이며, 그 블록 안의 코드는 항상 실행될 것이다(따라서 그 루프는 영원히 계속될 것이다). 단, 변수 some_value가 참일 경우에만 파이썬은 루프에서 빠져 나올 것이다. 더 좋은 예제로는 10장의 "난수를 뽑기 위해 randint 사용하기"라는 절에서 보게 될 것이다. 하지만 그 예제를 보기 전에 7장을 다 읽어야 한다.

복습

이번 장에서는 반복적인 작업을 수행하기 위해 루프를 사용했다. 우리는 파이썬에게 루프 안에 있는 코드 블록에 쓴 작업을 반복하라고 지시했다. 두 가지 종류의 루프를 사용했는데, for 루프와 while 루프다. 이것들은 서로 비슷하지만 다른 식으로 사용될 수 있다. 또한 루프를 멈추기 위해서 break 키워드를 사용하여 루프를 빠져 나온다는 것을 배웠다.

프로그래밍 퍼즐

여러분 스스로 다음의 루프 예제들을 풀어보자. 정답은 이 책의 마지막 장에 있다.

#1: 헬로우 루프

다음 코드가 어떤 동작을 할까? 먼저 무슨 일이 일어날지 예상해보고 그 다음에 그것이 맞는지 코드로 실행해보자.

```
>>> for x in range(0, 20):
        print('hello %s' % x)
        if x < 9:
            break
```

#2: 짝수

여러분의 나이까지 도달하는 루프에서 짝수만 출력해보자. 나이가 홀수라면 홀수만 출력하자. 예를 들어 다음과 같은 결과가 나올 수 있다.

```
2
4
6
8
10
12
14
```

#3: 내가 좋아하는 재료 다섯 개

다음과 같이 서로 다른 샌드위치 재료 다섯 개를 가진 리스트를 만들어보자.

```
>>> ingredients = ['snails', 'leeches', 'gorilla belly-button lint',
                   'caterpillar eyebrows', 'centipede toes']
```

그리고 리스트에 있는 항목을 (순서를 포함하여) 출력하는 루프를 만들어보자.

```
1 snails
2 leeches
3 gorilla belly-button lint
4 caterpillar eyebrows
5 centipede toes
```

#4: 달에서의 체중

여러분이 만약 지금 달에 서 있다면 체중은 지구에 있을 때보다 16.5 퍼센트 더 늘어났을 것이다. 지금의 체중에 0.165를 곱하면 그 값을 얻을 수 있다.

만약에 앞으로 15년 동안 매년 1킬로씩 늘어난다고 할 때 매년 달에 가본다고 하면 15년 후에는 체중이 어떻게 될까? for 루프를 사용하여 매년 달에서의 체중을 출력하는 프로그램을 만들어 보자.

7
함수와 모듈로 코드를 재사용하기

매일매일 물건들을 밖에 버린다고 가정해보자. 물병도 버리고 음료수 캔도 버리고 감자칩 봉지와 플라스틱 샌드위치 포장지, 당근이나 사과 조각을 포장한 포장지, 쇼핑백, 신문, 잡지 등을 말이다. 이젠 그 쓰레기들이 분리수거도 안된 상태로 도로에 가득 쌓였다고 한다면 어떤 일이 일어날지 상상해보자.

물론 상태가 괜찮은 것들은 가능한 재활용될 것이다. 왜냐하면 학교 가는 길에 쌓여있는 쓰레기들을 넘어다니고 싶은 사람은 없기 때문이다. 엄청나게 쌓여있는 유리병 위를 다니는 것보다 그것들을 녹여서 새로운 병이나 항아리로 만들고, 종이는 재활용 용지로, 플라스틱은 다른 플라스틱 제품으로 만드는 것이 좋다. 따라서 어떤 물건은 그냥 버리는 것보다, 가능하다면 다시 사용해야 한다.

프로그래밍 세계에서도 재사용은 매우 중요하다. 물론 여러분의 프로그램이 쓰레기 더미 속으로 사라지진 않겠지만 현재의 작업을 재사용할 수 없다면 계속해서 반복되는 타이핑으로 손가락이 점점 힘들어질 것이다. 재사용은 여러분의 코드를 더 짧게 할 뿐만 아니라, 더 편하게 읽을 수 있도록 해준다.

이번 장에서 배우겠지만, 파이썬은 코드를 재사용하는 여러 가지 방법들을 제공한다.

함수 사용하기

사실 파이썬 코드를 재활용하는 방법들 중에 하나를 이미 살펴봤다. 이전 장에서 우리는 파이썬이 숫자를 세도록 range와 list 함수를 사용했다.

```
>>> list(range(0, 5))
[0,1,2,3,4]
```

어떻게 해야 하는지 알고 있다면 연속적인 숫자들의 리스트를 직접 타이핑하여 생성하는 것은 그렇게 힘든 일이 아니지만, 더 많은 숫자들을 가진 리스트를 만들어야 한다면 그만큼 타이핑을 더 많이 해야 할 것이다. 그러나 함수를 사용하면 수천 개의 숫자를 가진 리스트도 쉽게 만들 수 있다.

다음의 예제는 list와 range 함수를 이용하여 많은 숫자들을 가진 리스트를 생성하는 것이다.

```
>>> list(range(0, 1000))
[0,1,2,3,4,5,6,7,8,9,10,11,12,13,14,15,16...,997,998,999]
```

함수(function)는 파이썬이 해야 할 작업에 대한 코드 묶음이다. 이것은 여러분의 프로그램에서 함수를 반복적으로 사용하여 코드를 재사용하는 하나의 방법 중 하나다.

간단한 프로그램을 만든다면 함수가 유용하다. 게임과 같이 복잡한 프로그램을 만들고 있다면, 그리고 여러분의 프로그램을 빨리 완성하고 싶다면 함수는 필수적이다.

함수의 구조

함수는 이름, 매개변수, 내용의 3개의 부분으로 구성된다. 다음은 간단한 함수의 예다.

```
>>> def testfunc(myname):
        print('hello %s' % myname)
```

이 함수의 이름은 **testfunc**이다. 이것은 하나의 매개변수인 **myname**을 가지며, 내용은 **def**(define 의 약자)로 시작하는 코드 줄의 바로 다음에 있는 코드 블록이다. 매개변수는 함수가 사용될 때 만 존재하는 변수다.

괄호 안에 매개변수 값을 이용하여 함수의 이름을 호출하여 함수를 실행할 수 있다.

```
>>> testfunc('Mary')
hello Mary
```

함수는 두 개, 세 개 또는 그 이상의 매개변수를 받을 수 있도록 할 수 있다.

```
>>> def testfunc(fname, lname):
        print('Hello %s %s' % (fname, lname))
```

매개변수들의 값들은 콤마로 구분된다.

```
>>> testfunc('Mary', 'Smith')
Hello Mary Smith
```

변수를 먼저 생성한 다음에 함수에서 그것들을 사용할 수도 있다.

```
>>> firstname = 'Joe'
>>> lastname = 'Robertson'
>>> testfunc(firstname, lastname)
Hello Joe Robertson
```

함수는 return 구문을 이용하여 어떤 값을 반환하기 위해 사용되곤 한다. 예를 들어, 얼마나 많은 돈을 저금했는지를 계산하는 함수를 다음과 같이 만들 수 있다.

```
>>> def savings(pocket_money, paper_route, spending):
        return pocket_money + paper_route - spending
```

이 함수는 세 개의 매개변수를 받는다. 앞에 있는 두 개(pocket_money와 paper_route)는 더하고, 마지막(spending)은 뺀다. 계산 결과를 반환하여 어떤 변수에 저장(다른 값을 변수에 설정하는 방법과 같이)하거나 출력할 수 있다.

```
>>> print(savings(10, 10, 5))
15
```

변수와 영역

함수 안에 있는 변수는 그 함수의 실행이 끝나면 더 이상 사용할 수가 없다. 왜냐하면 그러한 변수는 해당 함수 안에서만 존재하기 때문이다. 프로그래밍 세계에서는 이런 것을 **영역**(scope)이라고 부른다.

매개 변수가 아닌 두 개의 변수를 사용하는 간단한 함수를 살펴보자.

```
❶ >>> def variable_test():
          first_variable = 10
          second_variable = 20
❷         return first_variable * second_variable
```

이 예제에서는 first_variable과 second_variable을 곱하는 variable_test라는 함수를 생성한다❶. 그리고 그 결과값을 반환한다❷.

```
>>> print(variable_test())
200
```

만약에 print를 사용하여 이 함수를 호출한다면 200이라는 결과를 얻게 된다. 하지만 first_variable(또는 second_variable)의 값을 함수 밖에서 출력하려고 한다면 다음과 같은 에러 메시지를 보게 된다.

```
>>> print(first_variable)
Traceback (most recent call last):
  File "<pyshell#50>", line 1, in <module>
    print(first_variable)
NameError: name 'first_variable' is not defined
```

어떤 변수가 함수 밖에 정의되어 있다면 그것은 다른 영역에 있는 것이다. 함수를 정의하기 전에 변수를 정의하고 함수 안에서 그 변수를 사용해보자.

```
❶ >>> another_variable = 100
   >>> def variable_test2():
           first_variable = 10
           second_variable = 20
❷          return first_variable * second_variable * another_variable
```

이 코드에서 first_variable 변수와 second_variable 변수는 함수 밖에서 사용될 수 없지만, another_variable 변수(이것은 ❶에서처럼 함수 밖에서 생성되었다)는 가능하다 ❷.

다음은 이 함수를 호출한 결과다.

```
>>> print(variable_test2())
20000
```

자, 사용했던 깡통과 같이 절약할 수 있는 어떤 것들로 우주선을 만들고 있다고 가정해보자. 우주선의 동체를 만들기 위해서 매주 2개의 깡통을 평평하게 만들 수 있을 것이라 예상하고, 동체를 완성하는 데 500개의 깡통이 필요하다고 하자. 여러분은 한 주에 2개의 평평한 깡통을 만들 수 있을 때 500개의 평평한 깡통을 얻기까지 얼마나 오랜 시간이 걸리는지를 계산하는 함수를 쉽게 만들 수 있을 것이다.

일년 동안 매주마다 얼마나 많은 평평한 깡통들을 만들 수 있는지를 보여주는 함수를 만들어보자. 이 함수는 매개변수로 깡통의 개수를 받게 될 것이다.

```
>>> def spaceship_building(cans):
        total_cans = 0
        for week in range(1, 53):
            total_cans = total_cans + cans
            print('Week %s = %s cans' % (week, total_cans))
```

이 함수의 첫 번째 줄에서는 **total_cans**라는 변수를 생성하고 0으로 값을 설정한다. 그 다음, 1년인 52주를 도는 루프를 만들고 매주마다 평평하게 만들 깡통 개수를 넣는다. 이 코드 블록에서 이 함수의 핵심적인 부분을 만들게 된다. 하지만 이 코드에는 또 다른 코드 블록이 있다(for 루프에 대한 코드를 만드는 밑의 두 줄).

셀에서 이 함수를 입력하고 여러 가지 값들을 넣어 호출해보자.

```
>>> spaceship_building(2)
Week 1 = 2 cans
Week 2 = 4 cans
Week 3 = 6 cans
Week 4 = 8 cans
Week 5 = 10 cans
Week 6 = 12 cans
Week 7 = 14 cans
Week 8 = 16 cans
Week 9 = 18 cans
Week 10 = 20 cans
(계속 나옴...)

>>> spaceship_building(13)
Week 1 = 13 cans
Week 2 = 26 cans
Week 3 = 39 cans
Week 4 = 52 cans
Week 5 = 65 cans
```

(계속 나옴…)

이 함수는 매주마다 생산되는 깡통 개수를 다르게 하여 재사용될 수 있다. 이것은 다른 값에 대한 결과를 위해서 매번 for 루프를 다시 타이핑하는 것보다 약간 더 효과적이다.

함수들은 모듈로 그룹화할 수도 있다. 이것은 파이썬을 정말로 유용하도록 만들어준다.

모듈 사용하기

모듈(Module)은 함수와 변수 그리고 다른 것들을 더 크고 강력한 프로그램에 넣기 위해서 사용된다. 어떤 모듈들은 파에선에 내장되어 있으며, 어떤 것들은 별도로 다운로드받아야 한다. 여러분은 게임을 개발하는 데 도움을 주는 모듈들(예를 들어 내장된 모듈인 **tkinter**와 그렇지 않은 **PyGame**)과 이미지를 처리하는 모듈(파이썬 이미징 라이브러리(Python Imaging LIbrary)인 **PIL**), 그리고 3차원 그래픽을 그리는 데 도움을 주는 모듈들(**Panda3D**와 같은)을 배우게 될 것이다.

모듈은 유용한 작업들을 수행하는 데 사용될 수 있다. 예를 들어, 시뮬레이션 게임을 설계하고 있으며 게임이 현실처럼 돌아가길 바란다면 **time**이라는 내장 모듈을 이용하여 현재 날짜와 시간을 계산할 수도 있다.

```
>>> import time
```

여기서 **import** 명령은 파이썬에게 **time** 모듈을 사용하고 싶다고 알려주는 것이다.

이제 우리는 점(dot) 기호를 사용하여 이 모듈에 있는 함수들을 호출할 수 있다(우리는 이와 같은 함수를(**t.forward(50)**) 4장에서 **turtle** 모듈과 함께 사용했다). 다음은 **time** 모듈로 **asctime** 함수를 호출하는 방법이다.

```
>>> print(time.asctime())
'Mon Nov 5 12:40:27 2012'
```

asctime 함수는 time 모듈의 일부이며 현재 날짜와 시간을 문자열로 반환한다.

여러분의 프로그램을 사용하는 사람들에게 그들의 생일이나 나이를 입력 받고 싶다면 print 구문을 사용하여 메시지를 출력하고 파이썬 시스템이 사용자와 인터렉션을 하는 데 도움을 주는 sys 모듈(system의 약자)을 사용할 수 있다. 먼저 sys 모듈을 임포트한다.

```
>>> import sys
```

sys 모듈에는 readline이라는 유용한 함수를 제공하는 stdin(standard input)이라는 특별한 객체가 있다. readline 함수는 엔터를 누르기 전까지 키보드로 입력한 텍스트를 읽는 데 사용된다(8장에서 어떻게 동작하는지 살펴볼 것이다). readline을 테스트하기 위해 쉘에 다음의 코드를 입력해보자.

```
>>> import sys
>>> print(sys.stdin.readline())
```

여러분이 어떤 단어를 입력하고 엔터를 누른다면 쉘에 그 단어가 출력될 것이다.

5장에서 만들었던 if 문을 사용한 코드를 다시 생각해보자.

```
>>> if age >= 10 and age <= 13:
        print('What is 13 + 49 + 84 + 155 + 97? A headache!')
else:
        print('Huh?')
```

age 변수를 생성하고 특정 값으로 설정하기 전에 if 문 이전에 사용자에게 값을 입력하라고 요청할 수 있다. 하지만 먼저 이 코드를 함수로 만들자.

```
>>> def silly_age_joke(age):
        if age >= 10 and age <= 13:
                print('What is 13 + 49 + 84 + 155 + 97? A headache!')
        else:
                print('Huh?')
```

이제 이 이름으로 함수를 호출할 수 있으며 괄호 안에 숫자를 입력하여 어떤 숫자가 사용되는지를 알려줄 수 있다. 이 코드가 잘 동작할까?

```
>>> silly_age_joke(9)
Huh?
>>> silly_age_joke(10)
What is 13 + 49 + 84 + 155 + 97? A headache!
```

잘 동작하고 있다! 이제는 사용자의 나이를 묻는 함수를 만들어보자(여러분이 원하는 만큼 함수를 추가하거나 변경할 수도 있다).

```
>>> def silly_age_joke():
        print('How old are you?')
❶      age = int(sys.stdin.readline())
❷      if age >= 10 and age <= 13:
            print('What is 13 + 49 + 84 + 155 + 97? A headache!')
        else:
            print('Huh?')
```

❶에 있는 int 함수를 알아보겠는가? 이것은 문자열을 숫자로 변환해준다. readline() 함수는 사용자가 입력한 것을 문자열로 반환한다. int 함수를 사용하는 이유는 우리가 숫자를 원하기 때문이다. 그렇게 해야만 ❷에서 숫자 10과 13으로 비교할 수 있게 된다. 이 코드를 테스트해보려면 아무런 매개변수 없이 이 함수를 호출해보자. 그런 다음, How old are you?라고 나오면 숫자를 입력한다.

```
>>> silly_age_joke()
How old are you?
10
What is 13 + 49 + 84 + 155 + 97? A headache!
>>> silly_age_joke()
How old are you?
15
Huh?
```

복습

이번 장에서는 함수를 이용하여 파이썬에서 코드를 어떻게 재사용하는지와 모듈이 제공하는 함수를 어떻게 사용하는지 살펴보았다. 그리고 변수가 함수의 내부나 외부에서 보이도록 할 수 있는 변수의 영역을 관리하는 방법과 def 키워드로 함수를 생성하는 방법도 배웠다. 또한 모듈을 임포트하는 방법을 배웠으므로 이제 그 안에 있는 것들을 사용하는 방법도 알게 되었다.

프로그래밍 퍼즐

함수를 만드는 것을 연습하기 위해 다음의 예제를 풀어보자. 정답은 이 책의 마지막 장에 있다.

#1: 달에서의 몸무게

6장에 있던 프로그래밍 퍼즐 중에 하나는 15년이 지난 후에 달에서 몸무게를 계산하는 for 문을 만드는 것이었다. 그 for 문은 함수로 쉽게 바꿀 수가 있다. 처음의 몸무게를 받는 함수를 만들고 매년마다 몸무게가 증가하도록 해보자. 다음과 같은 코드로 새로운 함수를 호출하게 될 것이다.

```
>>> moon_weight(30, 0.25)
```

#2: 달에서의 몸무게 함수와 년도

앞에서 만든 함수를 약간 변경하여 5년 또는 20년처럼 여러 가지 기간(년도)을 받도록 해보자. 이번에 변경하는 함수는 세 개의 매개변수(처음 몸무게와 매년 증가하는 몸무게, 그리고 년도)를 받도록 하자.

```
>>> moon_weight(90, 0.25, 5)
```

#3: 달에서의 몸무게 프로그램

매개변수로 값을 넘기는 간단한 함수가 아니라, sys.stdin.readline()을 이용하여 값을 입력 받는 미니 프로그램을 만들어보자. 이번에는 아무런 매개변수가 없이 함수를 호출하게 된다.

```
>>> moon_weight()
```

이 함수는 처음 몸무게를 묻는 메시지를 표시할 것이며, 그 다음에는 매년 증가하게 될 몸무게, 그리고 마지막으로 몇 년 동안인지를 묻는 메시지를 표시할 것이다.

```
Please enter your current Earth weight
45
Please enter the amount your weight might increase each year
0.4
Please enter the number of years
12
```

함수를 만들기 전에 sys 모듈을 먼저 임포트해야 한다는 것을 잊지 말자.

```
>>> import sys
```

8
클래스와 객체를 사용하는 방법

기린(a giraffe)과 사람들이 다니는 길인 보도(a sidewalk)에 왜 똑같이 a가 붙는 것일까? 왜냐하면 기린과 보도 모두 영어에서 **사물**(things)이라고 불리는 명사이기 때문이며, 이러한 사물을 파이썬에서는 **객체** (objects)라고 부른다.

객체에 대한 개념은 컴퓨터 세계에서 매우 중요한 개념들 중의 하나다. 객체는 프로그램 내에 있는 코드를 구성하는 방법이며 복잡한 개념을 좀 더 쉽게 만들어준다(우리는 4장에서 거북이와 함께 작업했을 때 객체 Pen을 사용했다).

파이썬에서 객체가 어떻게 동작하는지 정말로 이해하려면

객체들의 종류를 알아야 한다. 자, 기린과 보도부터 시작해보자.

기린은 동물의 한 종류인 포유류 중의 하나다. 물론 기린은 살아있는 동물 객체이기도 하다.

이제 보도에 대해 생각해보자. 살아있지 않다는 것 말고는 더 할 말이 없는 것 같다. 이런 것을 무생물(다시 말해서 살아있지 않은) 객체라고 부르도록 하자. **포유류**(Mammals), **동물**(Animals), **생물**(Animate), **무생물**(Inanimate)이란 용어는 사물들을 구분하는 방법이다.

사물을 클래스로 구분하기

파이썬에서 객체는 객체를 그룹으로 구분할 수 있는 **클래스**(class)에 의해 정의된다. 다음은 우리가 앞에서 정의했던 것들을 기반으로 한 기린과 보도에 맞는 클래스의 트리 다이어그램이다.

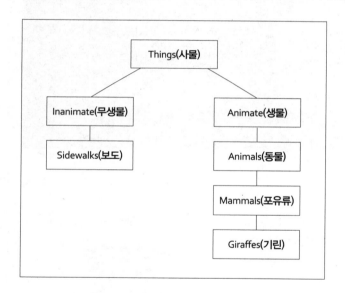

메인 클래스는 **Things**이다. 사물 클래스 밑으로 **Inanimate**과 **Animate**가 있다. 여기서 무생물은 **Sidewalks**로, 생물은 **Animals**와 **Mammals, Giraffes**으로 나눠진다.

파이썬 코드를 구성하기 위해서 클래스를 사용할 수 있다. 예를 들어 **turtle** 모듈을 생각해보자. 전진과 후진, 좌회전 그리고 우회전과 같이 파이썬의 **turtle** 모듈이 할 수 있는 모든 작업들은 **Pen** 클래스에 있는 함수들이다. 객체는 클래스의 구성원(Member)으로 생각될 수 있으며, 클래스의 객체를 몇 개라도 생성할 수 있다(우리는 곧 이 작업을 해볼 것이다).

이제 앞에서 봤던 트리 다이어그램과 같이 맨 위의 클래스부터 만들어보자. 클래스를 정의할 때는 클래스 이름 다음에 class라는 키워드를 사용한다. Things는 최상위 클래스이므로 이것부터 만들 것이다.

```
>>> class Things:
        pass
```

우리는 이 클래스의 이름을 Things라고 하고 파이썬에게 더 이상 아무런 정보를 주지 않을 것이라고 알려주기 위해 pass 구문을 사용한다. 클래스나 함수를 만들었지만 그 안에 상세한 내용을 넣고 싶지 않을 경우에 pass가 사용된다.

다음으로 다른 클래스들을 추가하고 클래스들 간의 관계를 구축할 것이다.

자식과 부모

A라는 클래스가 B라는 클래스의 부분라면 A 클래스는 B 클래스의 **자식**(child)이며, B 클래스는 A 클래스의 **부모**(parent)가 된다. 클래스는 어떤 클래스의 자식이면서 다른 클래스의 부모일 수도 있다. 트리 다이어그램에서 어떤 클래스가 다른 클래스 위에 있으면 부모이며, 어떤 클래스 밑에 있으면 자식이 된다. 예를 들어, Inanimate와 Animate는 Things 클래스의 자식이다. 이 말은 Things가 그들의 부모라는 의미다.

어떤 클래스가 다른 클래스의 자식이라는 것을 파이썬에게 알려주려면 다음과 같이 새롭게 만든 클래스 이름 다음에 괄호로 부모 클래스의 이름을 추가하면 된다.

```
>>> class Inanimate(Things):
        pass
```

```
>>> class Animate(Things):
        pass
```

여기서는 Inanimate(Things)라는 코드를 사용하여 Inanimate라는 클래스를 생성하고 그 클래스의 부모 클래스가 Things라고 파이썬에게 알려준다. 다음으로는 Animate(Things)라는 코드를 사용하여 Animate라는 클래스를 생성하고 그 클래스의 부모 클래스가 Things라고 파이썬에게 알려준다.

같은 방법으로, Sidewalks 클래스를 만들어보자. 다음과 같이 부모 클래스를 Inanimate 클래스로 하여 Sidewalks 클래스를 생성할 수 있다.

```
>>> class Sidewalks(Inanimate):
        pass
```

그리고 Animals와 Mammals, Giraffes 클래스를 다음에 있는 클래스의 부모 클래스로 하여 생성할 수 있다.

```
>>> class Animals(Animate):
        pass
```

```
>>> class Mammals(Animals):
        pass
```

```
>>> class Giraffes(Mammals):
        pass
```

객체를 클래스에 추가하기

지금 우리는 여러 가지 클래스들을 가지고 있는데, 이 클래스들에 어떤 것을 조금 넣어보면 어떨까? 우리에게 Reginald라는 이름의 기린이 있다고 해보자. 그 기린은 Giraffes 클래스에 속한다는 것을 알고 있지만, 프로그래밍에서 Reginald라고 불리는 하나의 기린을 묘사하기 위해서 사용할 수 있는 것은 무엇일까? 우리는 Giraffes 클래스의 한 객체(objects)를 Reginald라고 부를 것이다(어쩌면 여러분은 클래스의 **인스턴스**(instance)라는 용어를 봤을 수도 있다). Reginald를 파이썬에게 알려주기 위해서 다음과 같은 코드를 사용한다.

```
>>> reginald = Giraffes()
```

이 코드는 파이썬에게 Giraffes 클래스 객체를 생성하고 변수 reginald에 할당하라고 얘기한다. 함수처럼 클래스 이름 다음에 괄호가 따라온다. 이번 장 후반부에서 객체를 어떻게 생성하는지와 괄호에 있는 매개변수를 어떻게 사용하는지를 배우게 될 것이다.

그건 그렇고, reginald 객체는 무슨 동작을 할까? 음, 지금은 아무런 동작을 하지 않는다. 이 객체를 쓸모 있게 만들기 위해서는 우리가 클래스를 생성할 때 그 클래스의 객체를 가지고 사용할 수 있는 함수들을 정의해야 한다. 클래스 정의를 한 다음에 pass 키워드를 사용하지 말고 함수에 대한 정의를 추가할 수 있다.

클래스의 함수 정의하기

7장에서는 코드를 재사용하는 방법으로 함수를 소개했다. 클래스와 관련된 함수를 정의할 경우에 클래스를 정의한 곳 안쪽에 들여쓰기를 한다는 것을 제외하면 다른 함수를 정의하는 것과 동일한 방법을 사용한다.

예를 들어, 클래스와 관련되지 않은 일반 함수는 다음과 같이 정의한다.

```
>>> def this_is_a_normal_function():
        print('I am a normal function')
```

그리고 다음의 두 함수는 클래스에 속한 함수다.

```
>>> class ThisIsMySillyClass:
        def this_is_a_class_function():
            print('I am a class function')
        def this_is_also_a_class_function():
            print('I am also a class function. See?')
```

클래스 특성을 함수로 추가하기

앞에서 정의했던 Animate 클래스의 하위 클래스를 살펴보자. 각각의 클래스가 무엇인지, 무슨 일을 할 수 있는지를 설명하기 위한 **특성**(characteristics)을 추가할 수 있다. 특성은 클래스의 멤버들(클래스의 자식들) 모두가 공유하는 것이다.

예를 들어, 모든 동물들이 갖는 일반적인 동작은 무엇일까? 음, 그들 모두가 숨을 쉰다는 것부터 시작하자. 또한 그들 모두 움직이며 음식을 먹는다. 포유류는 어떨까? 모든 포유류는 그들의 자식들에게 젖을 먹인다. 물론 숨을 쉬고 움직이며, 음식을 먹는다. 우리는 기린이 나무 위의 잎사귀를 먹으며, 다른 모든 포유류들처럼 자식들에게 젖을 먹이며, 숨을 쉬고 움직이며, 음식을 먹는다는 것을 알고 있다. 이러한 특성들을 우리의 트리 다이어그램에 추가한다면 다음과 같을 것이다.

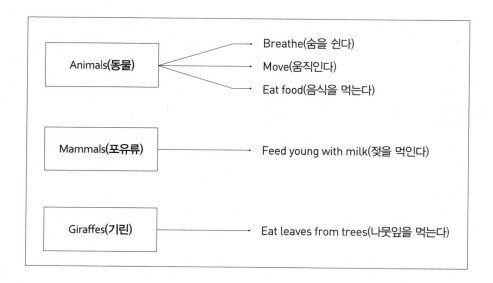

이러한 특성들을 동작, 즉 그 클래스의 객체가 할 수 있는 **함수**(function)처럼 생각할 수 있다.

클래스에 함수를 추가하려면 **def** 키워드를 사용해야 한다. **Animals** 클래스는 다음과 같을 것이다.

```
>>> class Animals(Animate):
        def breathe(self):
            pass
        def move(self):
            pass
        def eat_food(self):
            pass
```

이 코드의 첫 번째 줄에서는 앞에서 했던 것처럼 클래스를 정의한다. 하지만 그 다음 줄에 **pass** 키워드를 사용하는 대신에 **breathe**라는 함수를 정의하고 하나의 매개변수인 **self**를 준다. **self** 매개변수는 그 클래스에(그리고 부모 클래스에) 있는 다른 함수를 호출하기 위한 방법이다. 여러분은 뒤에서 이 매개변수를 사용하는 것을 살펴보게 될 것이다.

다음 줄에 있는 **pass** 키워드는 **breathe** 함수에 대한 다른 정보를 넣지 않을 것이라고 파이썬에게 알려주는 것이다. 왜냐하면 지금 당장

은 이 함수가 아무런 작업을 하지 않을 것이기 때문이다. 그 다음으로, 지금 당장은 아무런 동작을 하지 않는 move 함수와 eat_food 함수를 추가한다. 곧 클래스들을 다시 생성할 것이며, 함수 안에 적절한 코드를 추가할 것이다. 이것은 프로그램을 개발하는 일반적인 방법이다. 프로그래머들은 각각의 함수들의 코드를 상세히 작성하기 전에 그 클래스가 무슨 동작을 해야 하는지를 알아내기 위한 방법으로 아무것도 하지 않는 함수들을 가진 클래스를 생성하곤 한다.

Mammals 클래스와 Giraffes 클래스에도 함수를 추가할 수 있다. 각각의 클래스는 자신의 부모 클래스의 특성(함수)을 사용할 수가 있다. 이 말은 정말로 복잡한 하나의 클래스를 만들 필요가 없다는 뜻이다. 어떤 특성을 적용하기 위해 최상위 부모 클래스에 함수를 둘 수도 있다(이것은 여러분의 클래스를 더 간단하고 이해하기 쉽게 만드는 좋은 방법이다).

```
>>> class Mammals(Animals):
        def feed_young_with_milk(self):
            pass
>>> class Giraffes(Mammals):
        def eat_leaves_from_trees(self):
            pass
```

클래스와 객체를 왜 사용하는가?

지금까지 우리는 클래스에 함수를 추가했지만, 클래스와 객체를 사용하는 이유가 무엇일까? 그리고 breathe와 move, eat_food라는 일반적인 함수들을 언제 만들 수 있을까?

이 질문에 대한 대답을 하기 위해서 Giraffes 클래스의 객체로 앞에서 생성했던 Reginald라는 이름의 기린을 사용할 것이다.

```
>>> reginald = Giraffes()
```

reginald는 객체이므로 그 클래스(Giraffes 클래스)와 부모 클래스들이 제공하는 함수를 호출(실행)할 수 있다. 도트 연산자(dot operator)와 함수 이름을 사용하여 객체의 함수를 호출하자. Reginald에게 움직이거나 먹으라고 말하려면 다음과 같이 함수를 호출하면 된다.

```
>>> reginald = Giraffes()
>>> reginald.move()
>>> reginald.eat_leaves_from_trees()
```

Reginald에게 Harold라는 이름의 기린 친구가 있다고 하자. 이제 harold라는 이름의 또 다른 Giraffes 객체를 생성한다.

```
>>> harold = Giraffes()
```

객체와 클래스를 사용하고 있기 때문에 move 함수를 실행하고자 할 경우에 우리가 의미하고 있는 기린이 어떤 기린인지 파이썬에게 정확하게 알려줄 수 있다. 예를 들어 Harold는 움직이고 Reginald는 움직이지 않고 그대로 있기를 원한다면 다음과 같이 harold 객체를 이용하여 move 함수를 호출할 수 있을 것이다.

```
>>> harold.move()
```

이 경우에는 Harold만 움직일 것이다.

클래스를 수정하여 좀 더 구체적으로 만들어보자. pass를 사용하던 곳에 pass 대신 print 문을 각 함수마다 추가할 것이다.

```
>>> class Animals(Animate):
        def breathe(self):
            print('breathing')
        def move(self):
            print('move')
        def eat_food(self):
            print('eat_food')

>>> class Mammals(Animals):
        def feed_young_with_milk(self):
            print('feeding young')

>>> class Giraffes(Mammals):
        def eat_leaves_from_trees(self):
            print('eating leaves')
```

이제는 reginald 객체와 harold 객체를 생성하고 그 객체들의 함수를 호출하면 실제로 어떤 동작이 일어나는 것을 볼 수 있다.

```
>>> reginald = Giraffes()
>>> harold = Giraffes()
>>> reginald.move()
moving
>>> harold.eat_leaves_from_trees()
eating leaves
```

처음의 두 줄은 Giraffes 클래스의 객체인 reginald 변수와 harold 변수를 생성한다. 그 다음에는 reginald의 move 함수를 호출하여 파이썬이 moving을 출력하도록 한다. 같은 방법으로, harold의 eat_leaves_from_trees 함수를 호출하여 파이썬이 eating leaves를 출력하도록 한다. 만약에 이들이 컴퓨터에 있는 객체가 아니라 진짜 기린이라면 한 기린은 걸을 것이고 다른 기린은 잎사귀를 먹을 것이다.

그림 속의 객체와 클래스

객체와 클래스에 대하여 좀 더 그래픽적으로 접근해보면 어떨까?

4장에서 우리가 가지고 놀았던 turtle 모듈로 돌아가보자. turtle.Pen()을 이용하면 파이썬은 turtle 모듈이 제공하는 Pen 클래스의 객체(앞 절에 있는 reginald 객체와 harold 객체처럼)를 생성한다. 두 개의 기린을 생성한 것처럼 Avery와 Kate라는 이름의 거북이 객체 두 개를 생성할 수 있다.

```
>>> import turtle
>>> avery = turtle.Pen()
>>> kate = turtle.Pen()
```

각각의 거북이 객체(avery와 kate)는 Pen 클래스의 멤버다.

이제 이 객체들은 강력해지기 시작했다. 거북이 객체를 생성했다면 각 객체에서 함수를 호출할 수 있으며 독립적으로 그리기 시작할 것이다. 다음과 같이 해보자.

```
>>> avery.forward(50)
>>> avery.right(90)
>>> avery.forward(20)
```

이 명령들은 Avery에게 50 픽셀 앞으로 움직이고 오른쪽으로 90도 회전한 다음에 20 픽셀 앞으로 이동하라고 지시하기 때문에 Avery는 화면의 아래를 바라보면서 멈춘다. 거북이는 맨 처음에 시작될 때는 항상 오른쪽 방향을 향하고 있다는 것을 기억하자.

이제 Kate가 움직일 차례다.

```
>>> kate.left(90)
>>> kate.forward(100)
```

Kate에게 왼쪽으로 90도 돌고 나서 100 픽셀 앞으로 이동하라고 얘기했다. 결국 Kate는 화면의 위쪽을 향하게 된다.

지금까지 서로 다른 거북이 객체를 나타내는 각각의 화살표로 서로 다른 방향으로 향하는 직선을 그렸다. Avery는 아래쪽을 향하며, Kate는 위쪽을 향한다.

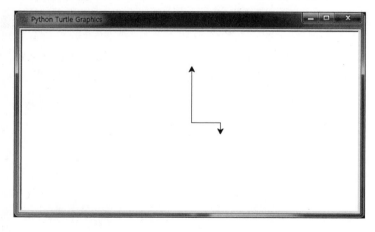

이제 또 다른 거북이인 Jacob을 추가하고 이것도 움직여보자. Kate와 Avery는 귀찮게 하지 말자.

```
>>> jacob = turtle.Pen()
>>> jacob.left(180)
>>> jacob.forward(80)
```

먼저 jacob이라는 이름의 새로운 Pen 객체를 생성한 다음, 왼쪽으로 180도 돌고 80 픽셀 앞으로 이동하게 했다. 이제 우리가 그린 것은 다음의 그림과 같이 되었을 것이다.

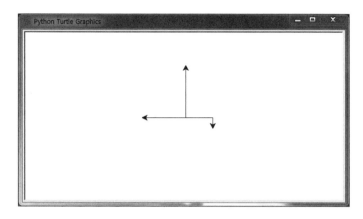

거북이를 생성하기 위해서 turtle.Pen()을 호출할 때마다 새롭고 독립적인 객체를 추가하게 된다는 것을 기억하자. 각 객체는 여전히 Pen 클래스의 인스턴스이며, 각 객체에 있는 동일한 함수를 사용할 수 있지만 우리는 객체를 이용하고 있으므로 각각의 거북이들을 독립적으로 움직일 수 있다. 독립적인 기린 객체들(Reginald와 Harold)처럼 Avery와 Kate 그리고 Jacob은 독립적인 거북이 객체들이다. 이미 생성했던 객체와 동일한 변수 이름을 가진 새로운 객체를 생성할 경우에도 이전 객체가 반드시 사라지지 않을 수도 있다. 여러분이 직접 한번 시도해보자. 또 하나의 Kate 거북이를 생성하고 움직여보자.

객체와 클래스의 다른 유용한 기능들

클래스와 객체는 함수들을 쉽게 그룹화해준다. 이것들은 여러분이 프로그램을 작은 분량으로 나눠서 생각하고자 할 때 정말로 유용하다.

워드 프로세서 또는 3D 컴퓨터 게임처럼 정말로 규모가 큰 소프트웨어 애플리케이션을 한번 생각해보자. 거기에는 엄청난 양의 코드가 있을 것이므로, 이런 프로그램 전체를 이해한다는 것은 대부분의 사람들에게는 거의 불가능할 것이다. 하지만 이러한 엄청난 양의 프로그램을 작은 조각으로 나눴다면 각 부분들이 이해되기 시작할 것이다(물론 그 프로그램을 만든 언어를 알고 있다면 말이다).

대규모의 프로그램을 개발할 경우에는 다른 프로그래머들과 함께 작업할 수 있도록 작은 조각으로 나누도록 하자. 웹 브라우저같이 여러분이 사용하는 복잡한 프로그램들은 많은 전 세계에 있는 사람들(즉, 개발팀)이 동시에 서로 다른 부분을 함께 개발한 것이다.

이제 이번 장에서 생성했던 클래스(Animals, Mammals, Giraffes)를 확장해보자. 이렇게 하는 것은 해야 할 일이 너무 많아서 친구의 도움이 필요하다. 이럴 때는 코드를 작성하는 작업을 나눠서 한 사람은 Animals 클래스를, 또 한 사람은 Mammals 클래스 그리고 또 다른 사람은 Giraffes 클래스를 작업하도록 분업하자.

상속된 함수

여러분이 집중해서 책을 읽었다면 Giraffes 클래스를 가지고 작업하는 모든 사람들은 운이 좋다는 것을 깨달았을 것이다. 왜냐하면 Giraffes 클래스에서 사용될 수 있는 함수들을 Animals 클래스와 Mammals 클래스로 작업하는 사람들이 생성해주기 때문이다. Giraffes 클래스는 Mammals 클래스로부터 **상속받으며**(inherit), Mammals 클래스는 Animals 클래스로부터 상속받는다. 다시 말하자면, 우리가 기린 객체를 생성하면 Giraffes 클래스에 정의된 함수들을 사용할 수 있을 뿐만 아니라, Mammals 클래스와 Animals 클래스에 있는 함수들도 사용할 수 있다. 그리고 마찬가지로, 포유류 객체를 생성한다면 Mammals 클래스에 정의된 함수들뿐만 아니라 그 클래스의 부모인 Animals 클래스에 있는 함수들도 사용할 수 있다.

Animals와 Mammals, 그리고 Giraffes 클래스 사이의 관계를 다시 한번 살펴보자. Animals 클래스는 Mammals 클래스의 부모이며, Mammals 클래스는 Giraffes 클래스의 부모다.

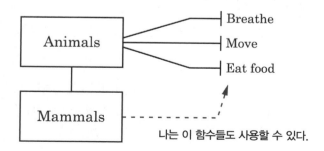

나는 이 함수들도 사용할 수 있다.

Reginald는 **Giraffes** 클래스의 객체이지만 **Animals** 클래스에 정의된 **move** 함수를 호출할 수 있다. 왜냐하면 부모 클래스에 정의된 함수들은 자식 클래스에서 사용할 수 있기 때문이다.

```
>>> reginald = Giraffes()
>>> reginald.move()
moving
```

사실 **Animals** 클래스와 **Mammals** 클래스 모두에 정의된 모든 함수들은 자식 클래스에 상속되므로 **reginald** 객체에서 호출될 수 있다.

```
>>> reginald = Giraffes()
>>> reginald.breathe()
breathing
>>> reginald.eat_food()
eating food
>>> reginald.feed_young_with_milk()
feeding young
```

다른 함수들을 호출하는 함수들

객체의 함수를 호출할 때는 객체의 변수명을 이용한다. 예를 들어 기린인 Reginald의 **move** 함수를 호출할 때는 다음과 같이 한다.

```
>>> reginald.move()
```

Giraffes 클래스에서 **move** 함수를 호출하려면 **self** 매개변수를 이용하게 될 것이다. **self** 매개변수는 클래스에 있는 함수가 그 클래스에 있는 다른 함수를 호출하는 방법이다. 예를 들어 **Giraffes** 클래스에 find_food라는 함수를 추가한다고 해보자.

```
>>> class Giraffes(Mammals):
        def find_food(self):
            self.move()
            print("I've found food!")
            self.eat_food()
```

이 코드에서 두 개의 다른 함수들을 결합한 함수를 생성했다. 이것은 프로그래밍 세계에서 매우 일반적인 일이다. 앞으로 여러분은 다른 함수 안에서 사용할 수 있는 유용한 함수를 자주 만들게 될 것이다(게임을 만들기 위한 복잡한 함수들을 13장에서 만들게 될 것이다).

이제 **self**를 이용하여 **Giraffes** 클래스에 몇몇 함수들을 추가해보자.

```
>>> class Giraffes(Mammals):
        def find_food(self):
            self.move()
            print("I've found food!")
            self.eat_food()
        def eat_leaves_from_trees(self):
            self.eat_food()
        def dance_a_jig(self):
            self.move()
            self.move()
            self.move()
            self.move()
```

Giraffes 클래스의 **eat_leaves_from_trees** 함수와 **dance_a_jig** 함수를 정의하기 위해 부모인 **Animals** 클래스의 **eat_food** 함수와 **move** 함수를 이용하자. 이렇게 할 수 있는 이유는 그것들이 상속된 함수들이기 때문이다. 이런 식으로 다른 함수들을 호출하는 함수를 추가하면 클래스의 객체를 생성하여 단 하나의 함수만 호출해도 여러 작업을 할 수 있게 된다. 다음과 같이 **dance_a_jig** 함수를 호출할 때 일어나는 일을 확인할 수 있다(기린이 4번 움직인다. 즉, "moving"이라는 텍스트가 4번 출력된다).

```
>>> reginald = Giraffes()
>>> reginald.dance_a_jig()
moving
moving
moving
moving
```

객체 초기화

객체를 생성할 때마다 나중에 사용하기 위한 몇몇 값들(**속성**(property)이라고도 불린다)을 설정하고 싶을 수 있다. 객체를 **초기화**(initialize)할 때 그 객체를 사용할 준비를 하게 된다.

예를 들어 기린 객체를 생성할 때(초기화할 때) 기린의 반점 개수를 설정하고 싶다고 하자. 이렇게 하기 위해서는 __init__ 함수를 만들어야 한다(밑줄이 앞뒤로 두 개씩 있다. 그래서 모두 4개다). 이것은 파이썬 클래스에 있는 특별한 함수이며 반드시 이 이름이어야 한다. init 함수는 객체가 처음 생성될 때 객체의 속성들을 설정하는 방법이며, 파이썬은 새로운 객체가 생성될 때 자동으로 이 함수를 호출할 것이다. 다음은 이 함수를 어떻게 사용해야 하는지 보여준다.

```
>>> class Giraffes:
        def __init__(self, spots):
            self.giraffe_spots = spots
```

먼저 self와 spots인 두 개의 매개변수를 가진 init 함수를 def __init__(self, spots):와 같이 정의한다. 클래스에 정의한 다른 함수와 같이 init 함수 역시 첫 번째 매개변수로 self를 받아야 한다. 다음으로, spots 매개변수를 self를 이용하여 giraffe_spots라는 객체 변수(속성)에 self.giraffe_spots = spots처럼 설정한다. 이 코드를 "매개변수 spots의 값을 가져다가 나중에 객체 변수인 giraffe_spots를 이용하여 사용하기 위해 저장해둔다"라는 의미라고 생각하자. self 매개변수를 이용하여 다른 함수를 호출할 수 있는 클래스 함수처럼, 클래스에 있는 변수들도 self를 이용하여 접근할 수 있다.

그 다음, 새로운 기린 객체 두 개(Ozwald와 Gertrude)를 생성하고 그 객체들의 반점 개수를 표시해본다면 초기화 함수를 실제로 이해할 수 있을 것이다.

```
>>> ozwald = Giraffes(100)
>>> gertrude = Giraffes(150)
>>> print(ozwald.giraffe_spots)
100
>>> print(gertrude.giraffe_spots)
150
```

이 코드에서는 먼저 매개변수 값인 100으로 Giraffes 클래스의 인스턴스를 생성한다. 이 코드는 spots 매개변수의 값으로 100을 넣어 __init__ 함수를 호출하는 역할을 한다. 다음으로, 또 다른 Giraffes 클래스의 인스턴스를 생성한다. 이번에는 150이다. 마지막으로, 기린 객체의 giraffe_spots 객체 변수를 출력하면 100과 150이 출력되는 것을 볼 수 있다. 아무런 문제없이 동작한다!

이 코드에서의 ozwald처럼 클래스의 객체를 생성하면 이용하고자 하는 변수 또는 함수의 이름과 도트(dot) 연산자를 이용(예를 들면 ozwald.giraffe_spots)하여 그 객체의 변수와 함수를 참조할 수 있다. 하지만 클래스 안에 함수를 생성하면 self 매개변수를 이용하여 변수나 다른 함수를 참조할 수 있다(self.giraffe_spots).

복습

이번 장에서는 클래스를 이용하여 그 클래스의 객체(인스턴스)를 만들었다. 여기서 여러분은 부모의 함수를 자식 클래스가 어떻게 상속받는지를 배웠으며, 같은 클래스로 생성된 두 개의 객체가 반드시 동일하지는 않다는 것도 배웠다. 예를 들면 기린 객체들은 서로 다른 반점 개수를 가질 수 있다. 객체에 있는 함수를 호출(실행)하는 방법과 객체 변수는 값을 어떻게 저장하는지도 배웠다. 마지막으로, 다른 함수와 변수를 참조하기 위해 함수에 있는 self 매개변수를 이용했다. 이러한 개념들은 파이썬의 기초이며 이 책의 나머지 부분들에서 계속 보게 될 것이다.

프로그래밍 퍼즐

이번 장에 나온 개념들은 많이 사용할수록 더 확실하게 이해될 것이다. 다음의 퍼즐들을 풀어보자. 정답은 이 책의 마지막 장에 있다.

#1: 기린 댄스

기린의 왼발과 오른발이 앞과 뒤로 움직이도록 Giraffes 클래스에 함수를 추가하자. 왼발이 앞으로 움직이는 함수는 다음과 같을 것이다.

```
>>> def left_Foot_Forward(self):
        print('left foot forward')
```

그런 다음, Reginald에게 춤추는 것을 가르쳐주는 dance 함수를 생성해보자. 이 함수는 여러분이 생성했던 네 개의 함수들을 호출할 것이다. 이 함수를 호출한 결과는 다음과 같도록 하자.

```
>>> reginald = Giraffes()
>>> reginald.dance()
left foot forward
left foot back
right foot forward
right foot back
left foot back
right foot back
right foot forward
left foot forward
```

#2: 거북이 포크

네 개의 거북이 Pen 객체를 이용하여 다음 그림과 같은 포크를 만들어보자(포크의 길이가 완전히 똑같을 필요는 없다). turtle 모듈을 먼저 임포트해야 한다는 것을 잊지 말자!

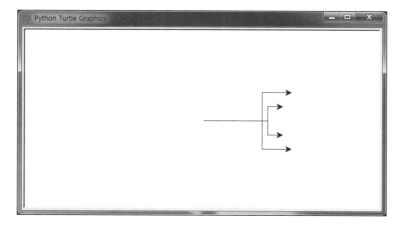

9

파이썬의 내장 함수

파이썬은 여러분이 사용할 수 있는 함수들과 모듈들을 많이 준비해놓고 있다. 든든한 망치나 드라이버처럼, 내장된 도구(정말로 거대한 코드)는 프로그램을 훨씬 쉽게 작성하도록 해줄 것이다.

7장에서 배웠듯이 모듈은 사용하기 전에 임포트되어야 한다. 하지만 파이썬의 내장 함수는 임포트할 필요가 없다. 파이썬 쉘을 시작하자마자 사용될 준비가 된 것이다. 이번 장에서는 유용한 내장 함수들을 살펴볼 것이다. 그리고 파일을 읽고 쓰기 위해 파일을 열 수 있게 해주는 open 함수에 집중할 것이다.

내장 함수 사용하기

우리는 파이썬 프로그래머들이 자주 사용하는 12개의 내장 함수들을 살펴볼 것이다. 그 함수들이 수행하는 작업과 사용 방법을 설명할 것이며, 그런 다음 여러분의 프로그램에 어떤 도움을 줄 수 있는지 예제를 보여줄 것이다.

ABS 함수

abs 함수는 숫자의 절대값(부호가 없는 숫자값)을 반환한다. 예를 들어 10의 절대값은 10이며, -10의 절대값도 10이다.

abs 함수를 사용하기 위해 다음과 같이 숫자나 변수를 매개변수처럼 사용하여 호출해보자.

```
>>> print(abs(10))
10
>>> print(abs(-10))
10
```

abs 함수는 게임에 있는 캐릭터가 방향에 상관없이 얼만큼 움직였는지를 계산하는 것과 같은 작업에 사용될 것이다. 예를 들어, 캐릭터가 오른쪽으로 3발짝(양수 3)을 움직인 다음에 왼쪽으로 10발짝(음수 10, 즉 -10) 움직였을 때 방향(양수 또는 음수)을 고려하지 않는다면 그 움직임에 대한 절대값은 3과 10이 될 것이다. 어쩌면 두 개의 주사위를 굴려서 그 주사위의 합만큼 어느 방향으로든지 움직일 수 있는 보드 게임에서 사용할 수도 있을 것이다. 만약에 어떤 변수에 움직인 횟수를 저장한다면 다음과 같은 코드로 캐릭터가 움직였는지를 확인할 수 있다. 캐릭터가 움직이는 것을 플레이어가 결정할 때 어떤 정보를 보여줄 수 있다(여기서는 "Character is moving"이라고 표시할 것이다).

```
>>> steps = -3
>>> if abs(steps) > 0:
        print('Character is moving')
```

만약 abs를 사용하지 않는다면 if 문은 다음과 같이 될 것이다.

```
>>> steps = -3
>>> if steps < 0 or steps > 0:
        print('Character is moving')
```

이 코드에서 알 수 있듯이, abs를 사용하면 if 문이 조금 더 짧아지고 이해하기 쉬워진다.

BOOL 함수

bool 함수는 참과 거짓의 두 가지 값 중에 하나만 가질 수 있는 데이터 타입을 설명할 때 프로그래머가 사용하는 단어인 불리언(Boolean)의 약자다.

bool 함수는 단 하나의 매개변수를 받으며 그 값으로 True 또는 False를 반환한다. 숫자에 bool을 사용하면 0은 False를 반환하고, 그 외의 값은 True를 반환한다. 다음은 여러 가지 숫자에 bool을 사용하는 방법이다.

```
>>> print(bool(0))
False
>>> print(bool(1))
True
>>> print(bool(1123.23))
True
>>> print(bool(-500))
True
```

문자열과 같은 다른 값들에 bool을 사용하면 문자열에 값이 없을 경우(다시 말해서 None, 즉 빈 문자열)에 False를 반환한다. 그렇지 않으면 다음과 같이 True를 반환한다.

```
>>> print(bool(None))
False
>>> print(bool('a'))
True
>>> print(bool(' '))
True
>>> print(bool('What do you call a pig doing karate? Pork Chop!'))
True
```

bool 함수는 아무런 값을 가지고 있지 않은 리스트와 거북이, 맵에 대해 **False**를 반환할 것이며, 값을 가지고 있다면 **True**를 반환할 것이다.

```
>>> my_silly_list = []
>>> print(bool(my_silly_list))
False
>>> my_silly_list = ['s', 'i', 'l', 'l', 'y']
>>> print(bool(my_silly_list))
True
```

값이 설정되어있는지 아닌지를 결정해야 할 경우에 **bool**을 사용하게 될 것이다. 예를 들어 여러분의 프로그램을 사용하는 사람들에게 태어난 년도를 입력하도록 한다면 사용자가 값을 입력했는지를 검사하기 위해서 **if** 문에 **bool**을 사용할 수도 있을 것이다.

```
>>> year = input('Year of birth: ')
Year of birth:
>>> if not bool(year.rstrip()):
        print('You need to enter a value for your year of birth')
You need to enter a value for your year of birth
```

이 예제에서 첫 번째 줄은 사용자가 키보드로 입력한 것을 year라는 변수에 저장하기 위해서 input을 이용한다. 다음 줄에서 아무것도 입력하지 않고 엔터(ENTER)를 누르면 그 변수에 엔터 키의 값이 저장된다 (이와 동일한 동작을 하는 또 다른 방법으로 7장에서는 sys.stdin.readline()을 사용했다).

다음 줄에서 **if** 문은 그 변수의 **rstrip** 함수(모든 공백과 문자열의 끝에 있는 엔터 문자를 제거하는 함수)를 사용한 다음에 불리언 값을 검사한다. 이번 예제에서는 사용자가 아무것도 입력하지 않기 때문에 **bool** 함수는 거짓을 반환한다. **if** 문은 **not** 키워드를 사용하고 있으므로 "이 함수가 참을 반환하지 않는다면 실행하라."라는 말이며, 다음 줄에서 You need to enter a value for your year of birth를 출력한다.

DIR 함수

dir(directory의 약자) 함수는 모든 값에 대한 정보를 반환한다. 기본적으로 이 함수는 알파벳순인 값과 함께 사용될 수 있는 함수다.

예를 들어, 사용할 수 있는 함수들을 리스트 값으로 표시하기 위해서 다음과 같이 입력해보자.

```
>>> dir(['a', 'short', 'list'])
['__add__', '__class__', '__contains__', '__delattr__',
'__delitem__', '__doc__', '__eq__', '__format__', '__ge__',
'__getattribute__', '__getitem__', '__gt__', '__hash__', '__iadd__',
'__imul__', '__init__', '__iter__', '__le__', '__len__', '__lt__',
'__mul__', '__ne__', '__new__', '__reduce__', '__reduce_ex__',
'__repr__', '__reversed__', '__rmul__', '__setattr__', '__setitem__',
'__sizeof__', '__str__', '__subclasshook__', 'append', 'count',
'extend', 'index', 'insert', 'pop', 'remove', 'reverse', 'sort']
```

dir 함수는 문자열과 숫자, 함수, 모듈, 객체, 클래스를 포함한 거의 모든 것들에서 동작한다. 하지만 때로는 이 함수가 반환하는 정보가 전혀 유용하지 않을 수 있다. 예를 들어 숫자 1에 대한 dir을 호출하면 파이썬 자체는 사용하지만 우리에게는 정말로 유용하지 않은 수많은 특별한 함수들을 표시할 것이다(대부분은 보통 무시해도 될 것들이다).

```
>>> dir(1)
['__abs__', '__add__', '__and__', '__bool__', '__ceil__',
'__class__', '__delattr__', '__divmod__', '__doc__', '__eq__',
'__float__', '__floor__', '__floordiv__', '__format__', '__ge__',
'__getattribute__', '__getnewargs__', '__gt__', '__hash__',
'__index__', '__init__', '__int__', '__invert__', '__le__',
'__lshift__', '__lt__', '__mod__', '__mul__', '__ne__', '__neg__',
'__new__', '__or__', '__pos__', '__pow__', '__radd__', '__rand__',
'__rdivmod__', '__reduce__', '__reduce_ex__', '__repr__',
'__rfloordiv__', '__rlshift__', '__rmod__', '__rmul__', '__ror__',
'__round__', '__rpow__', '__rrshift__', '__rshift__', '__rsub__',
'__rtruediv__', '__rxor__', '__setattr__', '__sizeof__', '__str__',
'__sub__', '__subclasshook__', '__truediv__', '__trunc__',
```

```
'__xor__', 'bit_length', 'conjugate', 'denominator', 'imag',
'numerator', 'real']
```

dir 함수는 어떤 변수에서 사용할 수 있는 것들이 무엇인지를 빠르게 알려고 할 경우에 유용하다. 예를 들어, 문자열 값을 가지고 있는 popcorn 변수를 가지고 dir을 실행하면 string 클래스 (모든 문자열은 string 클래스의 구성원)가 제공하는 모든 함수 목록들을 얻을 수 있다.

```
>>> popcorn = 'I love popcorn!'
>>> dir(popcorn)
['__add__', '__class__', '__contains__', '__delattr__', '__doc__',
'__eq__', '__format__', '__ge__', '__getattribute__', '__getitem__',
'__getnewargs__', '__gt__', '__hash__', '__init__', '__iter__',
'__le__', '__len__', '__lt__', '__mod__', '__mul__', '__ne__',
'__new__', '__reduce__', '__reduce_ex__', '__repr__', '__rmod__',
'__rmul__', '__setattr__', '__sizeof__', '__str__',
'__subclasshook__', 'capitalize', 'center', 'count', 'encode',
'endswith', 'expandtabs', 'find', 'format', 'format_map', 'index',
'isalnum', 'isalpha', 'isdecimal', 'isdigit', 'isidentifier',
'islower', 'isnumeric', 'isprintable', 'isspace', 'istitle',
'isupper', 'join', 'ljust', 'lower', 'lstrip', 'maketrans', 'parti-
tion', 'replace', 'rfind', 'rindex', 'rjust', 'rpartition',
'rsplit', 'rstrip', 'split', 'splitlines', 'startswith', 'strip',
'swapcase', 'title', 'translate', 'upper', 'zfill']
```

여기서 목록에 있는 어떤 함수에 대한 짧은 설명을 얻고 싶다면 help를 사용하면 된다. 다음의 예제는 upper 함수에 대한 help를 실행한 것이다.

```
>>> help(popcorn.upper)
Help on built-in function upper:

upper(...)
    S.upper() -> str
    Return a copy of S converted to uppercase.
```

결과로 나온 정보가 약간 혼란스러울 수도 있으니 좀 더 자세하게 살펴보자. 생략 부호인 (...) 은 upper가 string 클래스의 내장 함수라는 의미이며 매개변수를 받지 않는다는 뜻이다. 다음 줄에 있는 화살표(->)는 이 함수가 문자열(str)을 반환한다는 의미다. 마지막 줄에서는 이 함수가 하는 동작을 간단하게 설명해준다.

EVAL 함수

eval(evaluate의 약자) 함수는 매개변수로 문자열을 받으며, 파이썬의 표현식인 것처럼 실행된다. 예를 들어, eval('print("wow")')는 사실 print("wow") 구문을 실행할 것이다.

eval 함수는 다음과 같이 오직 간단한 표현식과 함께 동작한다.

```
>>> eval('10*5')
50
```

보통 다음의 if 문처럼 한 줄 이상으로 나눠진 표현식은 실행되지 않을 것이다.

```
>>> eval('''if True:
        print("this won't work at all")''')
Traceback (most recent call last):
  File "<stdin>", line 1, in <module>
  File "<string>", line 1
    if True: print("this won't work at all')
    ^
SyntaxError: invalid syntax
```

eval 함수는 사용자의 입력을 파이썬의 표현식으로 바꿀 때 종종 사용된다. 예를 들어, 파이썬에 입력된 방정식을 읽은 다음 그 답을 계산(평가)하는 간단한 계산기 프로그램을 만드는 데 사용될 수 있다.

사용자 입력은 문자열로 읽혀지기 때문에 파이썬은 계산을 하기 전에 그것을 숫자와 연산자로 변환해야 한다. eval 함수는 이러한 변환을 쉽게 해준다.

```
>>> your_calculation = input('Enter a calculation: ')
Enter a calculation: 12*52
>>> eval(your_calculation)
624
```

이 예제에서는 사용자가 입력한 값을 읽기 위해 input을 사용해 your_calculation 변수에 저장한다. 다음 줄에는 12*52라는 표현식을 입력한다(여러분의 나이에 52주를 곱해보라). eval을 이용해 이 계산을 하고 그 결과가 마지막 줄에 출력된다.

EXEC 함수

exec 함수는 eval과 같다. 다만, 좀 더 복잡한 프로그램들을 실행할 때 사용될 수 있다는 것만 다르다. 두 함수의 차이점은, eval은 값(변수에 저장할 수 있는 것)을 반환하지만 exec는 그렇지 않는다는 것이다. 다음의 예제를 살펴보자.

```
>>> my_small_program = '''print('ham')
print('sandwich')'''
>>> exec(my_small_program)
ham
sandwich
```

처음 두 줄은 두 개의 print 구문을 가진 여러 줄의 문자열의 변수를 생성하고, exec를 사용해 그 문자열을 실행한다.

파이썬 프로그램이 파일로 읽어 들인 작은 미니 프로그램을 실행하려고 할 때 exec를 사용할 수 있다. 이건 정말로 프로그램 속의 프로그램이다! 이 방법은 매우 길고 복잡한 애플리케이션을 개발할 때 매우 유용할 것이다. 예를 들어, 두 개의 로봇이 화면 위에 움직이며 서로 공격하는 로봇 결투 게임을 만들고 게임 플레이어가 파이썬 미니 프로그램처럼 자신의 로봇에 대한 명령들을 그 게임에 제공했다면 로봇 결투 게임은 제공된 스크립트를 읽어서 exec를 사용해 그것을 실행할 것이다.

FLOAT 함수

float 함수는 문자열이나 숫자를 **실수**(real number)라고 하는 소수점이 있는 **부동 소수점**(floating-point) 숫자로 변환한다. 예를 들어 숫자 10은 **범자연수**(whole number)라고도 불리는 **정수**(integer)이지만 10.0이나 10.1 또는 10.253은 부동 소수점 수다.

문자열을 실수로 변환하기 위해서는 다음과 같이 float를 호출하면 된다.

```
>>> float('12')
12.0
```

문자열에 소수점이 있는 것도 마찬가지다.

```
>>> float('123.456789')
123.456789
```

프로그램에 입력된 값을 적절한 숫자로 변환하기 위해서 **float**를 사용하게 될 것이다. 이것은 사용자가 입력한 값을 다른 값들과 비교해야 할 경우에 특히 더 유용하다. 예를 들어, 사용자의 나이가 몇 살 이상인지를 확인할 때 다음과 같이 할 수 있다.

```
>>> your_age = input('Enter your age: ')
Enter your age: 20
>>> age = float(your_age)
>>> if age > 13:
        print('You are %s years too old' % (age - 13))
You are 7.0 years too old
```

INT 함수

int 함수는 문자열이나 숫자를 범자연수(즉, 정수)로 변환해준다. 이것은 기본적으로 소수점 이하의 모든 것들을 버린다는 의미다. 예를 들어 부동 소수점 수를 정수로 변환하면 다음과 같다.

```
>>> int(123.456)
123
```

다음 예제는 문자열을 정수로 변환한다.

```
>>> int('123')
123
```

하지만 부동 소수점 수를 가지고 있는 문자열을 정수로 변환하려고 하면 에러 메시지가 나올 것이다. 예를 들어 int 함수를 이용해 부동 소수점 수를 포함하는 문자열을 변환하려고 하면 다음과 같이 된다.

```
>>> int('123.456')
Traceback (most recent call last):
  File "<pyshell>", line 1, in <module>
    int('123.456')
ValueError: invalid literal for int() with base 10: '123.456'
```

이와 같이 ValueError 메시지가 나온다.

LEN 함수

len 함수는 객체(문자열)의 길이(글자 개수)를 반환한다. 예를 들어 this is a test string이라는 문자열의 길이는 다음과 같이 얻을 수 있다.

```
>>> len('this is a test string')
21
```

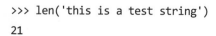

리스트나 튜플에서 사용하면 거기에 있는 항목들의 개수를 반환한다.

```
>>> creature_list = ['unicorn', 'cyclops', 'fairy', 'elf', 'dragon',
                'troll']
>>> print(len(creature_list))
6
```

맵에서 사용하면 맵에 있는 항목들의 개수를 반환한다.

```
>>> enemies_map = {'Batman' : 'Joker',
                'Superman' : 'Lex Luthor',
                'Spiderman' : 'Green Goblin'}
>>> print(len(enemies_map))
3
```

len 함수는 루프(loop) 작업을 할 때 특히 유용하다. 예를 들면 다음과 같은 리스트에 있는 항목들의 인덱스 위치를 표시할 때 사용될 수 있다.

```
    >>> fruit = ['apple', 'banana', 'clementine', 'dragon fruit']
❶  >>> length = len(fruit)
❷  >>> for x in range(0, length):
❸         print('the fruit at index %s is %s' % (x, fruit[x]))

    the fruit at index 0 is apple
    the fruit at index 1 is banana
    the fruit at index 2 is clementine
    the fruit at index 3 is dragon fruit
```

이 코드에서 우리는 변수 length에 리스트의 길이를 담는다 ❶. 그런 다음, 루프를 만들기 위해서 range 함수에서 그 변수를 사용한다 ❷. ❸ 에서는 리스트의 각 항목을 가져와서 그 항목의 인덱스 위치와 값을 출력하는 메시지를 표시한다. len 함수는 문자열들의 리스트에 있는 두 번째 혹은 세 번째 항목을 출력하고자 할 때도 사용할 수 있다.

MAX 함수와 MIN 함수

max 함수는 리스트, 튜플 또는 문자열에 있는 가장 큰 항목을 반환한다. 다음의 코드는 숫자들의 리스트에서 이 함수를 사용하는 방법을 보여준다.

```
>>> numbers = [5, 4, 10, 30, 22]
>>> print(max(numbers))
30
```

콤마나 공백으로 구분된 글자들로 구성된 문자열에서도 동작한다.

```
>>> strings = 's,t,r,i,n,g,S,T,R,I,N,G'
>>> print(max(strings))
t
```

이 예제에서처럼 문자들은 알파벳 순서가 있으며, 소문자는 대문자 다음에 나오기 때문에 t가 T 보다 더 크다.

하지만 반드시 리스트나 튜플 또는 문자열을 사용해야만 하는 것은 아니다. 바로 직접 max 함수를 호출할 수도 있으며, 비교하고자 하는 항목들을 매개변수처럼 괄호 안에 넣어서 사용하면 된다.

```
>>> print(max(10, 300, 450, 50, 90))
450
```

min 함수는 max 함수처럼 동작하지만, 리스트나 튜플 또는 문자열에 있는 가장 작은 항목을 반환한다는 것이 다르다. 숫자들을 사용했던 처음 예제에서 max 대신 min을 사용해보자.

```
>>> numbers = [5, 4, 10, 30, 22]
>>> print(min(numbers))
4
```

예를 들어, 네 명의 플레이어로 구성된 팀과 여러분이 숫자 맞추기 게임을 하고 있다. 플레이어들이 생각한 숫자는 여러분이 생각한 숫자보다 작아야 하는 게임이다. 만약에 플레이어들이 생각한 숫자가 여러분의 숫자보다 크면 모두가 지게 되는 것이고, 여러분의 숫자가 제일 크다면 모두가 이기는 것이다. 이 모든 숫자들이 높은지 낮은지를 빠르게 찾기 위해서 다음과 같이 max 함수를 사용할 수 있다.

```
>>> guess_this_number = 61
>>> player_guesses = [12, 15, 70, 45]
>>> if max(player_guesses) > guess_this_number:
        print('Boom! You all lose')
else:
        print('You win')


Boom! You all lose
```

이 예제에서는 guess_this_number 변수를 사용해 생각한 숫자를 저장한다. 팀 멤버들이 생각한 숫자들은 player_guesses라는 리스트에 저장한다. if 문은 guess_this_number에 있는 숫자와 리스트에 있는 최대 숫자를 비교하며, 어떤 플레이어가 생각한 숫자가 더 크다면 "Boom! You all lose."라는 메시지를 출력하게 된다.

RANGE 함수

앞에서 본 range 함수는 특정 횟수만큼 코드를 반복하는 for 루프에 주로 사용된다. range 함수에 주어지는 처음 두 개의 매개변수는 **시작**(start)과 **끝**(stop)이라고 불린다. 우리는 루프와 함께 len 함수를 사용하는 예제에서 두 개의 매개변수를 사용한 range 함수를 보았다.

range 함수가 만든 숫자들은 첫 번째 매개변수로 주어진 숫자부터 시작해 두 번째 매개변수보다 하나 작은 숫자에서 끝난다. 예를 들어, 다음의 예제는 0 과 5 사이의 숫자를 생성하는 range 함수가 출력하는 것들을 보여준다.

```
>>> for x in range(0, 5):
        print(x)


0
1
```

```
2
3
4
```

range 함수는 작업을 여러 번 반복하는 **이터레이터**(iterator)라고 불리는 특정 객체를 반환한다. 여기에서는 호출될 때마다 그 다음의 큰 숫자를 반환한다.

이터레이터를 list 함수를 사용한 리스트로 변환할 수 있다. 만약에 range를 호출할 때 반환되는 값을 출력한다면 다음과 같을 것이다.

```
>>> print(list(range(0, 5)))
[0, 1, 2, 3, 4]
```

range에 **증가값**(step)이라는 세 번째 매개변수를 추가할 수도 있다. 만일 증가값이 없다면 디폴트로 1을 사용하게 된다. 증가값을 2로 하면 어떻게 될까? 다음은 그 결과를 보여준다.

```
>>> count_by_twos = list(range(0, 30, 2))
>>> print(count_by_twos)
[0, 2, 4, 6, 8, 10, 12, 14, 16, 18, 20, 22, 24, 26, 28]
```

리스트에 있는 숫자는 앞에 있는 숫자보다 2씩 증가하며, 30보다 2 작은 28에서 리스트가 끝난다. 증가값으로 음수를 사용할 수도 있다.

```
>>> count_down_by_twos = list(range(40, 10, -2))
>>> print(count_down_by_twos)
[40, 38, 36, 34, 32, 30, 28, 26, 24, 22, 20, 18, 16, 14, 12]
```

SUM 함수

sum 함수는 리스트에 있는 항목들을 더해서 그 합계를 반환한다. 다음의 예제를 살펴보자.

```
>>> my_list_of_numbers = list(range(0, 500, 50))
>>> print(my_list_of_numbers)
[0, 50, 100, 150, 200, 250, 300, 350, 400, 450]
```

```
>>> print(sum(my_list_of_numbers))
2250
```

첫 번째 줄에서는 0부터 500 사이 숫자로 된 리스트를 생성하며 증가값은 50을 사용한다. 다음 줄은 그 결과를 보기 위하여 리스트를 출력한다. 마지막으로, my_list_of_numbers 변수를 sum 함수에 전달하여 리스트에 있는 모든 항목들을 더하는 print(sum(my_list_of_numbers))를 호출하면 2250이라는 합계가 나온다.

파일 작업하기

파이썬 파일은 여러분의 컴퓨터에 있는 다른 파일들(문서, 사진, 음악, 게임 등 컴퓨터에 저장된 모든 파일)과 같다.

이제 내장 함수인 **open**을 사용하여 파이썬에서 파일을 어떻게 열고 작업하는지를 살펴보자. 그 전에 먼저 우리가 작업할 새로운 파일을 생성해야 한다.

테스트 파일 생성하기

우리는 test.txt라는 텍스트 파일을 가지고 작업할 것이다. 여러분이 사용하는 운영체제에 맞는 다음의 설명을 따라해보자.

윈도우에서 새로운 파일 생성하기

윈도우를 사용하고 있다면 다음과 같이 test.txt 파일을 생성하자.

1. **시작 〉 프로그램 〉 보조프로그램 〉 메모장**을 선택한다.

2. 비어 있는 파일에 몇 줄의 글자를 입력한다.

3. **파일 〉 저장**을 선택한다.

4. 다이얼로그가 나타나면 **내 컴퓨터**를 더블-클릭해 C: 드라이브를 선택하고 **로컬 디스크(C:)**를 더블-클릭한다.

5. 다이얼로그 하단에 있는 **파일명**에 text.txt라고 입력한다.

6. 마지막으로 **저장** 버튼을 클릭한다.

맥 OS X에서 새로운 파일 생성하기

맥을 사용하고 있다면 다음과 같이 test.txt 파일을 생성해보자.

1. 화면의 상단에 있는 메뉴바에서 **스팟라이트**(Spotlight) 아이콘을 클릭한다.

2. 검색 상자가 나오면 TextEdit라고 입력한다.

3. TextEdit는 Applications 부분에 나타날 것이다. 그것을 클릭해 에디터를 연다(파인더(Finder)의 애플리케이션(Application) 폴더에서도 TextEdit를 찾을 수 있다).

4. 빈 파일에 몇 줄의 텍스트를 입력한다.

5. Format > Make Plain Text를 선택한다.

6. File > Save를 선택한다.

7. Save As 박스에서 test.txt를 입력한다.

8. Places 리스트에서 여러분의 사용자 이름(로그인한 이름 또는 컴퓨터 소유자 이름)을 클릭한다.

9. 마지막으로 Save 버튼을 클릭한다.

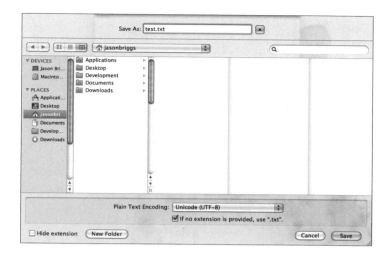

우분투에서 새로운 파일 생성하기

우분투를 사용하고 있다면 다음과 같이 test.txt 파일을 생성해보자.

1. Text Editor를 연다. 만약에 이것을 사용해본 적이 없다면 Application 메뉴에서 검색한다.

2. 에디터에서 몇 줄의 텍스트를 입력한다.

3. File > Save를 선택한다.

4. Name 상자에서 filename을 test.txt라고 입력한다. Save in Folder라는 상자에 홈 디렉토리가 이미 선택되어 있을 수 있지만, 그렇지 않다면 저장 위치를 홈 디렉토리로 변경한다(홈 디렉토리는 여러분이 로그인한 사용자 이름이다).

5. Save 버튼을 클릭한다.

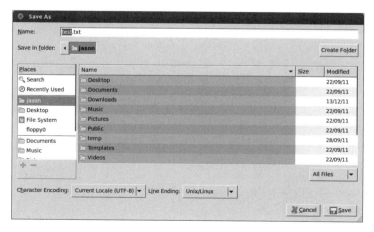

파이썬에서 파일 열기

파이썬의 내장 함수인 **open**은 파이썬 쉘에서 파일을 열고 그 내용을 표시해준다. 어떤 파일을 어떻게 열 것인지는 여러분이 사용하는 운영체제에 따라 다르다. 윈도우 파일에 대한 예제를 살펴본 다음, 맥이나 우분투에 대한 절을 읽어보자.

윈도우 파일 열기

윈도우를 사용하고 있다면 test.txt 파일을 열기 위해서 다음과 같이 코드를 입력한다.

```
>>> test_file = open('c:\\test.txt')
>>> text = test_file.read()
>>> print(text)
There once was a boy named Marcelo
Who dreamed he ate a marshmallow
He awoke with a start
As his bed fell apart
And he found he was a much rounder fellow
```

첫 번째 줄에서 파일 작업 함수들을 가진 파일 객체를 반환하는 **open**을 사용한다. 우리가 **open** 함수에 사용하는 매개변수 파일이 어디에 있는지를 파이썬에게 알려주는 문자열이다. 만약 윈도우를 사용하고 있으며 C: 드라이브의 로컬 디스크에 test.txt라고 저장했다면 **c:\\test.txt**라고 파일의 위치를 지정한다.

윈도우 파일명에 있는 두 개의 역슬래시는 파이썬에게 그것은 역슬래시일 뿐이지 어떠한 명령이 아니라는 것을 알려주는 것이다(3장에서 배웠듯이, 파이썬에서는 역슬래시가 특별한 의미를 가지고 있으며 문자열에서는 더욱 그러하다). 파일 객체를 **test_file** 변수에 저장한다.

두 번째 줄에서는 파일의 내용을 읽고 **text** 변수에 저장하기 위해 파일 객체가 제공되는 **read** 함수를 사용한다. 파일의 내용을 표시하기 위해 마지막 줄에서 이 변수를 출력한다.

맥 OS X 파일 열기

맥 OS X를 사용하고 있다면 윈도우 예제의 첫 번째 줄에 있는 test.txt 파일을 여는 부분을 다르게 입력해야 할 것이다. 그 문자열에 여러분이 저장할 때 클릭했던 사용자명을 사용하자. 예를 들어 사용자명이 sarahwinters라면 **open** 매개변수는 다음과 같을 것이다.

```
>>> test_file = open('/Users/sarahwinters/test.txt')
```

우분투 파일 열기

우분투를 사용하고 있다면 윈도우 예제의 첫 번째 줄에 있는 test.txt 파일을 여는 부분을 다르게
입력해야 할 것이다. 그 문자열에 여러분이 저장할 때 클릭했던 사용자명을 사용하자. 예를 들어
사용자명이 jacob이라면 open 매개변수는 다음과 같을 것이다.

```
>>> test_file = open('/home/jacob/test.txt')
```

파일 쓰기

open에 의해 반환된 파일 객체는 read 외에 다른 함수들도 가지고 있다. 두 번째 매개변수로 'w'
를 사용해 새롭고 빈 파일을 생성할 수 있다.

```
>>> test_file = open('c:\\myfile.txt', 'w')
```

'w' 매개변수는 파이썬에게 파일 객체를 읽고 싶은 게 아니라 쓰고 싶다고 알려준다.

이제 write 함수를 이용해 새로운 파일에 내용을 추가할 수 있다.

```
>>> test_file = open('c:\\myfile.txt', 'w')
>>> test_file.write('this is my test file')
```

마지막으로, close 함수를 이용해 파이썬에게 파일 쓰기를 끝내고 싶다고 알려야 한다.

```
>>> test_file = open('c:\\myfile.txt', 'w')
>>> test_file.write('What is green and loud? A froghorn!')
>>> test_file.close()
```

이제 이 파일을 텍스트 에디터로 열면 "What is green
and loud? A froghorn!"이라는 텍스트가 있음을 확인할
수 있다. 다른 방법으로 다음과 같이 다시 파일을 읽을 수

도 있다.

```
>>> test_file = open('myfile.txt')
>>> print(test_file.read())
What is green and loud? A froghorn!
```

복습

이번 장에서는 소수점을 가진 숫자를 정수로 또는 그 반대로 바꿀 수 있는 **float**와 **int** 같은 파이썬의 내장 함수들을 배웠다. 또한 여러분은 **len** 함수가 루프를 얼마나 쉽게 만들어 주는지와 파일을 읽고 쓰기 위해서 파이썬이 어떻게 사용될 수 있는지를 배웠다.

프로그래밍 퍼즐

파이썬의 내장 함수들에 대한 문제를 풀어보자. 정답은 이 책의 마지막 장에 있다.

미스테리 코드

다음의 코드를 실행하면 어떤 결과가 나올까? 예상해본 다음 그것이 맞는지 코드를 실제로 실행해보자.

```
>>> a = abs(10) + abs(-10)
>>> print(a)
>>> b = abs(-10) + -10
>>> print(b)
```

숨겨진 메시지

dir과 help를 이용해 문자열을 단어들로 나누는 방법을 찾은 다음, 다음의 문자열에 있는 모든 단어들을 출력하는 작은 프로그램을 만들어보자. 단, 처음에 시작하는 단어는 **this**이다.

```
"this if is you not are a reading very this good then way you to have
hide done a it message wrong"
```

파일 복사하기

파일을 복사하는 파이썬 프로그램을 만들어보자(힌트: 복사하고 싶은 파일을 열고, 그 내용을 읽은 다음 새로운 파일을 만든다). 화면에 복사한 파일의 내용을 출력해 여러분이 만든 프로그램이 잘 동작하는지 검사해보자.

10
유용한 파이썬 모듈

7장에서 배웠듯이 파이썬 모듈은 함수와 클래스, 변수들의 조합이다. 파이썬은 함수와 클래스를 더 쉽게 사용하기 위해 모듈을 사용한다. 예를 들어, 이전 장에서 사용했던 turtle 모듈은 화면에 그림을 그리기 위해 캔버스를 생성하는 데 사용된 함수와 클래스를 그룹화했다.

모듈을 프로그램에 임포트하면 거기에 담긴 모든 것들을 사용할 수가 있다. 예를 들어, 4장에서 turtle 모듈을 임포트했을 때 우리는 캔버스를 나타내는 객체를 생성하는 데 사용되는 Pen 클래스에 접근할 수 있었다.

```
>>> import turtle
>>> t = turtle.Pen()
```

파이썬은 여러 가지 작업들을 위한 모듈들을 많이 가지고 있다. 이번 장에서는 가장 유용한 것들

몇 가지와 그들이 가지고 있는 함수들을 살펴볼 것이다.

COPY 모듈을 사용해 복사본 만들기

copy 모듈은 객체의 복사본을 생성하는 함수들을 가지고 있다. 대게 프로그램을 만들 때 새로운 객체를 생성하지만, 가끔은 객체의 복사본을 생성하고 새로운 객체를 생성하기 위해 그 복사본을 사용하는 것이 유용하다. 여러 단계를 가지는 객체를 생성할 때 특히 더 그렇다.

예를 들어 name, number_of_legs, color 매개변수를 받는 __init__ 함수가 있는 Animal 클래스가 있다고 치자.

```
>>> class Animal:
        def __init__(self, species, number_of_legs, color):
            self.species = species
            self.number_of_legs = number_of_legs
            self.color = color
```

다음의 코드를 사용해 Animal 클래스의 새로운 객체를 생성할 수 있다. 자, 이름이 harry인 다리가 6개 있는 핑크색 히포그리프(hippogriff, 말의 몸에 독수리 머리와 날개를 가진 전설 속 괴물)를 만들어보자.

```
>>> harry = Animal('hippogriff', 6, 'pink')
```

만약에 6개의 다리를 가진 핑크색 히포그리프들의 무리를 만들고 싶다면 어떻게 해야 할까? 앞의 코드를 여러 번 반복해서 생성할 수도 있겠지만, 다음과 같이 copy 모듈에 있는 copy를 사용할 수도 있다.

```
>>> import copy
>>> harry = Animal('hippogriff', 6, 'pink')
>>> harriet = copy.copy(harry)
```

```
>>> print(harry.species)
hippogriff
>>> print(harriet.species)
hippogriff
```

이 예제에서는 객체를 생성하고 harry라는 변수에 담은 다음, 그 객체의 복사본을 생성하여 harriet라고 한다. 이 두 개의 객체들은 완전히 다른 객체다(다만, 같은 종(種)일뿐이다). 이렇게 하면 약간의 타이핑을 줄여준다. 하지만 객체가 매우 많이 복잡해진다면 복사할 수 있다는 것이 훨씬 더 유용할 것이다.

Animal 객체들의 리스트를 생성하고 copy할 수도 있다.

```
>>> harry = Animal('hippogriff', 6, 'pink')
>>> carrie = Animal('chimera', 4, 'green polka dots')
>>> billy = Animal('bogill', 0, 'paisley')
>>> my_animals = [harry, carrie, billy]
>>> more_animals = copy.copy(my_animals)
>>> print(more_animals[0].species)
hippogriff
>>> print(more_animals[1].species)
chimera
```

첫 번째 세 줄에서는 세 개의 Animal 객체를 생성하고 각각을 harry와 carrie, billy에 담는다. 네 번째 줄에서 그 객체들을 my_animals라는 리스트에 추가한다. 다음으로, copy를 사용해 새로운 리스트인 more_animals를 만든다. 마지막으로, my_animals 리스트에 있는 두 개의 객체([0]과 [1])의 종을 출력해 원래 있던 리스트의 것 (hippogriff와 chimera)과 같은지를 확인한다. 객체들을 다시 생성하지 않고 리스트의 복사본을 만든 것이다.

만약에 원본 리스트인 my_animals에 있는 Animal 객체 중의 하나의 종을 변경한다면(hippogriff를 ghoul로) 어떻게 될까? 파이썬은 more_animals에 있는 것도 변경한다.

```
>>> my_animals[0].species = 'ghoul'
>>> print(my_animals[0].species)
ghoul
>>> print(more_animals[0].species)
ghoul
```

참 이상하다. my_animals의 종만 바꾸지 않았나? 왜 두 리스트 모두의 종이 변경된 것일까?

종이 바뀐 이유는 copy가 사실상 **얕은 복사**(shallow copy)를 만든 것이기 때문이다. 이 말은 여러분이 복사했던 객체들 안에 있는 객체들을 복사하지 않았음을 의미한다. 여기서는 메인 list 객체를 복사했지만, 리스트 안에 있는 각각의 객체들을 복사한 것은 아니다. 우리는 새로운 객체들을 가지지 않은 새로운 리스트를 갖게 되며, 그 리스트인 more_animals는 그 안에 동일한 세 개의 객체들을 갖는다.

마찬가지 이유로, 새로운 동물을 첫 번째 리스트(my_animals)에 추가하면 복사본(more_animals)에는 나타나지 않는다. 그것을 확인하기 위해서 다음과 같이 다른 동물을 추가한 다음에 리스트의 길이를 출력해보자.

```
>>> sally = Animal('sphinx', 4, 'sand')
>>> my_animals.append(sally)
>>> print(len(my_animals))
4
>>> print(len(more_animals))
3
```

여기서 알 수 있듯이, 첫 번째 리스트인 my_animals에 새로운 동물을 추가하면 그 리스트의 복사본인 more_animals에는 추가되지 않는다. len을 사용해 결과를 출력하면 첫 번째 리스트는 네 개의 요소를 가지며, 두 번째 리스트는 세 개를 가진다.

copy 모듈에 있는 다른 함수인 deepcopy는 복사된 객체 안에 있는 모든 객체의 복사본을 실제로 생성한다. my_animals를 복사하는 데 deepcopy를 사용하면 모든 객체들의 복사본을 가진 완벽한 새로운 리스트를 갖게 된다. 그 결과, 원본 Animal 객체들 중의 하나를 변경하면 새로운 리스트에 있는 객체들에는 영향을 미치지 않는다. 다음의 예제를 살펴보자.

```
>>> more_animals = copy.deepcopy(my_animals)
>>> my_animals[0].species = 'wyrm'
>>> print(my_animals[0].species)
wyrm
>>> print(more_animals[0].species)
ghoul
```

원본 리스트의 첫 번째 객체의 종을 ghoul에서 wyrm으로 변경했지만 복사된 리스트는 변경되지 않는다. 각각의 리스트에 있는 첫 번째 객체의 종을 출력해보면 확인할 수 있다.

KEYWORD 모듈로 키워드 추적하기

파이썬 **키워드**(keyword)는 if와 else, for처럼 파이썬 언어 자체의 일부인 어떤 단어다. keyword 모듈은 iskeyword라는 이름의 함수와 kwlist라는 변수를 가지고 있다. iskeyword 함수는 어떤 문자열이 파이썬 키워드일 경우에 참을 반환하며, kwlist 변수는 모든 파이썬 키워드들의 목록을 반환한다.

다음 코드에서 iskeyword 함수는 if라는 문자열에 참을 반환하고, ozwald라는 문자열에 거짓을 반환한다. kwlist 변수에 있는 내용을 출력해보면 전체 키워드 목록을 볼 수 있다. 이것은 매우 유용하다. 왜냐하면 키워드들은 가끔씩 변경되기 때문이다. 파이썬의 새로운 버전(또는 이전 버전)은 또 다른 키워드들을 가지고 있을 수 있다.

```
>>> import keyword
>>> print(keyword.iskeyword('if'))
True
>>> print(keyword.iskeyword('ozwald'))
False
>>> print(keyword.kwlist)
['False', 'None', 'True', 'and', 'as', 'assert', 'break', 'class',
'continue', 'def', 'del', 'elif', 'else', 'except', 'finally',
'for', 'from', 'global', 'if', 'import', 'in', 'is', 'lambda',
'nonlocal', 'not', 'or', 'pass', 'raise', 'return', 'try', 'while',
'with', 'yield']
```

이 책의 부록에서 각각의 키워드에 대한 설명을 볼 수 있다.

RANDOM 모듈로 랜덤 숫자 얻기

random 모듈은 컴퓨터에게 "숫자 하나를 뽑아줘."라고 말하는 것과 같은 난수(random number) 를 생성하는 데 유용한 많은 함수들을 가지고 있다. random 모듈에 있는 가장 유용한 함수는 randint와 choice, shuffle이다.

난수를 뽑기 위해 RANDINT 사용하기

randint 함수는 1부터 100 사이나 100부터 500 사이 또는 1000부터 5000 사이처럼 어떤 숫자의 범위 안에서 난수를 뽑아낸다. 다음 예제를 살펴보자.

```
>>> import random
>>> print(random.randint(1, 100))
58
>>> print(random.randint(100, 1000))
861
>>> print(random.randint(1000, 5000))
3795
```

다음과 같이 while 루프를 사용해 간단한 숫자 맞추기 게임을 만들 때 randint를 사용할 수 있다.

```
>>> import random
>>> num = random.randint(1, 100)
❶ >>> while True:
❷         print('Guess a number between 1 and 100')
❸         guess = input()
❹         i = int(guess)
❺         if i == num:
                print('You guessed right')
❻                break
❼         elif i < num:
```

```
                    print('Try higher')
❽          elif i > num:
                    print('Try lower')
```

먼저 random 모듈을 임포트하고 num 변수에 1부터 100 사이의 난수를
randint으로 생성해 설정한다. 그리고 영원히 돌아가는(즉, 플레이어
가 숫자를 맞출 때까지 돌아가는) while 루프를 만든다 ❶.

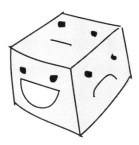

다음으로, ❷에서 메시지를 출력하고 사용자로부터 값을 입력받기 위
해 input을 사용한다. 이것은 ❸에서 guess 변수에 저장한다. 우리는
입력된 값을 int를 사용하여 변환한 다음, 변수 i에 저장한다 ❹. 그런
다음에 ❺에서 랜덤하게 선택된 숫자와 비교한다.

만약에 입력된 값과 랜덤하게 선택된 숫자가 같다면 "You guessed right"이라고 출력하고 루프
를 빠져 나온다 ❻. 만약에 같지 않다면 사용자가 입력한 값이 난수보다 큰지를 검사하고 ❼, 작은
지도 검사한다 ❽. 그리고 그에 맞는 적절한 힌트 메시지를 출력한다.

이 코드는 약간 길기 때문에 새로운 쉘 창에 입력하거나 텍스트 문서를 만들고 저장해 IDLE에서
실행하면 좋을 것이다. 다음은 저장된 프로그램을 열고 실행하는 방법이다.

1. IDLE를 실행하고 **파일**(File) > **열기**(Open)를 선택한다.

2. 파일을 저장해놓은 디렉토리를 이동해 파일을 선택한다.

3. **열기**(Open)를 클릭한다.

4. 새로운 창이 열리면 **실행**(Run) > **모듈 실행**(Run Module)을 선택한다. 이 프로그램을 실행하면
    다음 그림과 같은 일이 일어날 것이다.

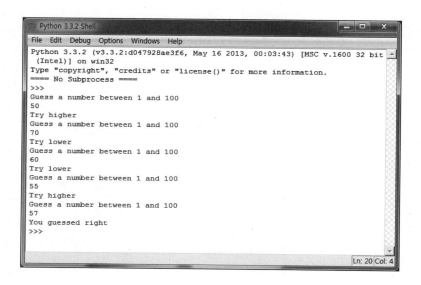

리스트에서 항목을 무작위로 뽑기 위해 CHOICE 사용하기

만약에 주어진 범위에서 난수를 선택하는 것이 아니라, 리스트에서 무작위로 항목을 뽑고 싶다면 choice를 사용할 수 있다. 예를 들어 여러분을 위한 디저트를 파이썬이 골라주도록 할 수 있다.

```
>>> import random
>>> desserts = ['ice cream', 'pancakes', 'brownies', 'cookies',
          'candy']
>>> print(random.choice(desserts))
brownies
```

여러분의 디저트로 브라우니가 선택된 것 같다. 전혀 나쁘지 않은 선택이다.

리스트를 섞기 위해 SHUFFLE 사용하기

shuffle 함수는 리스트에 있는 항목들을 섞는다. 만약에 여러분이 IDLE를 가지고 작업하고 있었고, 이제 막 이전 예제의 random을 임포트하고 디저트 리스트를 만들었다면 다음의 코드에서 random.shuffle 명령줄을 삭제해도 된다.

```
>>> import random
```

```
>>> desserts = ['ice cream', 'pancakes', 'brownies', 'cookies',
          'candy']
>>> random.shuffle(desserts)
>>> print(desserts)
['pancakes', 'ice cream', 'candy', 'brownies', 'cookies']
```

이 리스트를 출력하면 섞인 결과를 볼 수 있다. 순서가 완전히 바뀌었다. 만약에 카드 게임을 만들고 있다면 카드들을 나타내는 리스트를 섞을 때 이 함수를 사용할 수 있을 것이다.

SYS 모듈로 쉘 컨트롤하기

sys 모듈은 파이썬 쉘 자체를 컨트롤할 때 사용할 수 있는 시스템 함수들을 가지고 있다. 여기서는 exit 함수, stdin과 stdout 객체, version 변수를 어떻게 사용하는지 살펴볼 것이다.

EXIT 함수로 쉘 종료하기

exit 함수는 파이썬 쉘이나 콘솔을 멈추는 방법이다. 다음의 코드를 입력하면 정말로 종료하고 싶은지를 묻는 다이얼로그가 나타날 것이다. Yes를 클릭하면 쉘이 종료된다.

```
>>> import sys
>>> sys.exit()
```

만약에 1장에서 설치한 수정된 IDLE 버전을 사용하고 있지 않다면 작동하지 않을 것이며, 다음과 같은 에러를 나타낼 것이다.

```
>>> import sys
>>> sys.exit()
Traceback (most recent call last):
  File "<pyshell#1>", line 1, in <module>
    sys.exit()
SystemExit
```

STDIN 객체로 읽기

sys 모듈의 stdin 객체(standard input의 약자)는 사용자가 쉘에 입력한 것을 읽어서 프로그램에서 사용할 수 있도록 해준다. 7장에서 배웠듯이, 이 객체는 엔터를 누를 때까지 키보드로 입력한 텍스트 라인을 읽는 readline 함수를 가지고 있다. 이것은 이번 장의 초반부에서 난수 맞추기 게임에 사용했던 input 함수처럼 동작한다. 다음의 코드를 입력해보자.

```
>>> import sys
>>> v = sys.stdin.readline()
He who laughs last thinks slowest
```

파이썬은 변수 v에 He who laughs last thinks slowest라는 문자열을 저장할 것이다. 이것을 확인하기 위해서 v의 내용을 출력해보자.

```
>>> print(v)
He who laughs last thinks slowest
```

input 함수와 readline 함수의 차이점들 중의 하나는 readline 함수는 매개변수로 지정된 글자 수만큼 읽어 들인다는 것이다. 예를 들면 다음과 같다.

```
>>> v = sys.stdin.readline(13)
He who laughs last thinks slowest
>>> print(v)
He who laughs
```

STDOUT 객체로 쓰기

stdin 객체와는 달리, stdout 객체(standard output의 약자)는 쉘(또는 콘솔)에 메시지를 쓸 때 사용된다. 어떻게 보면 print 함수와 비슷하지만, stdout은 9장에서 사용했던 write와 같은 함수들을 가지고 있는 파일 객체다. 다음의 예제를 살펴보자.

```
>>> import sys
>>> sys.stdout.write("What does a fish say when it swims into a wall?
Dam.")
What does a fish say when it swims into a wall? Dam.52
```

write가 끝날 때 쓰여진 글자 개수가 반환되는 것에 주목하자. 메시지의 끝에 출력된 52를 볼 수 있다. 화면에 얼마나 많은 글자를 썼는지 기록하기 위해서 이 값을 변수에 저장할 수도 있다.

내가 쓰는 파이썬 버전은?

version 변수는 사용하고 있는 파이썬의 버전을 표시해주며 최신 버전을 사용하고 있는지를 확인하고자 할 때 유용할 수 있다. 어떤 프로그래머들은 그들이 만든 프로그램이 시작할 때 버전 정보를 보여주고 싶어한다. 예를 들어 다음과 같이 프로그램에 파이썬 버전을 표시할 수도 있다.

```
>>> import sys
>>> print(sys.version)
3.1.2 (r312:79149, Mar 21 2013, 00:41:52) [MSC v.1500 32 bit (Intel)]
```

TIME 모듈로 시간 작업하기

파이썬의 **time** 모듈은 시간을 표시하는 함수들을 가지고 있다(어쩌면 여러분이 예상한 것과 다를 수도 있다). 다음의 코드를 입력해보자.

```
>>> import time
>>> print(time.time())
1300139149.34
```

time()을 호출하여 반환된 숫자는 1970년 1월 1일 00시 00분 00초 이후 지금까지의 초를 나타낸다. 이 자체로 볼 때 이 이상한 참조값은 직접적으로 유용해 보이지 않을 수 있지만 사실은 도움이 된다. 예를 들어, 프로그램에서 실행하는 데 시간이 걸리는 부분을 알아보고자 할 때 시작 시간과 끝나는 시간을 기록하여 그 값들을 비교할 수 있다. 그렇다면 0부터 999까지 모든 숫자를 출력하는 데 걸리는 시간을 알아보도록 하자.

먼저 다음과 같은 함수를 만든다.

```
>>> def lots_of_numbers(max):
        for x in range(0, max):
                print(x)
```

다음으로, max를 1000으로 하여 이 함수를 호출한다.

```
>>> lots_of_numbers(1000)
```

그런 다음, time 모듈을 가지고 이 프로그램을 수정해 이 함수가 얼마나 시간이 걸리는지 알아보도록 하자.

```
>>> def lots_of_numbers(max):
❶          t1 = time.time()
❷          for x in range(0, max):
                   print(x)
❸          t2 = time.time()
❹          print('it took %s seconds' % (t2-t1))
```

이 프로그램을 다시 실행하면 다음과 같은 결과를 얻을 수 있다(이 값은 여러분의 시스템 속도에 따라 매우 다를 수 있다).

```
>>> lots_of_numbers(1000)
0
1
2
3
.
.
.
997
998
999
it took 50.159196853637695 seconds
```

이 프로그램이 어떻게 동작하는지 살펴보자. 먼저 time() 함수를 호출하고, 반환된 값을 변수 t1에 할당한다 ❶. 그 다음, ❷ 의 세 번째와 네 번째에 있는 코드에서 모든 숫자를 출력한다. 이 루프가 끝나면 다시 time()을 호출하여 반환된 값을 변수 t2에 할당한다 ❸. 루프를 완료하는 데 몇 초가 걸렸기 때문에 t2에 있는 값이 t1보다 클 것이다. 왜냐하면 1970년 1월 1일보다 더 시간이 지났기 때문이다. t2에서 t1을 빼면 모든 숫자를 출력하는 데 걸린 시간을 얻을 수 있다.

ASCTIME으로 날짜 변환하기

asctime 함수는 튜플로 날짜(date)를 받아서 읽을 수 있는 어떤 것으로 변환한다(튜플은 항목들을 가지고 있는 리스트와 같지만 변경할 수 없다는 것을 기억하자). 7장에서 살펴봤듯이, 아무런 매개변수 없이 asctime을 호출하면 읽을 수 있는 형태로 현재 날짜와 시간을 표시하게 될 것이다.

```
>>> import time
>>> print(time.asctime())
Mon Mar 11 22:03:41 2013
```

매개변수로 asctime을 호출하려면 먼저 날짜와 시간에 대한 값으로 튜플을 생성한다. 예를 들어 튜플을 변수 t에 할당한다.

```
>>> t = (2007, 5, 27, 10, 30, 48, 6, 0, 0)
```

이 값들은 년도와 월, 일, 시간, 분, 초, 요일(0은 월요일, 1을 화요일...), 일 년 중 며칠(우리는 0을 넣는다), 일광 절약 시간인지 아닌지(만약에 아니라면 0, 맞다면 1)를 나타낸다. 다음과 같은 튜플로 asctime을 호출하면 다음과 같은 값을 얻게 된다.

```
>>> import time
>>> t = (2020, 2, 23, 10, 30, 48, 6, 0, 0)
>>> print(time.asctime(t))
Sun Feb 23 10:30:48 2020
```

LOCALTIME으로 날짜와 시간 얻기

asctime과 달리, localtime 함수는 현재 날짜와 시간을 객체로 반환한다. 이 값들은 asctime 입력 순서와 거의 같다. 만약에 이 객체를 출력해본다면 클래스 이름과 tm_year(년), tm_mon(월), tm_mday(한 달 중 며칠), tm_hour 등의 변수값을 볼 수 있을 것이다.

```
>>> import time
>>> print(time.localtime())
time.struct_time(tm_year=2020, tm_mon=2, tm_mday=23, tm_hour=22,
tm_min=18, tm_sec=39, tm_wday=0, tm_yday=73, tm_isdst=0)
```

현재 연도와 월을 출력하려면 이들의 인덱스 위치를 사용한다(asctime에서 사용한 튜플처럼). 예제에서 year는 첫 번째 위치(인덱스 위치 0)이며 month는 두 번째 위치(인덱스 위치 1)이다. 따라서 우리는 year = t[0]과 month = t[1]처럼 사용한다.

```
>>> t = time.localtime()
>>> year = t[0]
>>> month = t[1]
>>> print(year)
2020
>>> print(month)
2
```

이렇게 하면 2020년의 두 번째 달임을 확인할 수 있다.

SLEEP으로 잠깐 쉬기

sleep 함수는 프로그램에 약간의 딜레이를 주거나 천천히 동작하고자 할 때 매우 유용하다. 예를 들어 1에서 61까지 1초씩 출력하고자 할 때 다음과 같이 할 수 있다.

```
>>> for x in range(1, 61):
        print(x)
```

이 코드는 1부터 60까지의 모든 숫자를 빠르게 출력할 것이다. 하지만 파이썬에게 다음과 같이 하나 출력하고 1초씩 쉬라고 말할 수 있다.

```
>>> for x in range(1, 61):
        print(x)
        time.sleep(1)
```

이 코드는 각 숫자가 출력되는 사이에 딜레이를 추가한다. 12장에서는 애니메이션을 조금 더 그럴듯하게 보이도록 sleep 함수를 사용할 것이다.

정보를 저장하기 위해 PICKLE 모듈을 사용하기

pickle 모듈은 파이썬 객체를 파일로 쓸 수 있고 다시 쉽게 읽을 수 있는 어떤 것으로 변환해주는 데 사용된다. 여러분이 게임을 개발하고 있으며 플레이어의 진행 정보를 저장하고 싶다면 pickle이 유용하다는 것을 알게 될 것이다. 예를 들어 다음은 게임에 저장 기능을 추가한 것이다.

```
>>> game_data = {
    'player-position' : 'N23 E45',
    'pockets' : ['keys', 'pocket knife', 'polished stone'],
    'backpack' : ['rope', 'hammer', 'apple'],
    'money' : 158.50
}
```

여기서 우리는 가상의 게임에 있는 플레이어의 현재 위치와 플레이어의 주머니 및 가방에 있는 항목 목록, 그리고 가지고 있는 돈에 대한 정보를 가진 파이썬 맵을 생성한다. 그리고 다음과 같이 이 맵을 파일로 저장하고 pickle의 dump 함수를 호출한다.

```
❶ >>> import pickle
❷ >>> game_data = {
    'player-position' : 'N23 E45',
    'pockets' : ['keys', 'pocket knife', 'polished stone'],
    'backpack' : ['rope', 'hammer', 'apple'],
    'money' : 158.50
```

```
        }
```
❸ >>> save_file = open('save.dat', 'wb')
❹ >>> pickle.dump(game_data, save_file)
❺ >>> save_file.close()

❶에서 pickle 모듈을 먼저 임포트하고 ❷에서 게임 데이터의 맵을 생성한다. ❸에서 매개변수 wb로 save.dat라는 파일을 연다. 이것은 파이썬에게 이 파일을 바이너리 모드로 쓰라고 하는 것이다(9장에서 했던 것처럼 /Users/malcolmozwald나 /home/susanb/ 또는 C:\\Users\JimmyIpswich처럼 디렉토리에 저장해야 한다). ❹에서는 맵과 파일 변수를 매개변수로 전달하기 위해서 dump를 사용한다. 마지막으로, 작업이 끝났으므로 ❺에서 그 파일을 닫는다.

<table>
<tr><td>NOTE</td><td>일반 텍스트 파일(Plain text file)은 사람이 읽을 수 있는 문자들만 담는다. 이미지와 음악 파일, 영화, 피클된(pickled) 파이썬 객체들은 사람이 읽을 수 없는 정보를 가지고 있다. 그래서 그것들을 바이너리 파일이라고 한다. 만약 save.dat 파일을 열어본다면 텍스트 파일 같지 않은 것들이 보일 것이다. 이것은 정상적인 텍스트와 특수 문자들이 섞인 것처럼 보일 것이다.</td></tr>
</table>

pickle의 load 함수를 사용하여 파일로 쓴 객체를 언피클(unpickle)할 수 있다. 언피클은 피클(pickle) 작업을 역으로 하는 것이다. 이것은 파일에 쓴 정보를 가져다가 프로그램이 사용할 수 있는 값으로 변환시킨다. 이 절차는 dump 함수를 사용하는 것과 비슷하다.

```
>>> load_file = open('save.dat', 'rb')
>>> loaded_game_data = pickle.load(load_file)
>>> load_file.close()
```

먼저 매개 변수로 rb(read binary라는 뜻)를 사용해 파일을 연다. 그런 다음 파일을 load 함수에 전달하고 반환값을 변수 loaded_game_data에 설정한다. 마지막으로, 그 파일을 닫는다.

저장된 데이터가 올바르게 로드되었는지를 확인하기 위해 그 변수를 출력해본다.

```
>>> print(loaded_game_data)
{'money': 158.5, 'backpack': ['rope', 'hammer', 'apple'],
'player-position': 'N23 E45', 'pockets': ['keys', 'pocket knife',
'polished stone']}
```

복습

이번 장에서는 파이썬 모듈이 함수와 클래스, 변수들을 어떻게 그룹화하는지 배웠고, 모듈을 임포트해 여러 함수들을 어떻게 사용하는지를 배웠다. 객체를 복사하는 방법과 난수를 만드는 방법, 객체들의 리스트를 무작위로 섞는 방법뿐만 아니라 파이썬에서 시간을 가지고 작업하는 방법도 살펴봤다. 마지막으로, pickle을 이용하여 정보를 저장하고 로드하는 방법을 배웠다.

프로그래밍 퍼즐

파이썬의 모듈을 이용하여 다음의 문제들을 풀어보자. 정답은 이 책의 마지막 장에 있다.

복사된 자동차들

다음의 코드는 무엇을 출력할까?

```
>>> import copy
>>> class Car:
        pass

>>> car1 = Car()
>>> car1.wheels = 4
>>> car2 = car1
>>> car2.wheels = 3
```

```
>>> print(car1.wheels)
```

여기에 무엇이 출력될까?

```
>>> car3 = copy.copy(car1)
>>> car3.wheels = 6
>>> print(car1.wheels)
```

여기에 무엇이 출력될까?

좋아하는 것들

여러분이 좋아하는 것들을 리스트로 만들고 favorites.dat라는 파일로 저장하기 위해 pickle을 사용하자. 파이썬 쉘을 닫고, 다시 쉘을 연 다음 파일을 로드하여 좋아하는 것들의 목록을 출력해 보자.

11
더 많은 TURTLE 그래픽

이번 장에서는 4장에서 사용해본 것과는 다른 관점에서 터틀(turtle) 모듈을 한번 살펴보자. 이 장에서 살펴볼 것처럼, 파이썬에서 터틀(turtle)은 단순히 검정색 사각 라인을 그리는 것보다 많은 작업을 수행할 수 있다. 예를 들면, 더 향상된 기하학적 도형을 그리거나 색상을 만들고 심지어 색상과 모양을 채우는 용도로도 사용할 수 있다.

기본 사각형으로 시작하기

우리는 이미 거북이(turtle)로 단순한 모양을 그리는 방법에 대해 배웠다. 거북이를 사용하기 전에 우리는 turtle 모듈을 임포트하고 Pen 객체를 생성해야 한다.

```
>>> import turtle
>>> t = turtle.Pen()
```

다음은 4장에서 사각형을 만들 때 사용한 코드다.

```
>>> t.forward(50)
>>> t.left(90)
>>> t.forward(50)
>>> t.left(90)
>>> t.forward(50)
>>> t.left(90)
>>> t.forward(50)
```

6장에서 여러분은 for 루프문에 대해 배웠다. 우리는 새롭게 배운 이 기술을 가지고 사각형을 만드는 지루한 위의 코드를 for 루프문으로 더 단순하게 만들 수 있다.

```
>>> t.reset()
>>> for x in range(1, 5):
        t.forward(50)
        t.left(90)
```

첫번째 행에서 Pen 객체를 초기화한다. 다음으로, range(1,5) 코드를 통해 1부터 4까지를 세는 for 루프문을 시작한다. 그 다음, 루프문 안의 각 행을 따라 90칸이 남을 때까지 50 픽셀씩 이동하며 순차적으로 실행한다. 루프문을 이용했기 때문에 이 코드는 이전 버전보다 좀 더 짧다. reset 줄을 제외하면, 우리는 6줄 중 3줄을 줄일 수 있었다.

별 그리기

자, for 루프문으로 우리는 더 흥미로운 것을 만들 수 있다. 다음을 입력해보자.

```
>>> t.reset()
>>> for x in range(1, 9):
        t.forward(100)
        t.left(225)
```

이 코드는 8개 포인트의 별을 만든다.

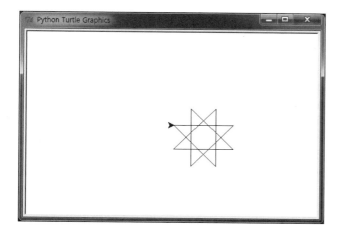

코드 자체는 몇 가지 예외를 제외하고는 우리가 사각형을 그리는 데 사용한 코드와 매우 비슷하다.

- range(1, 5)에 의해 4회 반복한 것과 달리 range(1, 9)는 8회를 반복한다.

- 앞으로 50 픽셀을 이동하는 것과 달리, 100 픽셀 이동한다.

- 90도 회전하는 것과 달리, 왼쪽으로 225도 회전한다.

이제 조금 더 우리의 별을 발전시켜보자. 다음 코드를 사용해 175도의 각과 37회 반복하는 순환문으로 더 많은 포인트의 별을 만들 수 있다.

```
>>> t.reset()
>>> for x in range(1, 38):
        t.forward(100)
        t.left(175)
```

다음은 이 코드를 실행한 결과다.

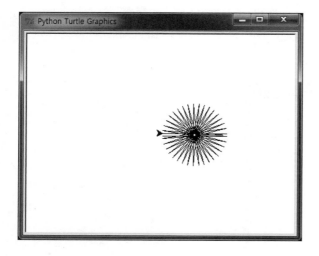

다음의 나선형 별을 생성하는 코드를 살펴보자.

```
>>> t.reset()
>>> for x in range(1, 20):
        t.forward(100)
        t.left(95)
```

회전 각도가 변경되고 루프의 수가 줄어들면서 거북이는 다른 스타일의 별을 그린다.

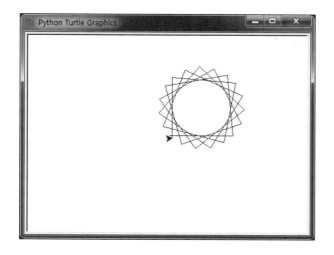

이와 비슷한 코드를 사용하면 기본적인 사각형에서 나선형의 별까지 다양한 도형을 만들 수 있다. 이처럼 우리는 루프를 사용해 이 도형을 훨씬 간단하게 그릴 수 있도록 만들었다. 루프를 사용하지 않았다면 지루한 타이핑을 많이 해야 했을 것이다.

이제 거북이가 방향을 전환하고 다른 형태의 별 모양을 그리는 방법을 제어하기 위해 if 문을 사용해보자. 이 예제에서는 처음 한 차례 회전한 후 다른 각도로 다음 회전을 하도록 구현해보겠다.

```
>>> t.reset()
>>> for x in range(1, 19):
        t.forward(100)
        if x % 2 == 0:
            t.left(175)
        else:
            t.left(225)
```

여기에서는 거북이가 전방으로 100 픽셀(t.forward(100)) 이동하며 18회(range(1, 19)) 반복되는 루프를 만들 수 있다. 여기에 새로운 if 문(if X % 2 == 0:)이 등장한다. 이 구문은 " x를 2로 나눈 나머지는 0과 같다."라는 뜻의 x ÷ 2 == 0에서의 %인 **모듈로**(modulo) 연산자를 이용해

변수 x에 짝수가 포함되어 있는지 확인한다.

표현식 x % 2는 기본적으로 "변수 x 의 숫자를 동일한 두 부분으로 나눌 때 남은 양은 얼마인가?"를 말한다. 예를 들어, 우리가 5개의 공을 두 부분으로 나눌 수 있다면 2개의 공으로 묶인 두 그룹(총 4개의 공으로 만들어진)을 얻을 것이며, 그리고 나머지(남은 공의 수)는 다음 그림과 같이 1개의 공이 될 것이다.

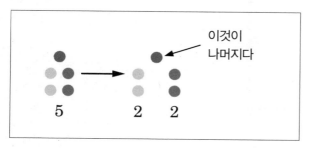

13개의 공을 두 부분으로 나누는 경우, 우리는 6개의 공으로 묶인 두 그룹과 1개의 나머지 공을 얻을 것이다.

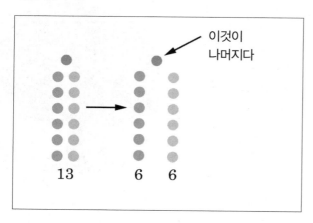

x를 2로 나눈 나머지가 0이라는 것을 확인하는 것은 실제로는 나머지 없이 두 부분으로 나눌 수 있는지를 여부를 물어보는 것이다. 이 방법은 짝수가 항상 두 부분으로 나뉘기 때문에 변수의 숫자가 짝수인 것을 확인하는 좋은 방법이다.

코드의 다섯 번째 행에서 x가 짝수라면(if x % 2 == 0:) 왼쪽으로 175도 회전(t.left(175))하고, 그렇지 않다면(else) 마지막 행에서 225도 회전(t.left(225))하도록 지시한다.

다음은 이 코드를 실행한 결과다.

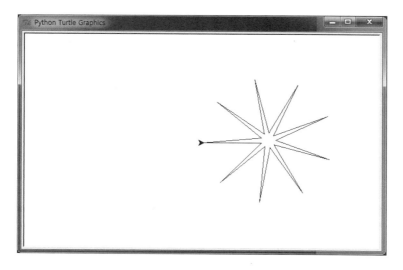

자동차 그리기

거북이는 별이나 간단한 기하학적 도형을 그리는 것보다 더 많은 것들을 할 수 있다. 다음 예제에서는 다소 원시적으로 보이는 차를 그릴 것이다. 첫 번째로, 차의 몸체를 그린다. IDLE에서 File > New Window를 선택한 후 다음 코드를 입력한다.

```
t.color(1,0,0)
t.begin_fill()
t.forward(100)
t.left(90)
t.forward(20)
t.left(90)
t.forward(20)
t.right(90)
t.forward(20)
t.left(90)
t.forward(60)
```

```
t.left(90)
t.forward(20)
t.right(90)
t.forward(20)
t.left(90)
t.forward(20)
t.end_fill()
```

다음으로, 첫 번째 바퀴를 그린다.

```
t.color(0,0,0)
t.up()
t.forward(10)
t.down()
t.begin_fill()
t.circle(10)
t.end_fill()
```

마지막으로, 두 번째 바퀴를 그린다.

```
t.setheading(0)
t.up()
t.forward(90)
t.right(90)
t.forward(10)
t.setheading(0)
t.begin_fill()
t.down()
t.circle(10)
t.end_fill()
```

File > Save As를 선택하고 car.py와 같이 파일명을 입력한다. Run > Run Module을 선택해 코드를 실행해보자. 그러면 다음과 같은 자동차가 나타난다.

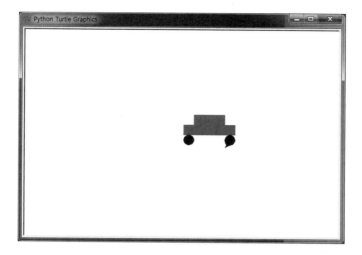

여러분은 이 코드에서 거북이(turtle)의 몇가지 숨겨진 새로운 기능을 발견할 수 있다.

- **color**는 펜의 색을 변경하는 데 사용된다.

- **begin_fill** 및 **end_fill**은 캔버스의 영역의 색을 채우는 데 사용된다.

- **circle**은 특정 크기의 원을 그린다.

- **setheading**은 거북이가 특정 방향을 향하도록 한다.

우리의 그림에 색상을 추가하는 이 기능들을 사용하는 방법에 대해 살펴보자.

색칠하기

color 함수는 세 개의 매개변수를 사용한다. 첫 번째는 빨간색, 두 번째는 녹색, 세 번째는 파란 색의 양을 지정한다. 예를 들어, 자동차에 밝은 빨간색을 칠하기 위해 우리는 100%의 빨간색 펜 을 사용하도록 color(1,0,0)을 사용했다.

이 빨간색, 녹색 및 파란색의 조합을 RGB라고 한다. 이는 색상이 컴퓨터 모니터에 표시되는 방식 이며, 이러한 기본 색상의 상대적인 혼합은 여러분이 보라색을 만들기 위해 파란색과 빨간색, 주 황색을 만들기 위해 노란색과 빨간색 페인트를 섞을 때와 마찬가지로 다른 색상을 만든다. 빨간 색, 녹색, 파란색은 다른 색상을 혼합해 만들 수 없기 때문에 기본색이라고 한다.

컴퓨터 모니터의 색상을 만들 때 페인트를 사용하지 않지만 (빛을 사용한다), 3개의 페인트 통(빨간색, 녹색, 파란색)을 생각하면 RGB 조합을 이해하는 데 도움이 될 것이다. 각각의 페인트 통이 가득 차 있고, 가득 찬 통에 1이라는 값 (또는 100%)을 지정하자. 그 다음 노란색을 만들기 위해 큰 통에 빨간색과 녹색 페인트를 전부 혼합한다(각각 1씩, 즉 각 색상의 100%다).

자, 다시 코드의 세계로 되돌아가자. 거북이가 노란색 원을 그리려면 다음과 같이 파란색을 제외한 빨간색, 녹색 페인트 둘 다 100 퍼센트를 사용해야 할 것이다.

```
>>> t.color(1,1,0)
>>> t.begin_fill()
>>> t.circle(50)
>>> t.end_fill()
```

첫 번째 행 **1,1,0**은 빨간색과 녹색 100 %와 파란색 0%를 나타낸다. 다음 행에서 이 RGB 색상으로 도형을 그리도록 설정하고(**t.begin_fill**), **t.circle**로 원을 그리도록 지정한다. 마지막 행에서 **t.end_fill**은 RGB 색상으로 원을 채우라고 하는 것이다.

색으로 채워진 원을 그리기 위한 함수

다른 색상으로 실험을 쉽게 할 수 있도록, 색으로 채워진 원을 그리는 데 사용되는 코드로 함수를 만들어보겠다.

```
>>> def mycircle(red, green, blue):
        t.color(red, green, blue)
        t.begin_fill()
        t.circle(50)
        t.end_fill()
```

다음 코드로는 녹색 페인트만 사용해 밝은 녹색 원을 그릴 수 있다.

```
>>> mycircle(0, 1, 0)
```

또는 녹색 페인트를 절반(0.5)만 사용해 어두운 녹색 원을 그릴 수 있다.

```
>>> mycircle(0, 0.5, 0)
```

화면에 RGB 색상을 나타내기 위해 빨간색 100%의 원, 그리고 빨간색 50%의 원을 그린 후(1과 0.5), 다음과 같이 100% 파란색 원과 마지막으로 50% 파란색 원을 그린다.

```
>>> mycircle(1, 0, 0)
>>> mycircle(0.5, 0, 0)
>>> mycircle(0, 0, 1)
>>> mycircle(0, 0, 0.5)
```

NOTE 캔버스가 복잡해지기 시작하면 기존 그림을 삭제하는 t.reset()을 사용하자. 펜을 들어올리는 t.up()을 이용해 선을 그리지 않고 거북이를 이동할 수 있다는 것을 기억하자(다시 펜을 내리려면 t.down()을 사용한다).

빨강과 녹색 그리고 파랑의 다양한 조합으로 금색처럼 여러 가지 다양한 색상들을 만들 수 있다.

```
>>> mycircle(0.9, 0.75, 0)
```

다음은 밝은 핑크색이다.

```
>>> mycircle(1, 0.7, 0.75)
```

그리고 다음은 다른 종류의 주황색을 만드는 두 가지 버전이다.

```
>>> mycircle(1, 0.5, 0)
>>> mycircle(0.9, 0.5, 0.15)
```

여러분이 직접 다른 색들을 만들어보자!

검정색과 흰색 만들기

밤에 전등을 모두 끄면 어떻게 될까? 모두 까맣게 된다. 같은 일이 컴퓨터의 색상에서도 나타난다. 빛이 없으면 색상도 없다. 그래서 모든 기본 색상이 0으로 지정된 원은 검정색으로 보이게 된다.

```
>>> mycircle(0, 0, 0)
```

다음은 위의 코드 결과다.

세 가지 기본 색상을 100%로 사용하는 경우에는 그 반대 색이 만들어진다. 이 경우는 흰색으로 보이게 된다. 여러분이 그린 검정색 원을 (흰색으로) 지우기 위해서는 다음과 같이 입력한다.

```
>>> mycircle(1, 1, 1)
```

정사각형을 그리는 함수

begin_fill에 의해 색 채우기가 시작되고, 해당 도형에 한 번만 색을 채우기 위해 end_fill 함수를 사용한다는 것을 알게 되었다. 이제 우리는 도형과 채우기로 몇 가지 실험을 시도해보겠다. 이 장의 시작 부분에서 다른 사각형을 그리는 함수를 매개변수로 이용해서 사각형의 크기를 조절해보자.

```
>>> def mysquare(size):
        for x in range(1, 5):
            t.forward(size)
            t.left(90)
```

다음과 같이 사이즈 50으로 함수를 호출해 테스트해보자.

```
mysquare(50)
```

이것은 작은 정사각형을 만든다.

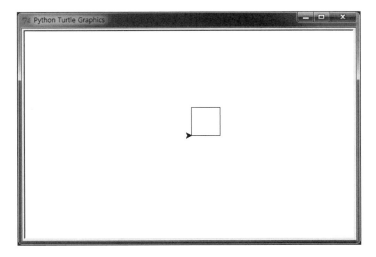

이제 다른 크기로 함수를 실행해보자. 다음의 코드는 25, 50, 75, 100, 125의 크기로 정사각형을 만든다.

```
>>> t.reset()
>>> mysquare(25)
>>> mysquare(50)
>>> mysquare(75)
>>> mysquare(100)
>>> mysquare(125)
```

이 코드는 다음과 같이 정사각형들을 만들 것이다.

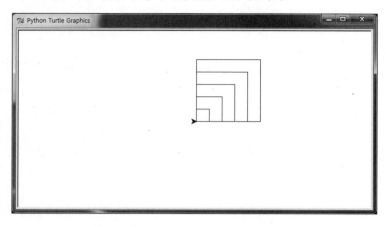

색으로 채워진 정사각형 그리기

채워진 정사각형을 그리려면 먼저 다음 코드로 캔버스를 리셋하고 색칠을 시작한 후 정사각형 함수를 다시 다시 호출해야 한다.

```
>>> t.reset()
>>> t.begin_fill()
>>> mysquare(50)
```

다음의 코드로 채우기를 끝내지 않으면 색이 칠해지지 않은 정사각형을 보게 될 것이다.

```
>>> t.end_fill()
```

이제는 다음과 같이 보일 것이다.

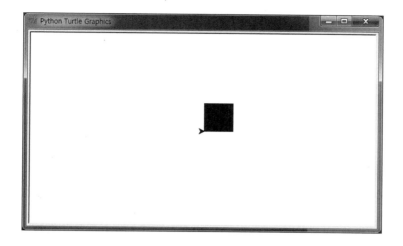

이 함수를 변경해서 색이 채워지거나 비어있는 정사각형을 그릴 수 있다. 이를 위해서는 또 다른 매개변수와 조금 더 복잡한 코드가 필요하다.

```
>>> def mysquare(size, filled):
        if filled == True:
            t.begin_fill()
        for x in range(0, 4):
            t.forward(size)
            t.left(90)
        if filled == True:
            t.end_fill()
```

첫 번째 행에서 두 개의 매개변수 size, filled를 받을 수 있도록 함수의 정의를 변경한다. 다음으로, if filled == True 구문으로 filled의 값이 True로 설정되어있는지 확인한다. 만약에 그렇다면 우리가 그린 도형을 색으로 채우기 위해 begin_fill 함수를 호출한다. 그런 다음, if filled == True 구문으로 filled의 값이 True인지 다시 확인하기 전에 네 번의 루프문(for x in range(0, 4))으로 사각형의 네 면을 그린다.

이제 다음의 코드와 같이 색이 채워진 정사각형을 그릴 수 있다.

```
>>> mysquare(50, True)
```

아니면 다음과 같이 색이 채워지지 않은 정사각형을 그릴 수도 있다.

```
>>> mysquare(150, False)
```

이와 같이 mysquare 함수를 두 번 호출한 다음 그 결과를 본다면 정사각형 모양의 눈처럼 보이는 이미지를 확인할 수 있을 것이다.

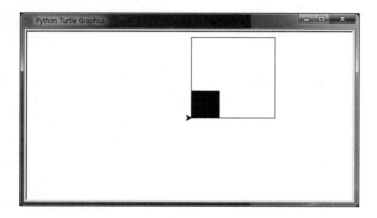

여기서 멈춘다면 아무런 의미가 없다. 여러 가지 색들로 채워진 모든 종류의 모양을 만들어보자.

색으로 채워진 별 그리기

마지막 예제를 위해서 앞에서 그렸던 별에 색을 추가해볼 것이다. 원본 코드는 다음과 같을 것이다.

```
for x in range(1, 19):
    t.forward(100)
    if x % 2 == 0:
        t.left(175)
    else:
        t.left(225)
```

이제 mystar 함수를 만들 것이다. mystar 함수에서 if 문을 사용할 것이며, 매개변수 size를 추가할 것이다.

```
>>> def mystar(size, filled):
        if filled == True:
            t.begin_fill()
        for x in range(1, 19):
            t.forward(size)
            if x % 2 == 0:
                t.left(175)
            else:
                t.left(225)
        if filled == True:
            t.end_fill()
```

이 함수의 처음 두 줄에서는 filled가 True인지 확인하고, True이면 색 채우기를 시작한다. 마지막 두 행에서 다시 확인하고, filled가 True이면 색 채우기를 중지한다. mysquare 함수처럼 매개변수 size로 별의 크기를 전달하고, t.forward 함수를 호출할 때 이 값을 사용한다.

이제 색상을 금색(빨간색 90%, 녹색 75%, 파란색 0%)으로 설정하고 다시 함수를 호출하자.

```
>>> t.color(0.9, 0.75, 0)
>>> mystar(120, True)
```

우리의 거북이는 다음과 같이 그릴 것이다.

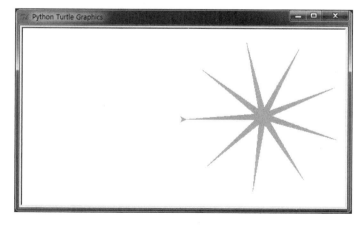

별에 외곽선을 추가하기 위해 색상을 검정색으로 바꾸고 채우기 없는 별을 다시 그린다.

```
>>> t.color(0.9, 0.75, 0)
>>> mystar(120, False)
```

그러면 다음과 같이 외곽선이 있는 금색 별이 된다.

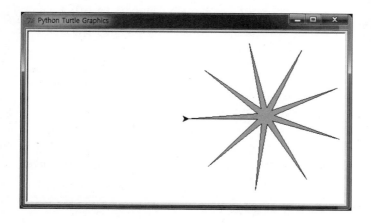

복습

이번 장에서는 for 루프문과 if 문으로 화면에서 거북이
(turtle)를 제어해 몇 가지 기본적인 기하학적 모양을 그
리는 모듈을 어떻게 활용하는지 배웠다. 펜 색상을 바꾸고
그려진 도형에 색을 채워보았으며, 함수를 한 번 호출해 다
양한 색상으로 쉽게 도형을 그릴 수 있도록 그리기 코드를
재사용해보았다.

프로그래밍 퍼즐

다음의 문제들을 풀어보자. 정답은 이 책의 마지막 장에 있다.

#1: 팔각형 그리기

이번 장에서 우리는 별, 정사각형, 직사각형을 그렸다. 팔각형과 같이 8개의 면이 있는 도형을 그리는 함수는 어떻게 만들어야 할까? (힌트: 거북이를 45도로 회전시켜보자.)

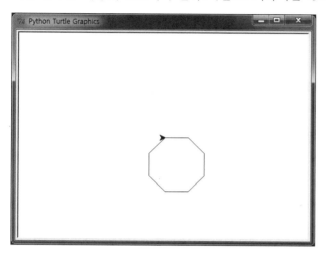

#2: 색으로 채워진 팔각형 그리기

팔각형을 그리는 함수를 만들었다면, 그것을 수정하여 색으로 채워진 팔각형을 그리도록 수정해보자. 그리고 별을 그릴 때 했던 것처럼 외곽선도 그려보자.

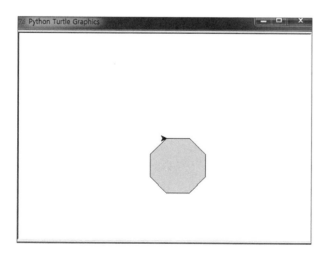

#3: 별을 그리는 또 다른 함수

크기와 꼭지점 개수의 매개변수 두 개를 받는 별을 그리는 함수를 만들어보자. 이 함수는 다음과 같이 시작하게 될 것이다.

```
def draw_star(size, points):
```

12
더 나은 그래픽을 위해
TKINTER 사용하기

거북이(turtle)를 이용해 그릴 때의 문제는...음...이 거북이는......정말로..매우... 느리다
는......것이다. 거북이가 최고의 속도로 움직인다고 해도 그렇게 빨라지지 않을 것이다. 하지만
이것은 거북이의 문제가 아니다. 이것은 컴퓨터 그래픽의 문제다.

컴퓨터 그래픽, 특히 게임에서 컴퓨터 그래픽은 정말
로 빠른 움직임을 필요로 한다. 여러분이 콘솔 게임
을 하고 있거나 컴퓨터에서 게임을 하고 있다면 화면
에 보이는 그래픽이 어떤지 잠깐 생각해보자. 2차원
(2D) 그래픽은 평면이다. 일반적으로 캐릭터들은 상
하좌우로만 움직인다. Nintendo DS와 PlayStation
Portable(PSP), 그리고 휴대폰의 많은 게임이 그러하

다. 의사 3차원(pseudo 3D, 원근법을 이용해 3차원 데이터를 표시하는 것. 3차원을 2차원으로 변환하기 위한 행렬 곱셈을 사용하지 않기 때문에 시간이 적게 든다는 것이 이점이다(출처: 컴퓨터인터넷IT용어사전)) 게임에서의 이미지들은 거의 사실처럼 보이지만 사실은 캐릭터들이 평면에서 움직인다(이것을 등축 투영법(isometric graphics)이라고 한다). 마지막으로, 3차원 게임은 현실성을 주기 위한 그림들이 화면에 그려진다. 2차원, 의사 3차원, 3차원 그래픽을 사용하는 게임들 모두는 한 가지 공통점이 있다. 그것은 매우 빠르게 화면을 그려야 한다는 것이다.

만약에 여러분 자신만의 애니메이션을 만들어본 적이 없다면 다음의 간단한 프로젝트를 시도해 보자.

1. 깨끗한 공책를 준비하고 첫 번째 페이지의 하단 구석에 어떤 그림을 그린다(스틱맨(졸라맨처럼 동그란 머리와 선으로 구성된 사람 모양)이 어떨까?).

2. 다음 페이지의 하단 구석에 동일한 스틱맨을 그리는데, 다리를 약간 움직이도록 한다.

3. 그 다음 페이지에 다시 스틱맨을 그리고 다리를 약간 더 움직이게 한다.

4. 계속해서 각 페이지마다 스틱맨의 모습들을 그린다.

다 그렸다면 페이지를 빠르게 넘기면서 스틱맨이 움직이는 것을 확인한다. 이것이 바로 TV에서 나오는 만화 또는 콘솔이나 컴퓨터 게임에서 하는 애니메이션의 기본적인 방법이다. 이미지를 그리고, 약간 다른 그 다음 이미지를 그려서 움직이는 것처럼 보이도록 하는 것이다. 이처럼 움직이게 보이는 이미지를 만들기 위해서는 각 프레임(frame), 즉 애니메이션의 부분들을 매우 빠르게 표시해야 한다.

파이썬은 그래픽을 생성하기 위해 다양한 방법을 제공한다. turtle 모듈뿐만 아니라, 표준 파이썬 설치에 이미 포함된 tkinter 모듈과 같은 외부 모듈을 사용할 수도 있다. tkinter는 단순한 그림을 그릴 수 있는 간단한 워드프로세서와 같이 완벽한 애플리케이션을 만들기 위해 사용될 수 있다. 이번 장에서는 그래픽을 만들기 위해 tkinter를 어떻게 사용하는지 살펴볼 것이다.

클릭할 수 있는 버튼 만들기

첫 번째 예제로 tkinter를 이용해 버튼이 있는 기본적인 애플리케이션을 만들 것이다. 다음의 코드를 입력해보자.

```
>>> from tkinter import *
>>> tk = Tk()
>>> btn = Button(tk, text="click me")
>>> btn.pack()
```

첫 번째 줄에서는 tkinter 모듈에 있는 것들을 임포트한다. from 모듈명 import *를 이용하면 그 모듈명을 사용하지 않아도 모듈에 있는 것을 사용할 수 있다. 반대로, 앞의 예제들에서 import turtle을 사용하면 그 안에 있는 것들을 사용하기 위해서 모듈명을 포함시켜야 한다.

```
import turtle
t = turtle.Pen()
```

import *를 사용하면 4장과 11장에서 했던 것처럼 turtle.Pen이라고 호출하지 않아도 된다. 앞의 코드처럼 turtle 모듈을 붙여서 사용하는 것은 별로 좋은 방법이 아니다. 그러나 여러 가지 클래스들과 함수들을 가진 모듈을 사용할 경우에는 타이핑을 줄여줄 수 있기 때문에 유용하다.

```
from turtle import *
t = Pen()
```

그 다음 줄에서는 거북이의 Pen 객체를 생성하는 것처럼 tk = Tk()라는 코드로 Tk 클래스의 객체를 담는 변수를 생성한다. tk 객체는 버튼이나 입력 상자 또는 그림을 그릴 수 있는 캔버스와 같은 다른 것들을 추가할 수 있는 기본적인 창을 생성한다. 이것은 tkinter 모듈이 제공하는 메인 클래스다. Tk 클래스의 객체를 생성하지 않으면 어떠한 그래픽이나 애니메이션을 만들 수 없을 것이다.

세 번째 줄에서는 btn = Button이라는 코드와 첫 번째 매개변수로 tk 그리고 버튼에 표시될 텍스트로 "click me"를 전달해 버튼을 생성한다(tk, text="click me"). 이 버튼을 창에 추가하더

라도 `btn.pack()`을 입력하지 않는다면 화면에 표시되지 않을 것이다. 이것은 이 버튼을 화면에 표시하라고 지시하는 것이다. 만약에 화면에 표시할 다른 버튼들이나 객체들이 있다면, 그 모든 것이 화면에 일렬로 표시될 것이다.

click me 버튼이 많은 일을 처리하지 않는다. 여러분이 하루 종일 클릭한다고 해도 약간의 코드를 수정할 때까지는 아무런 일도 일어나지 않을 것이다(화면에 열려 있는 창을 확실하게 닫도록 하자!).

먼저 약간의 텍스트를 출력하는 함수를 만든다.

```
>>> def hello():
        print('hello there')
```

그런 다음 이 함수를 사용하도록 예제를 수정한다.

```
>>> from tkinter import *
>>> tk = Tk()
>>> btn = Button(tk, text="click me", command=hello)
>>> btn.pack()
```

앞의 코드를 약간 수정했을 뿐이다. 매개변수 command를 추가했고, 이것이 버튼이 클릭될 때 hello 함수를 사용하라고 파이썬에 알려주는 것이다.

이제 다시 이 코드를 실행하여 버튼을 클릭해보면 쉘에 "hello there"라고 쓰인 것을 보게 될 것이다. 이 문장은 버튼을 클릭할 때마다 나타날 것이다. 다음 그림은 다섯 번을 클릭한 결과다.

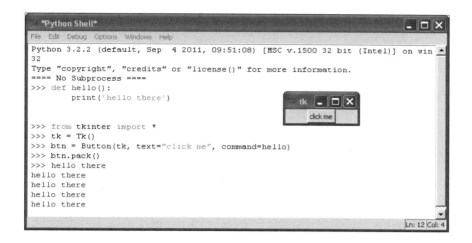

지금까지의 예제들 중에서 지정된 매개변수를 처음으로 사용한 것이기 때문에 잠깐 살펴도록 하자.

지정된 매개변수 사용하기

지정된 매개변수(named parameter)는 일반적인 매개변수와 비슷하다. 단지 함수에 제공되는 값들의 특정 순서가 아니라 매개변수에 포함된 값들을 구별한다는 것이 다르다. 보통 첫 번째 값은 첫 번째 매개변수이고, 두 번째 값은 두 번째 매개변수이고, 세 번째 값은 세 번째 매개변수 식으로 되지만 우리가 값에 대해 명시적으로 이름을 지정하기 때문에 어떠한 순서로 있던지 상관없다.

어떤 함수들은 매우 많은 매개변수들을 가지며, 모든 매개변수의 값을 항상 줄 필요가 없는 것도 있다. 지정된 매개변수는 우리가 제공해야만 하는 값들만 매개변수로 전달할 수 있게 한다.

예를 들어, Person이라는 이름의 함수를 가지고 있는데 두 개의 매개변수(width와 height)를 가지고 있다고 해보자.

```
>>> def person(width, height):
        print('I am %s feet wide, %s feet high' % (width, height))
```

일반적으로 다음과 같이 이 함수를 호출할 것이다.

```
>>> person(4, 3)
I am 4 feet wide, 3 feet high
```

하지만 지정된 매개변수를 사용하면 각 값에 대해 매개변수 명을 지정해 호출할 수 있다.

```
>>> person(height=3, width=4)
I am 4 feet wide, 3 feet high
```

지정된 매개변수는 tkinter 모듈에서 특히 유용할 것이다.

그림을 그리기 위한 캔버스 생성하기

버튼은 정말로 좋은 도구지만 화면에 그리는 것은 만만치 않다. 어떤 것을 그려야 할 경우 tkinter 모듈이 제공하는 Canvas 클래스의 객체인 canvas 객체처럼 다른 컴포넌트가 필요하다.

캔버스를 생성하려면 파이썬에 캔버스의 폭과 높이의 픽셀들을 전달한다. 이 코드는 버튼의 코드와 비슷하다. 다음은 그 코드에 대한 예다.

```
>>> from tkinter import *
>>> tk = Tk()
>>> canvas = Canvas(tk, width=500, height=500)
>>> canvas.pack()
```

버튼 예제에서처럼 tk = Tk()는 창을 나타나게 할 것이다. 마지막 줄에서 canvas.pack()을 입력한다. 이것은 세 번째 줄의 코드에서 지정한 것처럼 500 픽셀의 폭과 500 픽셀의 높이로 캔버스의 크기를 변경한다.

버튼 예제에서처럼, pack 함수는 캔버스가 창 내에 올바른 위치로 표시되도록 알려준다. 만일 이 함수를 호출하지 않는다면 어떤 것도 올바르게 보이지 않을 것이다.

선 그리기

캔버스에 선을 그리기 위해서는 픽셀 좌표를 이용한다. **좌표**(coordinate)는 표면에 픽셀 위치를 결정한다. tkinter 캔버스에서 좌표는 캔버스의 폭(좌에서 우)과 높이(위에서 아래)가 어떻게 되는지 기술한다.

예를 들어, 우리의 캔버스는 500 픽셀의 폭과 500 픽셀의 높이를 가지고 있기 때문에 화면의 우측하단의 좌표는 (500, 500)이다. 다음의 그림에서 보이는 것처럼 선을 그리기 위해서 시작 좌표를 (0, 0)으로 그리고 끝 좌표를 (500, 500)으로 한다.

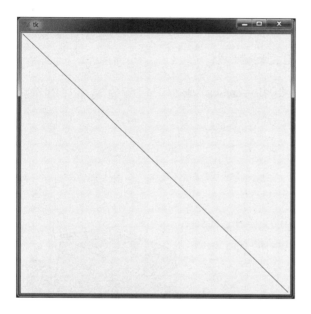

그리고 다음의 코드와 같이 **create_line** 함수를 이용해 좌표를 지정한다.

```
>>> from tkinter import *
>>> tk = Tk()
>>> canvas = Canvas(tk, width=500, height=500)
>>> canvas.pack()
>>> canvas.create_line(0, 0, 500, 500)
1
```

create_line 함수는 1을 반환하며, 이것은 식별자다. 이것에 대해서는 나중에 자세히 배울 것이다. 만약에 turtle 모듈에서 이와 같은 작업을 한다면 다음과 같은 코드가 필요할 것이다.

```
>>> import turtle
>>> turtle.setup(width=500, height=500)
>>> t = turtle.Pen()
>>> t.up()
>>> t.goto(-250, 250)
>>> t.down()
>>> t.goto(500, -500)
```

tkinter 코드가 개선되었다. 약간 짧아졌고 약간 간단해졌다.

이제 좀 더 재미있는 그림을 그리기 위해 사용할 수 있는 canvas 객체의 함수들을 몇 가지 더 살펴보자.

상자 그리기

turtle 모듈로 상자를 그릴 때는 앞으로 이동했다가 돌려서 다시 이동하고 하는 식이었다. 결국, 앞으로 얼마나 이동하는가를 바꾸면서 사각형이나 정사각형을 그릴 수 있었다.

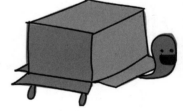

tkinter 모듈은 정사각형이나 사각형을 훨씬 쉽게 그릴 수 있게 한다. 알고 있어야 할 것은 각 꼭지점들의 좌표다. 다음의 예제를 살펴보자(화면에 있는 다른 창들을 모두 닫도록 하자).

```
>>> from tkinter import *
>>> tk = Tk()
>>> canvas = Canvas(tk, width=400, height=400)
>>> canvas.pack()
>>> canvas.create_rectangle(10, 10, 50, 50)
```

이 코드에서는 400 픽셀의 폭과 400 픽셀의 높이를 가진 캔버스를 생성하기 위해 **tkinter**를 사용한다. 이 코드를 실행하면 다음과 같이 창의 왼쪽상단에 정사각형을 그린다.

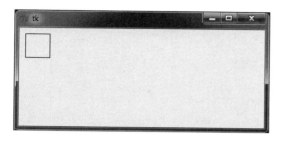

코드의 마지막 줄에 있는 **create_rectangle**에 전달하는 매개변수들은 정사각형의 왼쪽상단과 오른쪽하단 좌표다. 우리는 캔버스의 왼쪽에서부터 오른쪽까지의 거리와 상단에서부터 하단까지의 거리로 이들 좌표를 제공한다. 이 경우, 첫 번째 두 개의 좌표(상단왼쪽)는 왼쪽에서 10 픽셀이며 위에서 10 픽셀이다(이들이 첫 번째 숫자인 **10, 10**이다). 정사각형의 하단오른쪽은 왼쪽에서 50 픽셀이며 위에서 50 픽셀이다(이들이 두 번째 숫자인 **50, 50**이다).

우리는 이 두 세트의 좌표들을 x1, y1 그리고 x2, y2라고 할 것이다. 직사각형을 그리려면, 다음과 같이 캔버스의 두 번째 값을 증가하면 된다(매개변수 x2의 값을 증가).

```
>>> from tkinter import *
>>> tk = Tk()
>>> canvas = Canvas(tk, width=400, height=400)
>>> canvas.pack()
>>> canvas.create_rectangle(10, 10, 300, 50)
```

이 예제에서 직사각형의 상단왼쪽 좌표는 **10, 10**이며 하단오른쪽 좌표는 **300, 50**이다. 그 결과는 직사각형이 되며, 원래 있던 정사각형과 같은 높이(50 픽셀)이지만 폭이 더 커졌다.

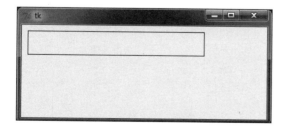

다음과 같이 두 번째 꼭지점의 높이값을 증가하여 직사각형을 그릴 수도 있다(매개변수 y2의 값을 증가).

```
>>> from tkinter import *
>>> tk = Tk()
>>> canvas = Canvas(tk, width=400, height=400)
>>> canvas.pack()
>>> canvas.create_rectangle(10, 10, 50, 300)
```

create_rectangle 함수 호출은 다음과 같은 순서로 된다는 의미다.

- 상단왼쪽에서 캔버스의 가로로 10 픽셀 이동하라.

- 캔버스 아래로 10 픽셀 이동하라. 이것은 직사각형의 시작점이다.

- 가로가 50 픽셀인 직사각형을 그려라.

- 300 픽셀 아래로 그려라.

이 결과는 다음과 같이 될 것이다.

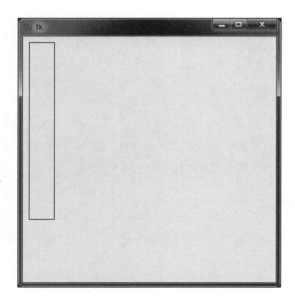

여러 직사각형 그리기

다양한 크기의 직사각형을 가진 캔버스를 어떻게 색칠해야 할까? 이 작업을 하기 위해서 random 모듈을 임포트하고 직사각형의 상단왼쪽과 하단오른쪽의 좌표로 랜덤 수를 이용하는 함수를 만들 것이다.

random 모듈에서 제공하는 randrange라는 함수를 이용할 것이다. 이 함수에 숫자를 주면, 이 함수는 0에서 주어진 숫자 사이에 있는 정수를 랜덤하게 반환한다. 예를 들어 randrange(10)이라고 호출하면 0에서 9 사이에 있는 숫자를 반환할 것이며, randrange(100)이라고 호출하면 0에서 99 사이에 있는 숫자를 반환할 것이다.

다음은 이 함수에서 randrange를 어떻게 사용하는지를 보여준다. File > New Window를 선택해 새로운 창을 만들고 다음의 코드를 입력하자.

```python
from tkinter import *
import random
tk = Tk()
canvas = Canvas(tk, width=400, height=400)
canvas.pack()

def random_rectangle(width, height):
    x1 = random.randrange(width)
    y1 = random.randrange(height)
    x2 = x1 + random.randrange(width)
    y2 = y1 + random.randrange(height)
    canvas.create_rectangle(x1, y1, x2, y2)
```

먼저 두 개의 매개변수(width와 height)를 받는 함수(random_rectangle)를 정의한다. 그 다음, randrange 함수에 매개변수인 폭과 높이를 전달해(x1 = random.randrange(width) 그리고 y1 = random.randrange(height)) 직사각형의 상단왼쪽의 변수를 만든다. 이 함수의 두 번째 부분은 사실 "x1이라는 변수를 생성하고 0에서 매개변수 width에 있는 값 사이의 랜덤 수를 설정해."라는 의미다.

그 다음의 두 줄은 직사각형의 하단오른쪽에 대한 변수를 생성하고, 상단왼쪽 좌표(x1과 y1)를 고려하여 랜덤 수를 그 값에 더한다. 세 번째 줄은 "이미 계산된 x1의 값에 랜덤 수를 더한 값을 설정한 변수 x2를 만들어."라는 의미다.

마지막으로, 캔버스에 직사각형을 그리기 위해 `canvas.create_rectangle`에 `x1`, `y1`, `x2`, `y2`를 사용한다.

`random_rectangle`을 테스트하기 위해 캔버스의 폭과 높이를 전달할 것이다. 다음의 코드를 입력한 함수 밑에 추가하자.

```
random_rectangle(400, 400)
```

입력한 코드를 저장(File > Save를 선택하고 randomrect.py라는 이름으로 저장)하고 Run > Run Module을 선택하자. 이 함수가 정상적으로 동작하는 것을 확인했다면 `random_rectangle`을 여러 번 호출하는 루프를 만들어서 화면을 직사각형으로 채워보자. 100개의 랜덤한 직사각형을 위해 `for` 루프를 만들어보자. 다음의 코드를 추가하고 저장한 다음, 다시 실행해보자.

```
for x in range(0, 100):
    random_rectangle(400, 400)
```

이 코드는 엄청나게 복잡한 화면을 만들지만, 왠지 현대 미술처럼 보인다.

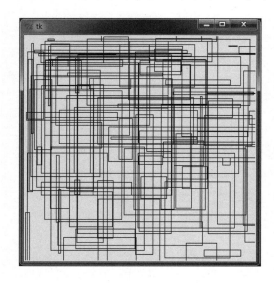

색상 설정하기

당연히 그래픽에 색도 추가하고 싶을 것이다. 직사각형의 색상을 전달하기 위해 또 다른 매개변수(fill_color)를 받도록 random_rectangle 함수를 수정해보자. 이 코드를 새로운 창에 입력하고 colorrect.py라는 이름의 파일로 저장한다.

```
from tkinter import *
import random
tk = Tk()
canvas = Canvas(tk, width=400, height=400)
canvas.pack()

def random_rectangle(width, height, fill_color):
    x1 = random.randrange(width)
    y1 = random.randrange(height)
    x2 = random.randrange(x1 + random.randrange(width))
    y2 = random.randrange(y1 + random.randrange(height))
    canvas.create_rectangle(x1, y1, x2, y2, fill=fill_color)
```

이제 create_rectangle 함수는 매개변수 fill_color를 받는다. 이것은 직사각형을 그릴 때 사용될 색상이다.

다양한 색상의 직사각형들을 생성하기 위해서 함수에 지정된 색상을 전달한다. 이 예제를 테스트한다면 각각의 함수 호출을 모두 타이핑하지 말고, 하나를 복사하고 붙여 넣는 것이 좋을 것이다. 그렇게 하려면 복사할 텍스트를 선택하고 CTRL-C를 눌러 복사한 다음, 비어있는 줄을 클릭하고 CTRL-V를 눌러 붙인다. 이 코드를 colorrect.py에서 함수 바로 밑에 추가한다.

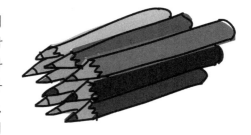

```
random_rectangle(400, 400, 'green')
random_rectangle(400, 400, 'red')
random_rectangle(400, 400, 'blue')
random_rectangle(400, 400, 'orange')
random_rectangle(400, 400, 'yellow')
```

```
    random_rectangle(400, 400, 'pink')
    random_rectangle(400, 400, 'purple')
    random_rectangle(400, 400, 'violet')
    random_rectangle(400, 400, 'magenta')
    random_rectangle(400, 400, 'cyan')
```

여기에 지정된 색상들은 여러분이 예상한 색상을 표시하겠지만, 다른 색들은 윈도우, 맥 OS X, 리눅스인지에 따라 에러 메시지를 낼 수도 있다.

그렇다면 지정된 색상이 아닌 사용자 정의 색상은 어떻게 할까? 11장에서 거북이의 펜 색상을 빨 간색과 녹색 그리고 파란색의 퍼센트를 이용해 지정했던 것을 기억해보자. tkinter를 가지고 색 조합을 사용해 각 색상(빨간색과 녹색, 파란색)의 양을 설정하는 것은 약간 더 복잡해지겠지만, 우리가 원하는 것처럼 동작할 것이다.

turtle 모듈을 가지고 작업했을 때는 90 퍼센트의 빨간색과 75 퍼센트의 녹색을 사용하고 파란 색은 사용하지 않고 금색을 만들었다. tkinter에서는 다음과 같이 금색을 만들 수 있다.

```
    random_rectangle(400, 400, '#ffd800')
```

ffd800 값 앞에 있는 해시 마크(#)는 파이썬에 16 진수(hexadecimal)를 사용하고 있다고 알려 주는 것이다. 16 진수는 컴퓨터 프로그래밍에서 일반적으로 사용되는 숫자 표현 방법이다. 이것 은 10 진수처럼 10을 기준(0에서 9)으로 하지 않고 16을 기준(0에서 9까지 그 다음에는 A부터 F 까지)으로 한다. 만약에 여러분이 아직 기초 수학을 배우지 않았다면 문자열에 **형식 플레이스홀더** (format placeholder) %x를 사용해 10 진수를 16 진수로 변환할 수 있다(3장의 "문자열에 값을 포함하기" 절 참조). 예를 들어, 10 진수 15를 16 진수로 변환하려면 다음과 같이 할 수 있다.

```
>>> print('%x' % 15)
f
```

16 진수 숫자를 두 자리로 제한하려면 다음과 같이 수정할 수 있다.

```
>>> print('%02x' % 15)
0f
```

tkinter 모듈은 16 진수의 색상 값을 얻는 쉬운 방법을 제공한다. 다음의 코드를 colorrect.py에 추가해 보자(random_rectangle 함수에 있던 다른 호출들은 삭제한다).

```
from tkinter import *
colorchooser.askcolor()
```

이 코드는 다음과 같은 색상 선택기를 표시한다.

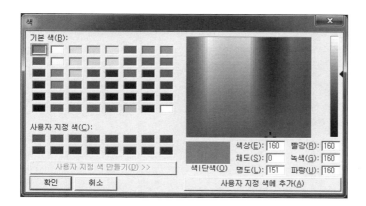

색상을 선택하고 **확인**(OK)을 클릭하면 튜플이 표시될 것이다. 이 튜플은 세 개의 숫자와 문자열을 가진 다른 튜플을 가지고 있다.

```
>>> colorchooser.askcolor()
((235.91796875, 86.3359375, 153.59765625), '#eb5699')
```

세 개의 숫자들은 빨간색과 녹색, 파란색의 값을 나타낸다. tkinter에서는 사용될 색상들의 값이 0부터 255 사이의 숫자로 표현된다(turtle 모듈에서는 각각의 값을 퍼센트로 사용한다). 튜플에 있는 문자열은 세 개의 숫자에 대한 16 진수다.

문자열 값을 복사하고 붙여 넣어 사용하거나, 이 튜플을 변수에 저장해 16진수의 인덱스 위치를 사용하는 방법이 있다.

이것이 어떻게 동작하는지 보기 위해 random_rectangle 함수를 사용해보자.

```
>>> c = colorchooser.askcolor()
>>> random_rectangle(400, 400, c[1])
```

그 결과는 다음과 같다.

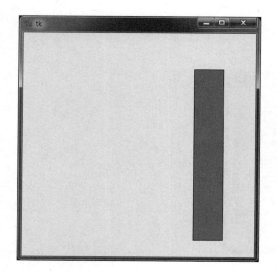

호 그리기

호(arc)는 원 또는 다른 곡선의 둘레 중에 일부이지만, tkinter로 그리려면 다음과 같이 create_arc 함수를 이용해 직사각형 안에 그려야 한다.

```
canvas.create_arc(10, 10, 200, 100, extent=180, style=ARC)
```

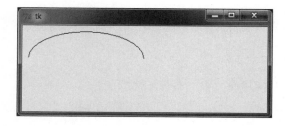

모든 tkinter 창을 닫았거나 IDLE를 다시 시작했다면 tkinter를 다시 임포트하고 다음의 코드로 캔버스를 다시 만든다.

```
>>> from tkinter import *
>>> tk = Tk()
>>> canvas = Canvas(tk, width=400, height=400)
>>> canvas.pack()
>>> canvas.create_arc(10, 10, 200, 100, extent=180, style=ARC)
```

이 코드는 상단왼쪽을 폭이 10 픽셀이고 높이가 10 픽셀인 (10, 10) 좌표와 가로로 200 픽셀 그리고 아래로 100 픽셀인 (200, 100) 좌표에 하단오른쪽을 갖는 직사각형이 호를 갖도록 한다. 다음 매개변수인 extent는 호의 각도를 지정하는 데 사용된다. 각도가 원 둘레의 길이를 측정하는 방법이었던 4장을 떠올려보자. 하나는 45도이며 다른 하나는 270도인 다음 예제를 살펴보자.

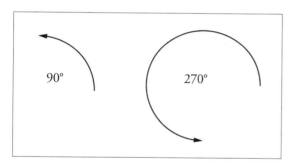

다음의 코드는 다양한 호를 그린다. create_arc 함수에 여러 각도를 사용할 때 어떻게 다른지를 비교해볼 수 있을 것이다.

```
>>> from tkinter import *
>>> tk = Tk()
>>> canvas = Canvas(tk, width=400, height=400)
>>> canvas.pack()
>>> canvas.create_arc(10, 10, 200, 80, extent=45, style=ARC)
>>> canvas.create_arc(10, 80, 200, 160, extent=90, style=ARC)
>>> canvas.create_arc(10, 160, 200, 240, extent=135, style=ARC)
>>> canvas.create_arc(10, 240, 200, 320, extent=180, style=ARC)
>>> canvas.create_arc(10, 320, 200, 400, extent=359, style=ARC)
```

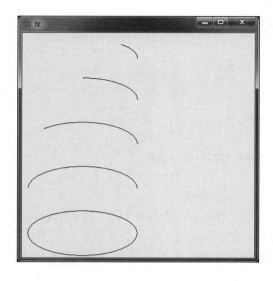

NOTE 마지막 원에는 360도가 아니라 359도를 사용했다. 왜냐하면 tkinter는 360도를 0도와 같은 것으로 생각하기 때문에 360도를 사용하면 아무것도 그리지 않을 것이다.

다각형 그리기

다각형은 세 면 이상을 가진 도형이다. 일반적으로 삼각형, 정사각형, 직사각형, 오각형, 육각형 등뿐만 아니라 이상한 모양의 도형들도 다각형이라 한다.

tkinter로 다각형을 그릴 때는 다각형의 각 꼭지점의 좌표를 제공해야 한다. 다음은 삼각형을 그리는 방법이다.

```
from tkinter import *
tk = Tk()
canvas = Canvas(tk, width=400, height=400)
canvas.pack()
canvas.create_polygon(10, 10, 100, 10, 100, 110, fill="",
outline="black")
```

이 예제는 x와 y 좌표로 (10, 10)에서 시작하여 (100, 10)으로 이동하고 (100, 110)에서 끝나는 삼각형을 그린다. 이 코드의 결과는 다음과 같다.

다음의 코드와 같이 불규칙한 다각형도 그릴 수 있다.

```
canvas.create_polygon(200, 10, 240, 30, 120, 100, 140, 120, fill="",
outline="black")
```

이 코드는 (200, 10) 좌표에서 시작하여 (240, 30)으로 이동하고 (120, 100)으로 가서 (100, 140)에서 끝난다. tkinter는 자동으로 첫 번째 좌표로 선을 연결해준다. 이 코드를 실행한 결과는 다음과 같다.

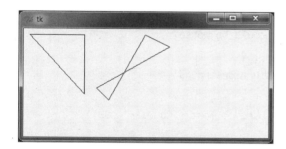

텍스트 그리기

도형을 그리는 것뿐만 아니라, create_text를 이용하면 캔버스에 글씨를 쓸 수도 있다. 이 함수는 두 개의 좌표(텍스트의 x와 y 위치)와 표시할 텍스트에 대해 지정된 매개변수만 받는다. 다음 코드는 이전에 했던 것처럼 캔버스를 만들고 (150, 100) 좌표에 문장을 표시한다. 이 코드를 text.py라는 이름으로 저장하자.

```
from tkinter import *
tk = Tk()
canvas = Canvas(tk, width=400, height=400)
canvas.pack()
canvas.create_text(150, 100, text='There once was a man from Toulouse,')
```

create_text 함수는 텍스트 색깔과 같은 다른 매개변수들도 받는다. 다음 코드는 (130, 120) 좌표와 우리가 원하는 텍스트, 그리고 빨간색으로 create_text 함수를 호출한다.

```
canvas.create_text(130, 120, text='Who rode around on a moose.', fill='red')
```

서체 이름과 텍스트 크기를 튜플로 지정할 수도 있다. 예를 들어, 크기가 20인 Times 서체의 튜플은 ('Times', 20)이다. 다음의 코드는 크기 15의 Times 서체와 크기가 20인 Helvetica 서체, 그리고 크기가 22, 30인 Courier 서체를 사용한다.

```
canvas.create_text(150, 150, text='He said, "It\'s
my curse,',
font=('Times', 15))
canvas.create_text(200, 200, text='But it could be worse,',
font=('Helvetica', 20))
canvas.create_text(220, 250, text='My cousin rides round',
font=('Courier', 22))
canvas.create_text(220, 300, text='on a goose."', font=('Courier', 30))
```

다섯 개의 서로 다른 크기와 세 개의 서체를 사용한 이 코드의 결과는 다음과 같다.

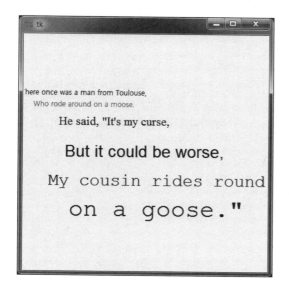

이미지 표시하기

tkinter를 이용하여 캔버스에 이미지를 표시하기 위해서는 먼저 이미지를 로딩한 다음에 canvas 객체의 create_image 함수를 이용한다.

여러분이 로드하고자 하는 이미지는 파이썬이 접근할 수 있는 디렉토리에 있어야 한다. 이번 예제를 위해서 C: 드라이브의 루트 디렉토리인 C:\ 디렉토리에 test.gif라는 이미지를 둔다(다른 곳에 두어도 괜찮다).

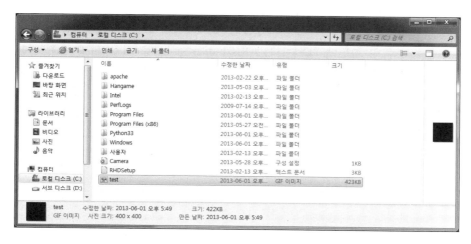

만약에 여러분이 맥 또는 리눅스를 사용하고 있다면 홈 디렉토리에 이미지를 둔다. 만일 C: 드라이브에 파일을 둘 수 없다면, 바탕화면에 이미지를 두어도 좋다.

NOTE   tkinter를 이용하면 .gif라는 확장자를 갖는 이미지 파일인 GIF 이미지들만 로딩할 수 있다. PNG(.png)나 JPG(.jpg)와 같이 다른 이미지 타입들을 표시하고 싶다면 Python Imaging Library(http://www.pythonware.com/products/pil/)와 같은 다른 모듈을 사용해야 할 것이다.

다음과 같이 test.gif 이미지를 표시할 수 있다.

```
from tkinter import *
tk = Tk()
canvas = Canvas(tk, width=400, height=400)
canvas.pack()
my_image = PhotoImage(file='c:\\test.gif')
canvas.create_image(0, 0, anchor=NW, image=myimage)
```

처음의 네 줄은 이전 예제와 같이 캔버스를 만드는 것이다. 다섯 번째 줄에서는 **my_image** 변수에 이미지를 로드한다. 우리는 **'c:\\test.gif'** 디렉토리로 **PhotoImage**를 생성한다. 만약에 여러분이 이미지를 바탕화면에 저장했다면 다음과 같은 디렉토리로 **PhotoImage**를 생성해야 할 것이다.

```
my_image = PhotoImage(file='c:\\Users\\Joe Smith\\Desktop\\test.gif')
```

이 이미지가 변수에 로드되면 canvas.create_image(0, 0, anchor=NW, image=myimage)는 create_image 함수를 이용하여 화면에 표시한다. (0, 0) 좌표는 이미지가 표시될 위치이며, anchor=NW는 이미지를 그릴 때의 시작점으로 이미지의 상단왼쪽(NW, 북서쪽)을 이용하라고 함수에 알려주는 것이다(이렇게 하지 않으면 시작점은 디폴트로 이미지의 중심이 될 것이다). 마지막 지정된 매개변수인 image는 로드된 이미지의 변수를 가리킨다. 이 코드의 결과는 다음과 같다.

기본적인 애니메이션 만들기

우리는 움직이지 않는 정적인 그림을 어떻게 만드는지 배웠다. 움직이는 애니메이션을 만들려면 어떻게 해야 할까?

tkinter 모듈이 애니메이션을 전문으로 하지는 않지만 기본적인 것들을 처리할 수 있다. 예를 들어, 다음 코드를 이용하면 색이 채워진 삼각형을 만들고 화면 주위를 돌아다니게 할 수 있다(File 〉New Window를 선택하고 작업한 것을 저장한 다음에 Run 〉Run Module로 실행해보자).

```python
import time
from tkinter import *
tk = Tk()
canvas = Canvas(tk, width=400, height=200)
canvas.pack()
canvas.create_polygon(10, 10, 10, 60, 50, 35)
for x in range(0, 60):
    canvas.move(1, 5, 0)
    tk.update()
    time.sleep(0.05)
```

이 코드를 실행하면 삼각형이 화면 위에서 움직이기 시작할 것이다.

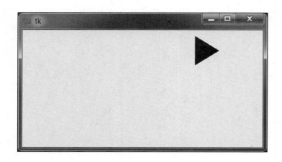

어떻게 동작하는 것일까? 앞의 코드와 같이 우리는 tkinter를 임포트한 다음의 세 줄로 캔버스를 표시할 준비를 했다. 네 번째 줄에서는 삼각형을 만든다.

```
canvas.create_polygon(10, 10, 10, 60, 50, 35)
```

NOTE 앞의 코드를 입력하면 화면에 숫자가 표시될 것이다. 이것은 다각형의 식별자다. 다음의 예제에서 설명하겠지만, 우리는 이것을 이용하여 나중에 이 도형을 참조할 수 있다.

다음으로는 for x in range(0, 60):으로 0에서 59까지 도는 for 루프를 만든다. 루프 안에 있는 코드 블록은 삼각형이 화면 위를 움직이게 한다. canvas.move(1, 5, 0)으로 ID가 1(삼각형의 식별자)인 객체를 가로로 5 픽셀만큼, 세로로 0 픽셀만큼 움직인다. 다시 돌아가려면 canvas.move(1, -5, 0)이라고 함수를 호출하면 된다.

tk.update() 함수는 tkinter가 화면을 업데이트(다시 그리기)하도록 한다. 만약에 update를 사용하지 않는다면 삼각형을 움직이지 않고 tkinter는 루프가 끝날 때까지 기다릴 것이다. 이 말은 삼각형이 캔버스 위를 부드럽게 움직이는 것이 아니라, 마지막 위치로 점프하게 되는 것을 보게 될 것이라는 의미다. 루프의 마지막 줄인 time.sleep(0.05)는 파이썬에 계속 진행하기 전에 20분의 1초(0.05초) 잠들라고 하는 것이다.

대각선 방향으로 삼각형을 움직이려면 move(1, 5, 5)를 호출하도록 코드를 수정한다. 이것을 테스트하려면 캔버스를 닫고 다음의 코드에 대한 새로운 파일(File 〉New Window)을 만든다.

```
import time
from tkinter import *
tk = Tk()
canvas = Canvas(tk, width=400, height=400)
canvas.pack()
canvas.create_polygon(10, 10, 10, 60, 50, 35)
for x in range(0, 60):
    canvas.move(1, 5, 5)
    tk.update()
    time.sleep(0.05)
```

이 코드는 원래의 코드와 두 가지가 다르다.

- canvas = Canvas(tk, width=400, height=400)으로 200이 아닌 400 높이의 캔버스를 만들었다.

- move(1, 5, 5)로 삼각형의 x 좌표와 y 좌표를 5씩 더했다.

이 코드를 저장하고 실행해보면, 삼각형의 위치가 대각선 방향으로 바뀌는 것을 보게 될 것이다.

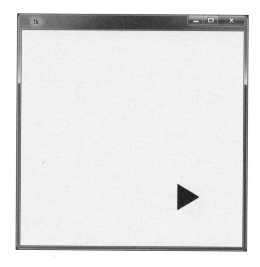

이 삼각형을 다시 시작 위치로 대각선 방향에 따라 움직이도록 하려면 -5, -5을 사용하자(다음의 코드를 마지막에 추가한다).

```
for x in range(0, 60):
    canvas.move(1, -5, -5)
    tk.update()
    time.sleep(0.05)
```

객체가 어떤 것에 대해 반응하도록 만들기

이벤트 바인딩(event binding)을 이용하여 키보드를 눌렀을 때 삼각형이 반응하도록 만들 수 있다. **이벤트**(event)는 프로그램을 실행하는 중에 발생하는 일이다. 예를 들면, 마우스를 움직였다거나 키보드를 눌렀다거나 또는 창을 닫았다거나 하는 것이다. tkinter에 이러한 이벤트들을 감시하고 이벤트가 발생하면 어떤 반응을 하라고 지시할 수 있다.

이벤트를 처리하기 위해서(이벤트가 발생했을 때 파이썬이 어떤 작업을 하도록 하려면) 함수를 먼저 만든다. 바인딩은 tkinter에 어떤 함수가 특정 이벤트와 연결되었다는 것을 알려주는 것이다. 다시 말해서, 이벤트를 처리하도록 tkinter에 의해 자동으로 호출될 것이다.

예를 들어, ENTER 키를 눌렀을 때 삼각형을 움직이도록 하기 위해서 다음의 함수를 정의한다.

```
def movetriangle(event):
    canvas.move(1, 5, 0)
```

이 함수는 단 하나의 매개변수(event)를 받는다. 이것은 tkinter가 그 이벤트에 대한 정보를 함수에 전달하기 위해 사용한다. 이제 캔버스의 **bind_all** 함수를 사용하여 tkinter에게 이 함수가 특정 이벤트에 대해 사용될 것이라는 것을 알려준다. 전체 코드는 다음과 같다.

```
from tkinter import *
tk = Tk()
canvas = Canvas(tk, width=400, height=400)
canvas.pack()
canvas.create_polygon(10, 10, 10, 60, 50, 35)
```

```
def movetriangle(event):
    canvas.move(1, 5, 0)
canvas.bind_all('<KeyPress-Return>', movetriangle)
```

이 함수의 첫 번째 매개변수는 tkinter가 감시해야 할 이벤트다. 여기서는 <KeyPress-Return>이라는 것이며, 이것은 ENTER 또는 RETURN 키를 누르는 것이다. 우리는 KeyPress 이벤트가 발생할 때마다 movetriangle 함수가 호출되어야 한다는 것을 tkinter에 알려준다. 이 코드를 실행하고, 캔버스를 마우스로 클릭한 다음에 키보드의 ENTER를 눌러보자.

화살표 키를 눌러서 삼각형의 방향을 바꾸려면 어떻게 해야 할까? 그것도 문제없다. 다음과 같이 movetriangle 함수를 수정해보자.

```
def movetriangle(event):
    if event.keysym == 'Up':
        canvas.move(1, 0, -3)
    elif event.keysym == 'Down':
        canvas.move(1, 0, 3)
    elif event.keysym == 'Left':
        canvas.move(1, -3, 0)
    else:
        canvas.move(1, 3, 0)
```

movetriangle에 전달된 이벤트 객체는 여러 변수들을 가지고 있다. 그것들 중에 keysym(키 심볼)이라는 것이다. 이것은 눌려진 실제 키의 값을 가진 문자열이다. if event.keysym == 'Up': 은 keysym 변수가 'Up'이라는 문자열을 가지고 있다면 매개변수 (1, 0, -3)으로 canvas.move를 호출하라는 뜻이다. 만약에 elif event.keysym == 'Down':처럼 keysym이 'Down'을 가지고 있다면 매개변수 (1, 0, 3)으로 canvas.move를 호출한다.

첫 번째 매개변수는 캔버스에 그려진 도형의 식별 번호이며, 두 번째 매개변수는 x(수평) 좌표에 더할 값이고, 세 번째 매개변수는 y(수직) 좌표에 더할 값임을 기억하라.

그 다음으로는 movetriangle 함수가 네 가지 키(상, 하, 좌, 우)에 대한 이벤트를 처리하는 데 사용되어야 한다는 것을 tkinter에 알려준다. 다음의 코드는 지금까지의 코드가 어떤 모습인지를 보여준다. 다음 코드를 입력하기 위해 File > New Window를 선택하여 새로운 쉘 창을 만드는 것이 작업하기 쉬울 것이다. 이 코드를 실행하기 전에 movingtriangle.py와 같이 의미 있는 파일명으로 저장하자.

```
from tkinter import *
tk = Tk()
canvas = Canvas(tk, width=400, height=400)
canvas.pack()
canvas.create_polygon(10, 10, 10, 60, 50, 35)
def movetriangle(event):
❶    if event.keysym == 'Up':
❷        canvas.move(1, 0, -3)
❸    elif event.keysym == 'Down':
❹        canvas.move(1, 0, 3)
❺    elif event.keysym == 'Left':
❻        canvas.move(1, -3, 0)
❼    else:
❽        canvas.move(1, 3, 0)
canvas.bind_all('<KeyPress-Up>', movetriangle)
canvas.bind_all('<KeyPress-Down>', movetriangle)
canvas.bind_all('<KeyPress-Left>', movetriangle)
canvas.bind_all('<KeyPress-Right>', movetriangle)
```

movetriangle 함수의 첫 번째 줄에서 keysym 변수가 'Up'을 가지고 있는지 확인한다 ❶. 만약에 그렇다면 삼각형을 위쪽 매개변수 1, 0, -3으로 이동한다 ❷. 첫 번째 매개변수는 삼각형의 식별자이며, 두 번째 매개변수는 오른쪽으로 움직일 값(이 경우에는 수평으로 움직이지 말아야 하므로 이 값은 0이다)이고, 세 번째 매개변수는 아래로 움직일 값(-3 픽셀)이다.

그 다음은 keysym 변수가 'Down'을 가지고 있는지 확인한다 ❸. 만약에 그렇다면 삼각형을 아래쪽으로 3 픽셀 이동한다 ❹. 마지막 검사는 keysym 변수가 'Left'인지 확인한다 ❺. 만약에 그렇다면 삼각형을 -3 픽셀 이동한다 ❻. keysym 변수의 값이 어떤 것에도 일치하지 않는다면 마지막 else 문에서 ❼ 삼각형을 오른쪽으로 이동한다 ❽.

이제 이 삼각형은 방향키를 누르는 것에 따라 움직이게 되었다.

식별자를 사용하는 여러 방법

create_polygon이나 create_rectangle처럼 create_ 함수를 캔버스에서 사용할 때마다 식별자가 반환된다. 이 식별 번호는 앞에서의 move 함수처럼 다른 canvas 함수에서 사용될 수 있다.

```
>>> from tkinter import *
>>> tk = Tk()
>>> canvas = Canvas(tk, width=400, height=400)
>>> canvas.pack()
>>> canvas.create_polygon(10, 10, 10, 60, 50, 35)
1
>>> canvas.move(1, 5, 0)
```

이 예제에서의 문제는 create_polygon이 항상 1을 반환하지 않는다는 것이다. 예를 들어, 다른 모양을 만들었다면 생성한 도형의 개수에 따라 2나 3 또는 100을 반환할지도 모른다. 만약에 반환된 값을 변수에 저장하도록 코드를 수정하고 그 변수를 사용한다면(예제에서의 move 함수처럼 1이라고 참조하지 않고) 어떤 식별 번호를 반환한다고 해도 문제되지 않을 것이다.

```
>>> mytriangle = canvas.create_polygon(10, 10, 10, 60, 50, 35)
>>> canvas.move(mytriangle, 5, 0)
```

move 함수는 식별자를 이용하여 객체를 화면상에서 움직이게 해준다. 하지만 우리가 그렸던 것을 바꾸는 다른 캔버스 함수들도 있다. 예를 들어, 캔버스의 itemconfig 함수는 내부 색이나 외곽선 색처럼 도형의 매개변수들을 바꾸는 데 사용될 수 있다.

빨간색 삼각형을 만들어보자.

```
>>> from tkinter import *
>>> tk = Tk()
>>> canvas = Canvas(tk, width=400, height=400)
>>> canvas.pack()
```

```
>>> mytriangle = canvas.create_polygon(10, 10, 10, 60, 50, 35,
fill='red')
```

첫 번째 매개변수인 식별자와 **itemconfig**를 이용하여 다른 색으로 삼각형을 바꿀 수 있다. 다음의
코드는 "**mytriangle** 변수의 번호로 식별되는 객체의 내부 색을 파란색으로 바꿔."라는 의미다.

```
>>> canvas.itemconfig(mytriangle, fill='blue')
```

또한 첫 번째 매개변수의 식별자를 이용하여 다른 색의 외곽선을 줄 수도 있다.

```
>>> canvas.itemconfig(mytriangle, outline='red')
```

나중에는 그린 것을 숨긴다든지 다시 보이게 한다든지 하는 방
법을 배우게 될 것이다. 화면에 표시된 그림을 바꿀 수 있다는
것은 다음 장부터 만들어볼 게임들에 매우 유용하다 .

복습

이번 장에서는 캔버스에 간단한 도형을 그리고 이미지를 표시하며, 기본적인 애니메이션을 하기
위해 tkinter 모듈을 사용했다. 또한 어떤 키를 눌렀을 때 반응하도록 이벤트 바인딩을 사용하는
법도 배웠다. 이것은 게임 프로그래밍을 할 때 유용할 것이다. 그리고 tkinter의 create 함수가
그렸던 도형을 화면상에서 이동한다거나 색상을 바꾸는 등의 수정에 사용될 수 있는 식별 번호
를 어떻게 반환하는지도 배웠다.

프로그래밍 퍼즐

tkinter 모듈과 기본 애니메이션을 가지고 다음의 퍼즐을 풀어보자. 정답은 이 책의 마지막 장에
있다.

#1: 삼각형으로 화면 채우기

tkinter를 이용하여 화면을 삼각형으로 가득 채우는 프로그램을 만들어보자. 그런 다음, 여러 색을 가진 삼각형들로 화면을 채우도록 코드를 수정해보자.

#2: 삼각형 움직이기

"기본적인 애니메이션 만들기" 절의 삼각형을 움직이는 코드를 수정하여, 화면의 오른쪽 아래로 움직인 다음에 다시 왼쪽으로 가고 또 다시 시작 위치로 움직이도록 해보자.

#3: 사진 움직이기

tkinter를 이용하여 여러분의 사진을 캔버스에 표시해보자. 그 사진은 반드시 GIF 이미지여야 한다! 그 사진을 화면에서 움직이게 할 수 있나?

PART II
바운스!

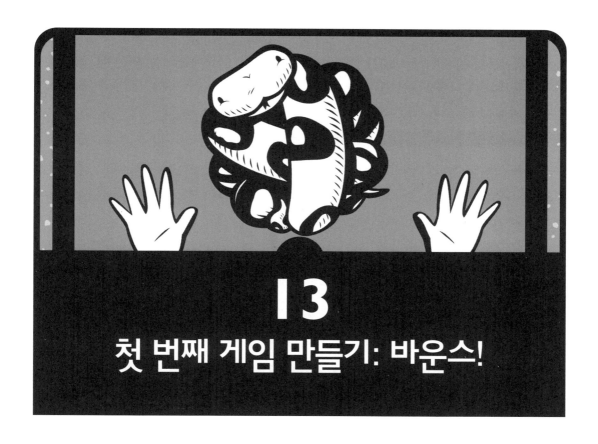

13
첫 번째 게임 만들기: 바운스!

지금까지 우리는 컴퓨터 프로그래밍의 기초를 배웠다. 여러분은 정보를 저장하기 위한 변수, 조건문 코드를 위한 if 문, 그리고 반복 코드를 위한 for 문을 어떻게 사용하는지 배웠다. 코드를 재사용하기 위해 함수를 생성하는 방법과 좀 더 이해하기 쉬운 코드로 만들기 위해 클래스와 객체를 어떻게 이용하는지도 이제 알 것이다. 또한 여러분은 turtle과 tkinter 모듈을 이용하여 화면에 그래픽을 어떻게 그리는지도 배웠다. 이제는 이러한 모든 지식들을 이용하여 여러분의 첫 번째 게임을 만들 시간이다.

튕기는 공을 치기

우리는 튕기는 공과 패들(paddle)이 있는 게임을 개발해볼 것이다. 공은 화면 주위를 날아 다닐 것이며, 플레이어는 패들로 그 공을 튕길 것이다. 만약에 공이 화면의 하단에 다다르면 이 게임은 종료된다. 다음은 최종 완성된 게임의 모습이다.

이 게임은 매우 간단해보일 수 있겠지만, 코드는 지금까지의 것들보다 약간 더 많을 것이다. 왜냐하면 이런 저런 많은 작업들을 처리해야 하기 때문이다. 예를 들어 패들과 공을 움직여야 하며, 공이 패들이나 벽에 부딪혔는지를 감지해야 한다.

이번 장에서는 게임에 캔버스와 공을 추가할 것이다. 다음 장에서는 패들을 추가하여 이 게임을 완성할 것이다.

게임 캔버스 생성하기

게임을 만들기 위해서 파이썬 쉘에서 새로운 파일을 먼저 연다(**File > New Window**를 선택한다). 그런 다음 tkinter를 임포트하고 그림을 그릴 수 있는 캔버스를 생성한다.

```
from tkinter import *
import random
import time
tk = Tk()
tk.title("Game")
tk.resizable(0, 0)
tk.wm_attributes("-topmost", 1)
canvas = Canvas(tk, width=500, height=400, bd=0, highlightthickness=0)
canvas.pack()
tk.update()
```

이것은 이전 예제들과 약간 다르다. 먼저 잠시후 코드에서 사용하기 위해 time과 random 모듈을 import random과 import time으로 임포트한다.

게임 창에 제목을 부여하기 위해서는 tk.title("Game")을 사용하는데, 이는 tk = Tk()로 생성한 tk 객체의 title 함수로 이루어진 것이다. 그런 다음, 게임 창을 고정된 크기로 만들기 위해 resizable을 사용한다. 매개변수 0, 0은 "게임 창의 크기는 가로나 세로로 변경될 수 없다."라고 말하는 것이다. 다음으로, 다른 모든 창들 앞에 캔버스를 가진 창이 위치하도록 ("-topmost") tkinter에게 알려주기 위해 wm_attributes를 호출한다.

canvas =로 canvas 객체를 생성할 때 이전 예제들보다 약간 더 명명된 매개변수들을 전달한다는 것에 주목하자. 예를 들어, bd=0과 highlightthickness=0은 캔버스 외곽에 둘러싼 외곽선(border)이 없도록 하는 것이다. 이것은 게임 화면을 좀 더 좋게 보이도록 해준다.

canvas.pack() 줄은 앞의 코드에서 전달된 폭과 높이의 매개변수에 따라 크기를 맞추라고 캔버스에게 말해준다. 마지막으로, tk.update()는 tkinter에게 게임에서의 애니메이션을 위해 자신을 초기화하라고 알려주는 것이다. 이 마지막 줄이 없다면 어느 것도 원하는 대로 동작하지 않을 것이다.

이제 코드를 저장해야 한다. 이 코드를 처음 저장한다면 paddleball.py처럼 의미 있는 파일명이 주어져야 한다.

공 클래스 생성하기

이제 공에 대한 클래스를 생성할 것이다. 캔버스에 공을 그리기 위한 코드부터 시작할 것이며, 다음은 우리가 해야 할 작업들이다.

- 캔버스와 우리가 그릴 공의 색깔에 대한 매개변수들을 받는 Ball이라는 이름의 클래스를 생성한다.

- 캔버스를 객체 변수로 저장한다. 왜냐하면 공을 여기에 그릴 것이기 때문이다.

- 색깔 매개변수의 값을 이용하여 캔버스에 색이 채워진 원을 그린다.

- 원을 그릴 때 tkinter가 반환하는 식별자를 저장한다. 이 공을 화면 주위로 움직이기 위해 이것을 사용할 것이기 때문이다.

- 원을 캔버스의 중앙으로 움직인다.

이 코드는 파일의 처음 두 줄 다음(import time 다음)에 추가되어야 한다.

```
from tkinter import *
import random
import time
```

```
❶ class Ball:
❷     def __init__(self, canvas, color):
❸         self.canvas = canvas
❹         self.id = canvas.create_oval(10, 10, 25, 25, fill=color)
❺         self.canvas.move(self.id, 245, 100)

    def draw(self):
        pass
```

먼저 ❶에서 클래스의 이름을 Ball로 한다. 그 다음, canvas와 color 매개 변수를 받는 초기화 함수(8장에서 설명한 것처럼)를 생성한다 ❷. ❸에서 객체 변수인 canvas에 매개변수 canvas의 값을 설정한다.

❹에서는 좌측상단 구석에서 시작하는 x와 y 좌표(10과 10)와 우측하단 구석에서 시작하는 x와 y 좌표(25과 25), 그리고 마지막으로 원을 채울 색깔의 매개변수 다섯 개로 create_oval 함수를 호출한다.

create_oval 함수는 그려진 도형에 대한 식별자를 반환하며, 객체 변수 id에 저장한다. ❺에서 원을 캔버스의 중앙(245, 100 위치)으로 이동시키면, 캔버스는 움직여야 할 것이 무엇인지 알게 된다. 왜냐하면 그것을 식별하기 위해 저장된 도형의 식별자(객체 변수 id)를 사용하기 때문이다.

Ball 클래스의 마지막 두 줄에서 def draw(self)로 draw 함수를 생성하며 그 함수 안에 키워드인 pass를 두었다. 지금 이 시점에서는 아무런 동작을 하지 않을 것이다. 조금 후에 이 함수에 몇몇 코드가 더 추가될 것이다.

지금까지 우리는 Ball 클래스를 생성했으니, 이제 이 클래스의 객체를 생성해보자(클래스는 이것이 무엇을 할 수 있는지 기술한 것일 뿐이며, 객체가 실제로 작업을 한다는 점을 기억하자). 실제 공 객체를 생성하기 위해 프로그램 하단에 다음의 코드를 추가한다.

```
ball = Ball(canvas, 'red')
```

만약에 **Run > Run Module** 메뉴로 이 프로그램을 지금 실행하면 캔버스가 잠깐 나왔다가 사라질 것이다. 창이 즉시 닫히는 것을 막으려면 게임의 **메인 루프**(main loop)라고 불리는 애니메이션 루프를 추가해야 한다.

메인 루프는 프로그램의 중요 부분이며, 일반적으로 프로그램이 하려는 대부분의 작업을 관리한다. 지금 이 순간 우리의 메인 루프는 tkinter에게 화면을 다시 그리라고 말하는 것이다. 이 루프는 영원히(즉, 우리가 창을 닫을 때까지) 실행될 것이고 계속해서 tkinter에 화면을 다시 그리라고 말할 것이며, 100분의 1초마다 잠들도록 할 것이다. 프로그램의 하단에 다음의 코드를 추가한다.

```
ball = Ball(canvas, 'red')

while 1:
    tk.update_idletasks()
    tk.update()
    time.sleep(0.01)
```

이제 이 코드를 실행해보면 다음과 같이 캔버스의 중앙 부분에 공이 나타날 것이다.

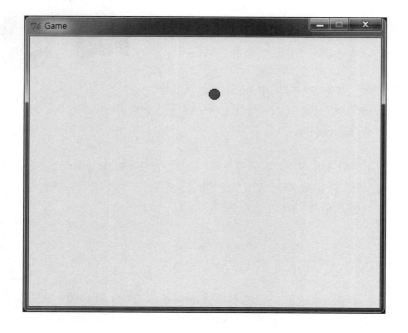

몇 가지 동작 추가하기

Ball 클래스를 설정했고, 이제는 공을 움직일 차례다. 우리
는 공을 이동시키고 튕기며, 방향을 바꾸도록 할 것이다.

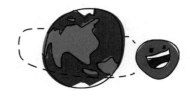

공을 움직이게 만들기

공을 움직이게 하려면 다음과 같이 draw 함수를 수정해야 한다.

```
class Ball:
    def __init__(self, canvas, color):
        self.canvas = canvas
        self.id = canvas.create_oval(10, 10, 25, 25, fill=color)
        self.canvas.move(self.id, 245, 100)

    def draw(self):
        self.canvas.move(self.id, 0, -1)
```

__init__은 매개변수 canvas를 객체 변수인 canvas에 저장하므로 self.canvas로 그 변수를 사용하고 캔버스의 move 함수를 호출한다.

move:에 세 개의 매개변수로 공의 id와 숫자 0, -1을 전달한다. 0은 가로로 움직이지 말라는 뜻이며, -1은 화면의 위쪽으로 1 픽셀 움직이라는 것이다.

이와 같이 약간의 수정을 하는 이유는 앞으로 우리가 진행해나갈 것들을 한번 시험 삼아 해보는 것이 좋기 때문이다. 만약에 한 번에 게임에 대한 전체 코드를 모두 작성했는데 동작하지 않는다고 생각해보자. 그 이유를 찾기 위해 어디부터 살펴봐야 할까?

수정해야 할 또 다른 부분은 프로그램의 하단에 있는 메인 루프다. while 루프의 코드 블록(이것이 바로 우리의 메인 루프다!)에 다음과 같이 공 객체의 draw 함수를 호출한다.

```
while 1:
    ball.draw()
    tk.update_idletasks()
    tk.update()
    time.sleep(0.01)
```

이 코드를 실행해보면 공이 캔버스의 위로 이동하고 사라지게 될 것이다. 왜냐하면 이 코드는 tkinter가 화면을 재빠르게 다시 그리도록 하고 있기 때문이다. update_idletasks와 update 명령은 tkinter에게 캔버스에 있는 것을 서둘러 그리라고 말하는 것이다.

time.sleep 명령은 time 모듈의 sleep 함수를 호출하는 것이며, 이것은 파이썬에 100분의 1초 (0.01) 잠들라고 알려주는 것이다. 이것은 여러분이 공을 보기도 전에 사라질 만큼 빠르게 실행되지 않도록 하는 것이다.

즉, 이 루프는 기본적으로 다음과 같은 뜻이다. "공을 약간 움직이고 새로운 위치로 화면을 다시 그리며, 잠깐 잠들었다가 다시 시작해."

NOTE 이 게임의 창을 닫을 때 쉘에 출력되는 에러 메시지를 보게 될 수도 있다. 이것은 창이 닫힐 때 코드가 while 루프에서 깨지기 때문이며, 파이썬은 그에 대한 문제를 보여주는 것이다.

이제 게임의 코드는 다음과 같은 모습일 것이다.

```
from tkinter import *
import random
import time

class Ball:
    def __init__(self, canvas, color):
        self.canvas = canvas
        self.id = canvas.create_oval(10, 10, 25, 25, fill=color)
        self.canvas.move(self.id, 245, 100)

    def draw(self):
        self.canvas.move(self.id, 0, -1)

tk = Tk()
tk.title("Game")
tk.resizable(0, 0)
tk.wm_attributes("-topmost", 1)
canvas = Canvas(tk, width=500, height=400, bd=0, highlightthickness=0)
canvas.pack()
tk.update()
```

```
ball = Ball(canvas, 'red')

while 1:
    ball.draw()
    tk.update_idletasks()
    tk.update()
    time.sleep(0.01)
```

공을 튕기게 만들기

화면의 상단으로 공이 사라지면 안 되니 공이 튕기도록 만들어보자. 먼저 **Ball** 클래스의 초기화 함수에 몇 가지 객체 변수들을 다음과 같이 저장한다.

```
def __init__(self, canvas, color):
    self.canvas = canvas
    self.id = canvas.create_oval(10, 10, 25, 25, fill=color)
    self.canvas.move(self.id, 245, 100)
    self.x = 0
    self.y = -1
    self.canvas_height = self.canvas.winfo_height()
```

세 개의 코드 줄을 더 추가했다. **self.x = 0**은 객체 변수 x에 0을 설정하는 것이며, **self.y = -1**은 변수 y에 −1을 설정하는 것이다. 마지막으로, 객체 변수 **canvas_height**는 캔버스 함수인 **winfo_height()**를 호출하여 설정한다. 이 함수는 캔버스의 현재 높이를 반환한다.

다음으로, draw 함수를 다시 수정한다.

```
    def draw(self):
❶        self.canvas.move(self.id, self.x, self.y)
❷        pos = self.canvas.coords(self.id)
❸        if pos[1] <= 0:
            self.y = 1
❹        if pos[3] >= self.canvas_height:
            self.y = -1
```

❶에서는 객체 변수 x와 y를 전달하여 캔버스의 move 함수를 호출하도록 수정한다. 다음으로, 캔버스 함수인 coords를 호출하여 pos 라는 변수를 생성한다 ❷. 이 함수는 여러분이 알고 있는 식별 번호로 캔버스에 그려진 현재의 x와 y 좌표를 반환한다. 여기서는 공의 식별자를 포함하고 있는 객체 변수 id를 coords에 전달한다.

coords 함수는 네 개의 숫자들의 리스트로된 좌표를 반환한다. 이 함수를 호출한 결과를 출력하면 다음과 같다.

```
print(self.canvas.coords(self.id))
[255.0, 29.0, 270.0, 44.0]
```

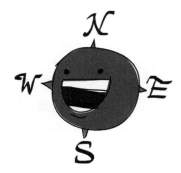

이 리스트의 처음 두 개의 숫자(255.0과 29.0)는 원의 좌측상단의 좌표(x1과 y1)이며, 두 번째 두 개의 숫자(270.0과 44.0)는 우측하단 좌표인 x2와 y2다. 우리는 조금 후에 이 값들을 사용할 것이다.

❸에서 y1 좌표(이것은 공의 상단이다!)가 0과 같거나 작은지를 확인한다. 만약에 이것이 맞는다면 y 객체 변수를 1로 설정한다. 결과적으로 우리는 공이 화면 상단에 부딪히면 수직 위치에서 1씩 빼던 것을 멈춰서, 계속 올라가는 움직임을 멈추라고 하는 것이다.

❹에서 y2 좌표(이것은 공의 하단이다!)가 canvas_height 변수와 같거나 큰지를 확인한다. 만약에 이것이 맞다면 y 객체 변수를 -1로 설정한다.

이제 이 코드를 실행하면 창을 닫을 때까지 공이 캔버스의 위아래로 튕길 것이다.

공의 시작 방향 변경하기

천천히 위아래로 공을 튕기도록 하는 것만으로는 그렇게 대단한 게임이라 할 수 없으니, 공의 시작 방향(게임이 시작할 때 공이 날아가는 각도)을 변경하는 것으로 약간 더 개선해보자. __init__ 함수에서 다음의 코드를 변경한다.

```
self.x = 0
self.y = -1
```

다음과 같이 수정해보자(각 코드의 시작부분에 공백을 8칸 띄었는지 확인하자).

❶   starts = [-3, -2, -1, 1, 2, 3]
❷   random.shuffle(starts)
❸   self.x = starts[0]
❹   self.y = -3

❶ 에서는 여섯 개의 숫자들의 리스트를 가진 starts 변수를 생성하고, ❷ 에서 random.shuffle을 호출하여 리스트를 섞는다. ❸ 에서 x의 값으로 리스트의 첫 번째 항목을 설정하므로, x는 –3에서 3까지의 리스트의 어떠한 숫자도 될 수 있다.

❹ 에서 y을 –3으로 변경하면(공의 속도를 높이면) 공이 화면의 측면으로 사라지지 않도록 몇 줄의 코드를 더 추가해야 한다. 다음의 코드를 __init__ 함수 끝에 추가하자. 이 코드는 캔버스의 폭을 새로운 객체 변수인 canvas_width에 저장하는 것이다.

```
self.canvas_width = self.canvas.winfo_width()
```

draw 함수에서 공이 캔버스의 상단 또는 하단에 부딪혔는지를 확인하기 위해 새로운 객체 변수를 사용할 것이다.

```
if pos[0] <= 0:
    self.x = 3
if pos[2] >= self.canvas_width:
    self.x = -3
```

x에 3이나 –3을 설정하고 있으므로, y에도 동일한 작업을 할 것이므로 공은 모든 방향으로 동일한 속도로 움직이게 된다. draw 함수는 다음과 같을 것이다.

```
def draw(self):
    self.canvas.move(self.id, self.x, self.y)
    pos = self.canvas.coords(self.id)
    if pos[1] <= 0:
        self.y = 3
```

```
        if pos[3] >= self.canvas_height:
            self.y = -3
        if pos[0] <= 0:
            self.x = 3
        if pos[2] >= self.canvas_width:
            self.x = -3
```

이 코드를 저장하고 실행하면 공은 사라지지 않고 화면 주위를 튕길 것이다. 다음은 프로그램의 전체 모습이다.

```
from tkinter import *
import random
import time


class Ball:
    def __init__(self, canvas, color):
        self.canvas = canvas
        self.id = canvas.create_oval(10, 10, 25, 25, fill=color)
        self.canvas.move(self.id, 245, 100)
        starts = [-3, -2, -1, 1, 2, 3]
        random.shuffle(starts)
        self.x = starts[0]
        self.y = -3
        self.canvas_height = self.canvas.winfo_height()
        self.canvas_width = self.canvas.winfo_width()

    def draw(self):
        self.canvas.move(self.id, self.x, self.y)
        pos = self.canvas.coords(self.id)
        if pos[1] <= 0:
            self.y = 3
        if pos[3] >= self.canvas_height:
            self.y = -3
        if pos[0] <= 0:
            self.x = 3
```

```
        if pos[2] >= self.canvas_width:
            self.x = -3


tk = Tk()
tk.title("Game")
tk.resizable(0, 0)
tk.wm_attributes("-topmost", 1)
canvas = Canvas(tk, width=500, height=400, bd=0, highlightthickness=0)
canvas.pack()
tk.update()

ball = Ball(canvas, 'red')

while 1:
    ball.draw()
    tk.update_idletasks()
    tk.update()
    time.sleep(0.01)
```

복습

이번 장에서는 tkinter 모듈을 사용하여 우리의 첫 번째 게임을 만들기 시작했다. 공에 대한 클래스를 생성했고 그 공을 움직여서 화면 주위를 움직이도록 했으며, 공이 캔버스의 측면에 부딪히는지를 검사하기 위해 좌표를 사용하여 공을 튕겨낼 수 있었다. 또한 random 모듈의 shuffle 함수를 사용하여 공이 항상 동일한 방향으로 움직이지 않도록 했다. 다음 절에서는 패들을 추가하여 이 게임을 완성할 것이다.

14
첫 번째 게임 완성하기: 바운스!

이전 장에서 첫 번째 게임인 바운스를 만들기 시작했다. 캔버스를 생성했고 통통 튕기는 공을 코드에 추가했다. 하지만 공은 화면 주위를 영원히(즉, 여러분의 컴퓨터가 꺼질 때까지) 튕겨 다닐 것이며, 이런 부분들이 아직 게임으로써는 부족하다. 이제 우리는 플레이어가 사용할 수 있는 패들(paddle)을 추가할 것이다. 또한 약간의 도전과 재미를 줄 기회 요소를 게임에 추가할 것이다.

패들 추가하기

통통 튀는 공이 있는데 그것을 튕겨낼 것이 없다면 그다지 재미있지 않을 것이다. 자, 이제 패들을 만들어보자!

Ball 클래스 다음에 다음의 코드를 추가하여 패들을 생성해보자(Ball draw 함수 밑의 새로운 줄에 이 코드를 추가하자).

```python
    def draw(self):
        self.canvas.move(self.id, self.x, self.y)
        pos = self.canvas.coords(self.id)
        if pos[1] <= 0:
            self.y = 3
        if pos[3] >= self.canvas_height:
            self.y = -3
        if pos[0] <= 0:
            self.x = 3
        if pos[2] >= self.canvas_width:
            self.x = -3


class Paddle:
    def __init__(self, canvas, color):
        self.canvas = canvas
        self.id = canvas.create_rectangle(0, 0, 100, 10, fill=color)
        self.canvas.move(self.id, 200, 300)

    def draw(self):
        pass
```

추가된 이 코드는 create_oval 대신에 create_rectangle을 호출한다는 것과 그 사각형을 200, 300 위치(200 픽셀 오른쪽으로, 300 픽셀 아래로)로 이동한다는 것만 빼면 Ball 클래스에 있는 것과 거의 비슷하다.

그 다음, 이 코드 아래로 가서 다음과 같이 Paddle 클래스의 객체를 생성하고 패들의 draw 함수를 호출하도록 메인 루프를 변경한다.

```python
paddle = Paddle(canvas, 'blue')
ball = Ball(canvas, 'red')

while 1:
```

```
        ball.draw()
        paddle.draw()
        tk.update_idletasks()
        tk.update()
        time.sleep(0.01)
```

지금 이 게임을 실행하면 통통 튀는 공과 사각형의 패들을 보게 될 것이다.

패들을 움직이게 만들기

패들을 왼쪽 오른쪽으로 움직이게 하기 위해 키보드의 왼쪽 오른쪽
화살표 키와 Paddle 클래스에 새로운 함수들을 연결하는 이벤트
바인딩을 사용할 것이다. 플레이어가 왼쪽 화살표 키를 누르면 x 변
수는 -2(왼쪽으로 이동)가 설정될 것이다. 오른쪽 화살표 키를 누르면
x 변수는 2(오른쪽으로 이동)가 설정될 것이다.

첫 번째 단계는 다음과 같이 x 객체 변수를 Paddle 클래스의 __init__ 함수
에 추가하고, Ball 클래스에서 했던 것처럼 캔버스의 폭에 대한 변수를 추가하   는
것이다.

```
    def __init__(self, canvas, color):
        self.canvas = canvas
        self.id = canvas.create_rectangle(0, 0, 100, 10, fill=color)
        self.canvas.move(self.id, 200, 300)
        self.x = 0
        self.canvas_width = self.canvas_winfo_width()
```

이제 왼쪽(turn_left)과 오른쪽(turn_right) 간의 방향을 전환하는 함수가 필요하다. draw 함수 밑에 다음을 추가해보자.

```
    def turn_left(self, evt):
        self.x = -2
    def turn_right(self, evt):
        self.x = 2
```

이 클래스의 __init__ 함수에서 두 줄의 코드로 이 함수들과 각각 해당하는 올바른 키를 연결할 수 있다. 사용자가 키를 눌렀을 때 파이썬이 함수를 호출하도록 12장의 "객체가 어떤 것에 반응하도록 만들기"절의 바인딩을 사용했다. 여기서는 Paddle 클래스의 turn_left 함수와 왼쪽 화살표 키를 '<KeyPress-Left>'라는 이벤트 이름을 사용하여 바인딩했다. 그런 다음, turn_right 함수와 오른쪽 화살표 키를 '<KeyPress-Right>'라는 이벤트 이름을 사용하여 바인딩했다. 이제 __init__ 함수는 다음과 같을 것이다.

```
    def __init__(self, canvas, color):
        self.canvas = canvas
        self.id = canvas.create_rectangle(0, 0, 100, 10, fill=color)
        self.canvas.move(self.id, 200, 300)
        self.x = 0
        self.canvas_width = self.canvas.winfo_width()
        self.canvas.bind_all('<KeyPress-Left>', self.turn_left)
        self.canvas.bind_all('<KeyPress-Right>', self.turn_right)
```

Paddle 클래스를 위한 draw 함수는 Ball 클래스에 있는 것과 비슷하다.

```
def draw(self):
    self.canvas.move(self.id, self.x, 0)
    pos = self.canvas.coords(self.id)
    if pos[0] <= 0:
        self.x = 0
    elif pos[2] >= self.canvas_width:
        self.x = 0
```

패들을 x 변수의 방향으로 이동하도록 캔버스의 move 함수를 self.canvas.move(self.id, self.x, 0)과 같이 사용한다. 그런 다음, 패들이 화면의 왼쪽이나 오른쪽에 부딪혔는지를 확인하기 위해 pos의 변수를 이용해 패들의 좌표를 얻는다.

패들은 화면의 끝에 부딪히면 공처럼 튕기는 것이 아니라 움직임이 멈춰야 한다. 따라서 왼쪽 x 좌표(pos[0])가 0과 같거나 작으면(<= 0) self.x = 0처럼 x 변수에 0을 설정한다. 같은 방법으로, 오른쪽 x 좌표(pos[2])가 캔버스의 폭과 같거나 크면(>= self.canvas_width) self.x = 0처럼 x 변수에 0을 설정한다.

> **NOTE** 지금 프로그램을 실행한다면 이 게임이 왼쪽 화살표 키와 오른쪽 화살표 키의 동작을 인식하기 전에 캔버스를 클릭해야 할 것이다. 캔버스를 클릭하는 것은 캔버스에 포커스를 주는 것으로, 키보드의 키를 누른 것에 대한 책임을 갖게 하는 것이다.

공이 패들에 부딪힐 때를 알아내기

지금의 우리 코드로는 공이 패들과 부딪히지 않을 것이다. 사실, 공은 패들을 관통하며 날아다닐 것이다. 공이 벽에 부딪혔을 때를 알아야 했던 것처럼 패들에 부딪혔을 때도 알아야 한다.

벽에 대한 검사를 하는 코드가 있던 draw 함수에 코드를 추가하여 이 문제를 해결할 수 있지만, 코드를 작은 단위로 나누기 위해 새로운 함수를 만들고 거기에 코드를 넣는 것이 더 좋은 방법일 것이다. 하나의 함수에 엄청나게 많은 코드를 두면 그 만큼 이해하기가 어려워질 수 있다. 자, 필요한 수정을 해보자.

먼저 공의 __init__ 함수를 수정하여 매개변수로 paddle 객체를 전달할 수 있도록 하자.

```
class Ball:
```
❶
```
    def __init__(self, canvas, paddle, color): self.canvas = canvas
        self.paddle = paddle
```
❷
```
        self.id = canvas.create_oval(10, 10, 25, 25, fill=color)
        self.canvas.move(self.id, 245, 100)
        starts = [-3, -2, -1, 1, 2, 3]
        random.shuffle(starts)
        self.x = starts[0]
        self.y = -3
        self.canvas_height = self.canvas.winfo_height()
        self.canvas_width = self.canvas.winfo_width()
```

❶ 에서 __init__ 함수의 매개변수에 패들이 포함되도록 수정되었음에 주목하자. 그 다음, ❷ 에서 그 매개변수인 paddle을 객체 변수인 paddle에 할당한다.

저장된 paddle 객체를 가졌으므로 ball 객체를 생성했던 곳의 코드를 변경해야 한다. 이번 코드 변경은 프로그램의 하단의 메인 루프 바로 전에 둔다.

```
paddle = Paddle(canvas, 'blue')
ball = Ball(canvas, paddle, 'red')

while 1:
    ball.draw()
    paddle.draw()
    tk.update_idletasks()
    tk.update()
    time.sleep(0.01)
```

공이 패들에 부딪혔는지를 확인할 코드는 공이 벽에 부딪혔는지를 검사하는 코드보다 약간 더 복잡하다. 우리는 hit_paddle 함수를 호출할 것이며, 그 부분을 Ball 클래스의 draw 함수(공이 화면의 하단에 부딪혔는지를 검사하던 곳)에 추가할 것이다.

```python
def draw(self):
    self.canvas.move(self.id, self.x, self.y)
    pos = self.canvas.coords(self.id)
    if pos[1] <= 0:
        self.y = 3
    if pos[3] >= self.canvas_height:
        self.y = -3
    if self.hit_paddle(pos) == True:
        self.y = -3
    if pos[0] <= 0:
        self.x = 3
    if pos[2] >= self.canvas_width:
        self.x = -3
```

추가된 새로운 코드를 보면 알겠지만, hit_paddle이 True를 반환하면 self.y = -3과 같이 y 객체 변수에 -3을 설정하여 공의 방향을 변경한다. 하지만 아직 이 게임을 실행하지는 말자. hit_paddle 함수를 아직 만들지 않았기 때문이다. 자, 이제 이 함수를 만들어보자.

draw 함수 앞에 hit_paddle 함수를 추가해볼까?

```python
❶    def hit_paddle(self, pos):
❷        paddle_pos = self.canvas.coords(self.paddle.id)
❸        if pos[2] >= paddle_pos[0] and pos[0] <= paddle_pos[2]:
❹            if pos[3] >= paddle_pos[1] and pos[3] <= paddle_pos[3]:
                return True
        return False
```

먼저 매개변수인 pos로 함수로 정의한다 ❶. 여기서 공의 현재 위치를 받게 된다. 그 다음, 패들의 좌표를 얻어서 paddel_pos 변수에 저장한다 ❷.

❸ 에 첫 번째 if-then 문이 있으며, 이 코드는 "공의 오른쪽 면의 위치가 패들의 왼쪽 위치보다 크고, 공의 왼쪽 면의 위치가 패들의 오른쪽 면의 위치보다 작은지…"라는 의미다. 여기서 pos[2]

는 공의 오른쪽 면의 x 좌표이며, pos[0]은 공의 왼쪽 면의 x 좌표다. paddle_pos[0] 변수는 패들의 왼쪽 면의 x 좌표이며, paddle_pos[2]는 패들의 오른쪽 면의 x 좌표다. 다음의 다이어그램은 공이 패들에 충돌하게 될 때 좌표들이 어떻게 되는지 보여준다.

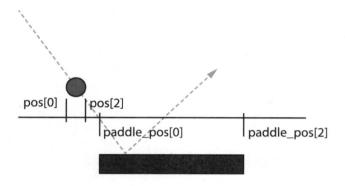

공이 패들을 향해 떨어지고 있으며, 이 그림의 경우 공의 오른쪽 면(pos[2])은 아직 패들의 왼쪽 면(paddle_pos[0])에 겹치지 않았다.

❹에서는 공의 아래쪽(pos[3])이 패들의 위쪽(paddle_pos[1])과 패들의 아래쪽(paddle_pos[3]) 사이에 있는지를 확인한다. 다음 다이어그램은 공의 아래쪽(pos[3]) 이 패들의 위쪽(paddle_pos[1])에 아직 충돌하지 않았음을 보여준다.

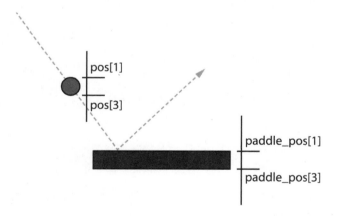

따라서 공의 현재 위치를 기준으로 보면 hit_paddle 함수는 거짓을 반환할 것이다.

NOTE
왜 공의 아래쪽이 패들의 위쪽과 아래쪽 사이에 있는지를 확인해야 할까? 공의 아래쪽이 패들의 위쪽과 충돌했는지를 확인하지 않는 이유는 무엇일까? 그 이유는 우리가 캔버스 위를 돌아다니는 공을 3 픽셀씩 이동하고 있기 때문이다. 만약에 공(pos[0])이 패들의 위쪽에 다다랐다면 다음 위치로 이동하게 할 것이다. 이런 경우 공은 계속 움직이게 되며, 패들에서 멈추지 않고 관통해 지나갈 수도 있다.

기회 요소 추가하기

이제 단순히 공이 돌아다니고 패들이 있는 것이 아닌 진정한 게임으로 만들 시간이다. 게임에는 기회 요소가 필요하다. 즉, 플레이어가 지는 경우가 필요하다. 현재의 게임에서는 공이 영원히 돌아다닐 것이므로 진다는 것은 있을 수 없다.

그래서 공이 캔버스의 아래쪽에 부딪히면(다시 말해서 공이 바닥에 닿으면) 게임에서 지도록 코드를 추가하여 이 게임을 완성할 것이다.

먼저 Ball 클래스의 __init__ 함수의 하단에 객체 변수인 hit_bottom을 추가한다.

```
self.canvas_height = self.canvas.winfo_height()
self.canvas_width = self.canvas.winfo_width()
self.hit_bottom = False
```

그런 다음, 프로그램 하단에 있는 메인 루프를 다음과 같이 수정한다.

```
while 1:
    if ball.hit_bottom == False:
        ball.draw()
        paddle.draw()
    tk.update_idletasks()
    tk.update()
    time.sleep(0.01)
```

이제 메인 루프는 공이 화면 하단에 부딪혔는지를 검사하는 hit_bottom을 계속 검사하게 된다. if 문에서 알 수 있듯이, 이 코드는 공이 하단에 부딪히지 않은 경우에만 공과 패들이 계속 움직이도록 할 것이다. 이 게임은 공과 패들이 움직임을 멈출 때(우리가 그것들을 더 이상 움직이지 않을 때) 끝나게 된다.

마지막으로 수정할 것은 Ball 클래스의 draw 함수다.

```
def draw(self):
    self.canvas.move(self.id, self.x, self.y)
    pos = self.canvas.coords(self.id)
    if pos[1] <= 0:
        self.y = 3
    if pos[3] >= self.canvas_height:
        self.hit_bottom = True
    if self.hit_paddle(pos) == True:
        self.y = -3
    if pos[0] <= 0:
        self.x = 3
    if pos[2] >= self.canvas_width:
        self.x = -3
```

공이 화면의 하단에 부딪혔는지(즉, canvas_height보다 크거나 같은지)를 확인하기 위해 if 문을 수정했다. 만약에 그렇다면, 다음 줄에서 변수 y의 값을 변경하는 게 아니라 hit_bottom을 True로 설정한다. 왜냐하면 공이 화면의 하단에 부딪히면 더 이상 튕겨 올라가지 않아야 하기 때문이다.

이 게임을 실행하여 패들로 공을 받지 말아보자. 캔버스의 하단에 공이 부딪히면 화면에 있는 모든 움직임이 멈추고 게임이 끝나게 될 것이다.

이제 프로그램은 다음의 코드와 같이 되었을 것이다. 만약에 게임이 동작하는 데 문제가 있다면 입력한 코드와 아래의 코드를 비교해서 검사해보자.

```python
from tkinter import *
import random
import time


class Ball:
    def __init__(self, canvas, paddle, color):
        self.canvas = canvas
        self.paddle = paddle
        self.id = canvas.create_oval(10, 10, 25, 25, fill=color)
        self.canvas.move(self.id, 245, 100)
        starts = [-3, -2, -1, 1, 2, 3]
        random.shuffle(starts)
        self.x = starts[0]
        self.y = -3
        self.canvas_height = self.canvas.winfo_height()
        self.canvas_width = self.canvas.winfo_width()
        self.hit_bottom = False
```

```python
    def hit_paddle(self, pos):
        paddle_pos = self.canvas.coords(self.paddle.id)
        if pos[2] >= paddle_pos[0] and pos[0] <= paddle_pos[2]:
            if pos[3] >= paddle_pos[1] and pos[3] <= paddle_pos[3]:
                return True
        return False

    def draw(self):
        self.canvas.move(self.id, self.x, self.y)
        pos = self.canvas.coords(self.id)
        if pos[1] <= 0:
            self.y = 3
        if pos[3] >= self.canvas_height:
            self.hit_bottom = True
        if self.hit_paddle(pos) == True:
            self.y = -3
        if pos[0] <= 0:
            self.x = 3
        if pos[2] >= self.canvas_width:
            self.x = -3

class Paddle:
    def __init__(self, canvas, color):
        self.canvas = canvas
        self.id = canvas.create_rectangle(0, 0, 100, 10, fill=color)
        self.canvas.move(self.id, 200, 300)
        self.x = 0
        self.canvas_width = self.canvas.winfo_width()
        self.canvas.bind_all('<KeyPress-Left>', self.turn_left)
        self.canvas.bind_all('<KeyPress-Right>', self.turn_right)

    def draw(self):
        self.canvas.move(self.id, self.x, 0)
        pos = self.canvas.coords(self.id)
        if pos[0] <= 0:
```

```
            self.x = 0
        elif pos[2] >= self.canvas_width:
            self.x = 0


    def turn_left(self, evt):
        self.x = -2

    def turn_right(self, evt):
        self.x = 2


tk = Tk()
tk.title("Game")
tk.resizable(0, 0)
tk.wm_attributes("-topmost", 1)
canvas = Canvas(tk, width=500, height=400, bd=0, highlightthickness=0)
canvas.pack()
tk.update()


paddle = Paddle(canvas, 'blue')
ball = Ball(canvas, paddle, 'red')


while 1:
    if ball.hit_bottom == False:
        ball.draw()
        paddle.draw()
    tk.update_idletasks()
    tk.update()
    time.sleep(0.01)
```

복습

이번 장에서는 tkinter 모듈을 이용한 첫 번째 게임을 완성했다. 게임에서 사용되는 패들에 대한 클래스를 생성했고, 공이 패들 또는 게임 캔버스의 벽에 부딪혔는지를 검사하기 위해 좌표를 사용했다. 또한 키보드의 왼쪽 화살표 키와 오른쪽 화살표 키를 패들의 움직임과 연결하기 위해 이벤트 바인딩을 사용했다. 마지막으로, 게임에 기회 요소를 주려고 코드를 수정하여 플레이어가 공을 놓쳐서 공이 캔버스의 하단에 부딪히면 게임이 끝나게 된다.

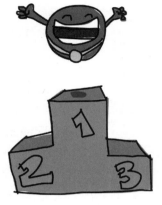

프로그래밍 퍼즐

지금 우리가 만든 게임은 약간 단순한 편이다. 좀 더 전문적인 게임을 만들기 위해서 수정해야 할 곳이 많이 있다. 이 게임을 좀 더 재미있게 만들기 위해서 다음의 퍼즐을 풀면서 코드를 개선해보자. 정답은 이 책의 마지막 장에 있다.

#1: 게임 시작을 늦추기

우리의 게임은 곧바로 시작하며, 키보드의 왼쪽 화살표 키와 오른쪽 화살표 키를 누른 것을 인식하려면 캔버스를 먼저 클릭해야 한다. 플레이어가 캔버스를 클릭할 수 있을 만큼의 충분한 시간을 가질 수 있도록 게임 시작을 늦출 수 있을까? 아니면 게임을 시작할 때만 마우스 클릭에 대한 이벤트 바인딩을 추가할 수 있을까?

힌트 1: Paddle 클래스에 이벤트 바인딩을 이미 추가했다. 여기가 바로 이 문제를 풀 시작 지점이다.

힌트 2: 왼쪽 마우스 버튼에 대한 이벤트 바인딩은 문자열 '<Button-1>'이다.

#2: 적절한 "Game Over"

게임이 끝나면 모든 것이 멈춘다. 하지만 이것은 플레이어에게 친숙한 방식이 아니다. 공이 화면의 하단에 부딪히면 "Game Over"라는 텍스트가 나오도록 추가해보자. create_text 함수를 사용할 수 있지만, state라는 이름의 유용한 매개변수도 있다(이 매개변수는 normal과 hidden같은 값을 가진다). 12장의 "식별자를 사용하는 여러 방법" 절에 있는 **itemconfig**를 살펴보자. 추가적으로 이 텍스트가 곧바로 사라지지 않도록 약간 지연시키자.

#3: 공에 가속도 붙이기

테니스를 친다면 알 것이다. 라켓으로 공을 칠 때 스윙 세기에 따라서 날아온 공보다 훨씬 빠르게 날아간다는 것을 말이다. 우리의 게임에 있는 공은 패들과 부딪힐 때 패들이 움직이고 있는지에 상관없이 동일한 속도로 움직인다. 프로그램을 수정하여 패들의 속도가 공의 속도에 전달되도록 하자.

#4: 플레이어의 점수 기록하기

점수를 기록하는 것은 어떨까? 패들로 공을 받을 때마다 점수가 올라가도록 한다. 그리고 캔버스의 우측상단에 점수를 표시하도록 하자. 12장의 "식별자를 사용하는 여러 방법" 절에 있는 **itemconfig**를 살펴보면 힌트를 얻을 수 있다.

PART III
미스터 스틱맨
탈출 게임

15
미스터 스틱맨 게임을 위한
그래픽 만들기

게임(뿐만 아니라 그 어떤 프로그램이라도)을 만들 때 미리 계획을 세우는 것이 좋다. 그 계획에는 게임이 무엇인지에 대한 설명과 함께, 게임에서의 주된 요소와 캐릭터의 설명이 포함되어야 한다. 그런 설명들은 프로그래밍을 시작할 때 여러분이 지금 무엇을 개발하고 있는지에 대해 집중할 수 있게 해 줄 것이다. 나중에 완성된 게임이 처음의 그 설명들과 정확하게 일치하지 않을 수도 있지만, 그래도 팬찮다.

이번 장부터는 "미스터 스틱맨 탈출 게임"이라는 재미있는 게임을 만들어보자.

미스터 스틱맨 게임 계획

다음은 우리의 새로운 게임에 대한 설명이다.

- 비밀 요원인 미스터 스틱맨은 안위험해 박사의 은신처에 갇혀있다. 우리는 그를 꼭대기 층에 있는 비상구로 탈출시키려고 한다.

- 이 게임은 왼쪽에서 오른쪽으로 달리면 점프할 수 있는 스틱 이미지를 사용하며, 반드시 점프해야 할 층마다 바닥 받침판이 있다.

- 이 게임의 목적은 탈출할 수 있는 꼭대기에 있는 문까지 너무 늦지 않게 도달하는 것이며, 문에 도착하면 게임은 끝난다.

이 설명을 보면 미스터 스틱맨과 바닥 받침판, 그리고 문과 같은 몇 가지 이미지들이 필요하다는 것을 알 수 있을 것이다. 우리는 이 모든 것들이 함께 동작하는 코드를 만들 것이다. 하지만 그 전에 이번 장에서 이 게임을 위한 그래픽을 먼저 만들 것이다. 그렇게 한 후에 다음 장에서 동작과 관련된 코드를 만들 것이다.

이 게임에 필요한 요소들을 어떻게 그려야 할까? 이전 장에서 만든 공과 패들처럼 그래픽을 만들어서 사용할 수도 있지만, 그래픽들이 너무 단순할 수 있다. 그래서 우리는 스프라이트를 생성할 것이다.

스프라이트(sprite)는 게임에 있는 그래픽으로, 보통은 어떤 종류의 캐릭터다. 스프라이트는 보통 **프리렌더링**(prerendered)된다. 이 말은 우리의 바운스! 게임에서처럼 다각형(polygon)을 사용하여 프로그램에서 직접 생성되는 것이 아니라, 프로그램이 실행되기 전에 미리 그려진다는 의미다. 미스터 스틱맨은 스프라이트가 될 것이며, 바닥 받침판 역시 스프라이트가 될 것이다. 이러한 이미지들을 만들기 위해서는 그래픽 프로그램을 설치해야 한다.

GIMP 얻기

여러 그래픽 프로그램들이 있지만, 이번 게임을 위해 우리는 **알파 채널**(alpha channel)이라고도 불리는 **투명도**(transparency)를 지원하는 프로그램이 필요하다. 이것은 이미지가 아무런 색도 칠해지지 않는 배경 영역을 가질 수 있도록 해준다. 우리는 이미지의 투명한 영역이 필요하다. 왜냐하면 하나의 이미지가 근처에 있는 이미지 근처나 위를 지나가며 화면상에서 이동할 때 그 이미지의 배경이 다른 이미지를 가리지 않기를 원하기 때문이다. 예를 들어, 다음의 이미지에서 배경에 있는 체크 모양의 패턴은 투명한 영역을 나타낸다.

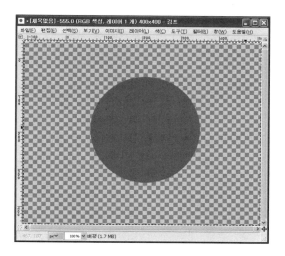

즉, 이 이미지 전체를 복사하여 다른 이미지 위에 붙여도 이 이미지의 배경이 다른 것을 가리지 않게 된다.

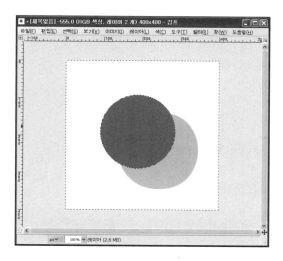

GNU Image Manipulation Program의 약자인 GIMP(http://www.gimp.org/)는 투명한 이미지를 지원하는 무료 그래픽 프로그램이며, 리눅스용과 맥 OS X용, 윈도우용이 있다. 다음의 절차를 참고하여 이 프로그램을 다운로드하고 설치해보자.

- 여러분이 윈도우를 사용하고 있다면 http://gimp-win.sourceforge.net/stable.html에서 GIMP-WIN 프로젝트 페이지의 윈도우 인스톨러를 찾아볼 수 있다.

- 여러분이 리눅스를 사용하고 있다면 우분투 소프트웨어 센터(Ubuntu Software Center)를 열고 검색 상자에 gimp라고 입력하여 GIMP를 설치한다. 검색 결과가 나오면 GIMP Image Editor의 Install 버튼을 클릭하자.

- 여러분이 맥 OS X를 사용하고 있다면 http://gimp.lisanet.de/Website/Download.html에서 애플리케이션 번들을 다운로드하자.

또한 여러분은 이 게임을 위한 디렉터리를 생성해야 한다. 이 작업을 하려면 바탕화면의 빈 공간 아무 곳에서 오른쪽 클릭을 하고 **새로 만들기**(New) **> 폴더**(Folder)를 선택한다(우분투에서는 Create New Folder이며, 맥 OS X에서는 **새로운 폴더**(New Folder)다). 그 폴더의 이름으로 stickman이라고 입력하자.

게임 요소 생성하기

그래픽 프로그램을 설치했다면 그림을 그릴 준비가 된 것이다. 이제는 게임 요소로 다음과 같은 이미지들을 생성할 것이다.

- 왼쪽과 오른쪽으로 달릴 수 있으며 점프할 수 있는 스틱맨 이미지

- 세 가지 크기의 바닥 받침판 이미지

- 열려있는 문 이미지와 닫혀있는 문 이미지

- 게임의 배경 이미지(흰색이나 회색 배경은 게임을 지루하게 만드니...)

그림을 그리기 전에 투명한 배경을 가진 이미지가 필요하다.

투명한 이미지 준비하기

투명한(알파 채널) 이미지를 만들기 위해서 GIMP를 시작하고 다음의 절차를 따라 하자.

1. **파일**(File) 〉 **새 이미지**(New)를 선택한다.

2. 다이어그램에서 폭을 27 픽셀, 높이를 30 픽셀로 입력한다.

3. **레이어**(Layer) 〉 **투명도**(Transparency) 〉 **알파 채널 추가**(Add Alpha Channel)를 선택한다.

4. **선택**(Select) 〉 **모두**(All)를 선택한다.

5. **편집**(Edit) 〉 **잘라내기**(Cut)를 선택한다.

이렇게 하면 다음 그림과 같이 짙은 회색과 밝은 회색의 격자 모양 이미지가 될 것이다.

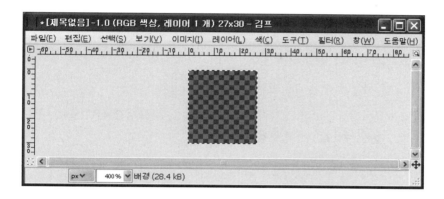

이제, 우리의 비밀 요원인 미스터 스틱맨을 만들 준비가 되었다.

미스터 스틱맨 그리기

첫 번째 스틱맨 이미지를 그리기 위해 GIMP 툴박스에 있는 페인트브러시(Paintbrush) 툴을 클릭하고, 오른쪽 그림과 같이 브러시(Brushes) 툴바(일반적으로 화면의 오른쪽 하단에 위치한다)에서 작은 점 같은 브러시를 선택한다.

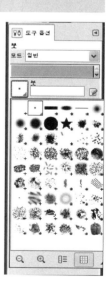

스틱맨이 오른쪽으로 달리고 점프하는 것을 표현하기 위해 서로 다른 세 개의 이미지를 그릴 것이다. 그리고 12장에서 다뤘던 애니메이션처럼 프레임들을 사용하여 미스터 스틱맨을 움직이게 할 것이다.

이 이미지를 확대해보면 다음과 같을 것이다.

여러분이 만든 이미지가 이것과 똑같을 필요는 없다. 하지만 서로 다른 위치의 움직임을 가진 스틱맨 이미지들을 가지고 있어야 한다. 각각의 이미지들은 27 픽셀의 폭과 30 픽셀의 높이를 가져야 한다는 것을 잊지 말자.

오른쪽으로 달려가는 미스터 스틱맨

먼저, 오른쪽으로 달려가는 미스터 스틱맨 이미지를 위한 프레임들을 그릴 것이다. 다음과 같이 첫 번째 이미지를 만들어보자.

1. 첫 번째 이미지(앞에 있는 그림에서 가장 왼쪽에 있는 이미지)를 그린다.

2. **파일**(File) **>** 다른 이름으로 **저장**(Save As)을 선택한다.

3. 다이얼로그에서 파일명을 figure-R1.gif라고 입력한다. 그런 다음, **파일 유형 선택**(Select File Type)이라는 이름의 조그마한 더하기(+) 버튼을 클릭한다.

4. 나타난 목록에서 **GIF 이미지**(GIF Image)를 선택한다(이 목록이 없다면 '확장자로'라는 항목을 선택하자).

5. 앞에서 생성했던 stickman 디렉터리(이 디렉터리로 지정되어 있지 않다면 올바른 경로가 되도록 하자)에 파일을 저장한다.

이와 같은 방법으로 27 픽셀의 폭과 30 픽셀의 높이를 가진 두 번째 미스터 스틱맨 이미지를 그리자. 이번 이미지는 figure-R2.gif라는 이름으로 저장한다. 마지막 이미지도 같은 방법으로 만들고 figure-R3.gif라는 이름으로 저장한다.

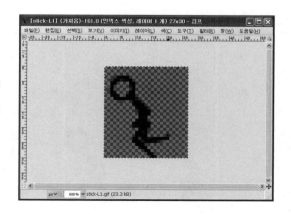

왼쪽으로 달려가는 미스터 스틱맨

왼쪽으로 달려가는 스틱맨 이미지를 또 다시 그리는 대신에, 오른쪽으로 달려가는 스틱맨 이미지의 프레임을 뒤집어서 만들 수 있다.

GIMP에서 만들었던 각각의 이미지를 열고 **도구**(Tools) **>** **변형 도구**(Transform Tools) **>** **뒤집기**(Flip)을 선택하자. 그 다음에 이미지를 클릭하면 좌우가 뒤집어진 이미지를 보게 될 것이다. 이렇게 만든 이미지들을 각각 figure-L1.gif와 figure-L2.gif, figure-L3.gif라는 이름으로 저장한다.

이제 우리는 6개의 미스터 스틱맨 이미지를 만들었다. 하지만 아직 바닥 받침판과 탈출할 문 이미지가 필요하다.

바닥 받침판 그리기

여기서는 서로 다른 세 개의 바닥 받침판을 만들 것이다. 하나는 100 픽셀의 폭과 10 픽셀의 높이를 가지며, 다른 하나는 60 픽셀의 폭과 10 픽셀의 높이를, 나머지 하나는 30 픽셀의 폭과 10 픽셀의 높이를 가질 것이다. 스틱맨 이미지에서 그렸던 것처럼 배경을 투명하게만 한다면 여러분이 좋아하는 방법으로 그려도 괜찮다.

다음은 세 개의 바닥 받침판 이미지를 확대한 그림이다.

스틱맨 이미지처럼 이것들을 stickman 디렉터리에 저장하자. 가장 작은 바닥 받침판을 platform1. gif라고 하고, 중간 것을 platform1.gif, 가장 큰 것을 platform1.gif라고 이름을 저장하자.

문 그리기

문의 크기는 미스터 스틱맨의 크기(27 픽셀 폭과 30 픽셀 높이)와 비율이 같아야 하며, 닫혀 있는 문 이미지와 열려있는 문 이미지가 필요하다. 문 이미지를 확대하면 다음과 같을 것이다.

이러한 이미지를 만들기 위해 다음의 과정을 따라해보자.

1. 색상을 선택하기 위해 포그라운드(foreground) 색상 박스 (GIMP 툴박스의 하단)를 클릭한다. 그런 다음 여러분이 좋아하는 문 색깔을 선택하자.

2. 버킷(Bucket) 툴(옆의 툴박스 그림에서 선택된 것처럼 보이는 것)을 선택하고 여러분이 지정한 색으로 색칠한다.

3. 포그라운드 색상을 검정색으로 바꾼다.

4. 연필(Pencil)이나 페인트브러시(Paintbrush) 툴(버킷 툴 옆에 있는 것)을 선택하고 문의 외곽선과 손잡이를 그린다.

5. 완성된 그림을 stickman 디렉터리에 door1.gif와 door2.gif라는 이름으로 저장한다.

배경 그리기

우리가 만들어야 할 마지막 이미지는 배경이다. 배경을 100 픽셀의 폭과 100 픽셀의 높이로 만들 것이다. 배경은 투명할 필요가 없다. 왜냐하면 게임의 다른 요소들 뒤의 배경이 될 단색으로 만들 것이기 때문이다.

배경을 만들기 위해 **파일**(File) **> 새 이미지**(New)를 선택하고 이미지의 크기를 100 픽셀의 폭과 100 픽셀의 높이로 한다. 악당의 은신처에 맞는 색을 골라보자. 필자는 어두운 분홍색을 골랐다.

배경 이미지를 꽃이나 줄무늬, 별 모양 등의 여러분이 생각하는 적당한 모양으로 꾸밀 수도 있다. 예를 들어 배경에 별 모양을 넣고 싶다면 다른 색을 선택하고 연필 툴을 선택하여 첫 번째 별을 그린다. 그런 다음 선택(Selection) 툴을 사용하여 별 주변을 지정하고 복사하여 다른 곳에 붙이면 된다(**편집**(Edit) **> 복사**(Copy)를 선택한 다음, **편집**(Edit) **> 붙여넣기**(Paste)를 선택). 화면에 붙여 넣은 이미지를 드래그할 수도 있다. 다음 그림은 몇 개의 별들을 가진 그림이며, 툴박스의 선택 툴이 선택된 모습이다.

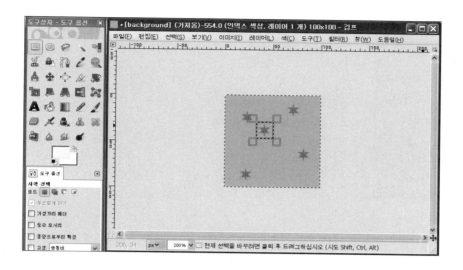

여러분이 그린 그림이 만족스럽다면 stickman 디렉터리에 background.gif라는 이름으로 저장한다.

투명도

배경을 제외한 다른 이미지들이 투명해야 하는 이유를 우리가 만든 그래픽을 가지고 살펴보자. 만약에 미스터 스틱맨이 배경 위에 있으며 그 이미지의 배경이 투명하지 않다면 어떻게 될까? 다음의 그림이 그 답이다.

미스터 스틱맨의 흰색 배경은 배경 이미지를 가리고 있다. 하지만 우리의 이미지는 배경이 투명하기 때문에 다음과 같이 될 것이다.

스틱맨 이미지는 배경에 있는 그 어떤 것도 가리질 않는다. 스틱맨 자신이 가리고 있는 것을 제외하면 말이다. 흰색 배경이 있는 것보다 이것이 훨씬 더 전문가처럼 보인다.

복습

이번 장에서는 미스터 스틱맨 탈출 게임의 기본적인 계획을 어떻게 작성하는지 배웠고 어디서부터 시작해야 하는지를 살펴봤다. 게임을 만들기에 앞서 그래픽 요소들이 필요하기 때문에 그래픽 프로그램을 사용하여 필요한 기본 그래픽들을 만들었다. 이 과정에서 이미지의 배경을 투명하게 하여 화면상의 다른 이미지를 가리지 않게 하는 방법을 배웠다.

다음 장에서는 우리의 게임을 위한 클래스들을 만들어볼 것이다.

16
미스터 스틱맨 게임 개발하기

15장에서 우리는 미스터 스틱맨 탈출 게임을 위한 이미지들을 만들었으니 이제 코딩을 시작할 수 있게 되었다. 이전 장에 있던 이 게임에 대한 설명은 우리가 필요한 것들(달리고 점프할 수 있는 스틱맨과 스틱맨이 점프해야 할 바닥 받침판)에 대한 기본 개념을 갖게 한다.

우리는 스틱맨 이미지를 표시하고 화면 위를 돌아다니는 것뿐만 아니라 바닥 받침판을 위한 코딩을 할 것이다. 하지만 코딩을 하기 전에 먼저 배경 이미지를 표시할 캔버스를 만들어야 한다.

게임 클래스 생성하기

먼저 프로그램의 중심이 될 Game이라는 이름의 클래스를 생성할 것이다. Game 클래스는 게임의 초기화를 위한 __init__ 함수와 애니메이션을 수행할 mainloop 함수를 가질 것이다.

창 제목을 설정하고 캔버스 생성하기

__init__ 함수의 첫 번째 부분에서 창 제목을 설정하고 캔버스를 생성할 것이다. 이에 대한 코드를 곧 보겠지만, 이 부분의 코드는 13장에 있던 바운스! 게임에서 작성했던 것과 비슷하다. 문서 편집기를 열고 다음의 코드를 입력한 다음 stickmangame.py라는 이름으로 파일을 저장하고, 15장에서 만들었던 stickman이라는 이름의 디렉터리에 저장하도록 하자.

```
from tkinter import *
import random
import time


class Game:
    def __init__(self):
        self.tk = Tk()
        self.tk.title("Mr. Stick Man Races for the Exit")
        self.tk.resizable(0, 0)
        self.tk.wm_attributes("-topmost", 1)
        self.canvas = Canvas(self.tk, width=500, height=500, \
                highlightthickness=0)
        self.canvas.pack()
        self.tk.update()
        self.canvas_height = 500
        self.canvas_width = 500
```

이 프로그램의 첫 번째 부분(from tkinter import *부터 self.tk.wm_attributes까지)에서는 tk 객체를 생성한 다음에 self.tk.title("Mr. Stick Man Races for the Exit") 코드로 창 제목을 설정하고 있다. 우리는 resizable 함수를 호출하여 고정된(즉, 크기를 바꿀 수 없는) 창을 만들고, wm_attributes 함수로 다른 창들 위에 나타나도록 한다.

다음으로 self.canvas = Canvas 줄의 코드로 캔버스를 생성하고, tk 객체의 pack과 update 함수를 호출한다. 마지막으로, 캔버스의 높이와 폭을 저장하기 위해 Game 클래스에 두 개의 변수인 height와 width를 생성한다.

__INIT__ 함수 완성하기

__init__ 함수의 나머지 부분을 우리가 만들었던 stickmangame.py 파일에 입력하자. 이번에 입력할 코드는 배경 이미지를 로딩하고 캔버스에 표시하는 것이다.

```
        self.tk.update()
        self.canvas_height = 500
        self.canvas_width = 500
❶      self.bg = PhotoImage(file="background.gif")
❷      w = self.bg.width()
        h = self.bg.height()
❸      for x in range(0, 5):
❹          for y in range(0, 5):
❺              self.canvas.create_image(x * w, y * h, \
                        image=self.bg, anchor='nw')
❻              self.sprites = []
        self.running = True
```

❶ 에서는 15장에서 우리가 생성했던 background.gif라는 배경 이미지 파일인 PhotoImage 객체를 받는 변수 bg를 생성한다. 다음으로, ❷ 에서는 배경 이미지의 폭과 높이를 변수 w와 변수 h에 저장한다. PhotoImage 클래스 함수인 width와 height는 로드된 이미지의 크기를 반환한다.

그리고 두 개의 루프가 이 함수에 온다. 그것들이 무슨 작업을 하는지 이해하기 위해 여러분이 작은 사각형의 고무 스탬프, 잉크, 커다란 종이 한 장을 가지고 있다고 가정해보자. 고무 스탬프를 이용하여 색칠된 사각형을 종이 전체에 찍으려고 한다면 어떻게 할까? 음, 종이 전체를 다 채울 때까지 무작위로 찍을 수도 있을 것이다. 그렇게 해도 종이 전체를 다 채울 수 있겠지만 엄청나게 혼란스럽게 될 것이며, 다 찍을 때까지 오랜 시간이 걸릴 수도 있다. 다른 방법으로는 오른쪽의 그림과 같이 한 칸씩 스탬프를 찍어 내려가다가 다 찍으면 다시 다음 줄의 처음으로 올라가서 다시 찍는 것이 있다.

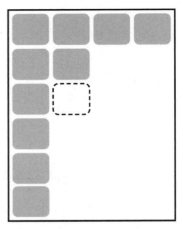

이전 장에서 생성한 배경 이미지를 우리가 가진 스탬프라고 생각하자. 우리는 캔버스의 폭이 500 픽셀이며 높이도 500 픽셀이라는 것을 알고 있으며, 배경 이미지는 100 픽셀의 정사각형으로 만들었다는 것을 알고 있다. 이 말은 배경 이미지로 화면을 채우려면 다섯 칸의 행과 다섯 칸의 열이 필요하다는 것을 의미한다. ❸ 번 루프에서 열을 계산하며, ❹ 번 루프에서는 행을 계산한다.

❺ 에서는 얼만큼 옆으로 그려야 하는지를 알기 위해 첫 번째 루프 변수인 x와 이미지의 폭을 곱하고(x * w), 얼만큼 아래로 그려야 하는지를 알기 위해 두 번째 루프 변수인 y와 이미지의 높이를 곱한다(y * h). 좌표들을 이용해 화면에 이미지를 그리기 위해 canvas 객체의 create_image 함수를 사용한다(self.canvas.create_image).

마지막으로, ❻ 에서는 비어있는 리스트를 가진 변수 self.sprites를 만들고, Boolean 값 True를 가진 변수 running을 만든다.

MAINLOOP 함수 만들기

게임 애니메이션을 위해 Game 클래스에 mainloop 함수를 사용할 것이다. 이 함수는 13장에서 만들었던 바운스! 게임의 메인 루프(또는 애니메이션 루프)와 많이 비슷할 것이다. 다음의 코드를 살펴보자.

```
        for x in range(0, 5):
            for y in range(0, 5):
                self.canvas.create_image(x * w, y * h, \
                        image=self.bg, anchor='nw')
                self.sprites = []
                self.running = True
    def mainloop(self):
❶          while 1:
❷              if self.running == True:
❸                  for sprite in self.sprites:
```

```
❹                     sprite.move()
❺              self.tk.update_idletasks()
               self.tk.update()
               time.sleep(0.01)
```

❶에서는 게임 창이 닫힐 때까지 실행될 while 루프를 만들었다. ❷에서는 running 변수가 True인지를 검사한다. 만약에 그렇다면, 스프라이트 리스트(self.sprites)에 있는 모든 스프라이트들을 가지고 루프를 돌면서❸ 각각마다 move 함수를 호출한다❹. 물론, 아직 어떠한 스프라이트도 만들지 않았기 때문에 지금 이 프로그램을 실행한다고 해도 이 코드는 아무런 작업을 하지 않을 것이다. 하지만 나중에 유용하게 사용될 것이다.

마지막 세 줄의 함수들은 tk 객체에 화면을 다시 그리라고 지시하고 13장에서의 바운스! 게임에서 했던 것처럼 잠깐 동안 sleep을 시킨다.

다음의 두 줄을 더 추가하고 이 파일을 저장하면 지금까지의 코드를 실행해볼 수 있다.

```
g = Game()
g.mainloop()
```

NOTE   이 게임의 파일 하단에 위의 코드를 추가하도록 하자. 또한 여러분의 이미지가 있는 장소와 동일한 위치의 디렉터리에 이 파일을 위치하자. 15장에서 stickman 디렉터리를 만들고 모든 이미지들을 저장했다면 이 게임의 파이썬 파일도 같은 디렉터리에 있어야 한다.

이 코드는 Game 클래스의 객체를 생성하고 g라는 변수에 저장한다. 그런 다음, 화면을 그리기 위해서 새로운 객체의 mainloop 함수를 호출한다.

이 프로그램을 저장했다면 **Run 〉Run Module**을 선택하여 IDLE에서 실행해보자. 다음과 같이 캔버스에 배경 이미지로 채워진 창을 보게 될 것이다.

이제 멋진 배경을 게임에 추가했으며 스프라이트를 그리게 될 애니메이션 루프도 생성했다.

COORDS 클래스 생성하기

이제 게임 화면에 스프라이트들의 위치를 지정할 때 사용할 클래스를 만들 것이다. 이 클래스는 게임의 모든 컴포넌트들의 왼쪽상단(x1, y1) 좌표와 오른쪽하단(x2, y2) 좌표를 저장할 것이다.

다음은 이들 좌표를 이용해 스틱맨 이미지의 좌표를 저장하는 방법을 보여준다.

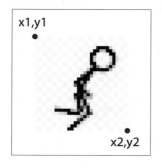

이 새로운 클래스를 Coords라고 부를 것이며, 네 개의 매개변수(x1, y1, x2, y2)를 받는 __init__

함수만 갖게 될 것이다. 코드는 다음과 같다(stickmangame.py 파일의 앞 부분에 위치하자).

```
class Coords:
    def __init__(self, x1=0, y1=0, x2=0, y2=0):
        self.x1 = x1
        self.y1 = y1
        self.x2 = x2
        self.y2 = y2
```

각 매개변수는 동일한 이름(x1, y1, x2, y2)의 객체 변수로 저장된다는 점에 주목하자. 이 클래스의 객체를 곧 이용하게 될 것이다.

충돌 검사하기

스프라이트의 위치를 어떻게 저장하는지를 배웠으니, 미스터 스틱맨이 화면에서 점프하여 바닥 받침판에 부딪혔을 때처럼 하나의 스프라이트가 다른 스프라이트에 충돌했음을 알려주는 방법이 필요하다. 이 문제를 쉽게 처리하기 위해 두 개의 작은 부분으로 나누겠다. 스프라이트가 수평 방향으로 충돌했는지를 검사하는 부분과 수직 방향으로 충돌했는지를 검사하는 부분이다. 이 두 가지 방법을 혼합하여 사용하면 어떤 방향에서든 두 개의 스트라이프의 충돌이 확인 가능하다!

수평 방향으로 충돌한 스프라이트

먼저 x 좌표들의 한 세트(x1, x2)가 다른 스프라이트의 x 좌표 세트(다른 x1, x2)와 겹치는지를 확인하기 위한 within_x 함수를 생성할 것이다. 확인하는 방법은 여러 가지가 있겠지만, 여기서는 간단한 방법을 사용할 것이다. 다음의 코드를 Coords 클래스 아래에 추가한다.

```
class Coords:
    def __init__(self, x1=0, y1=0, x2=0, y2=0):
        self.x1 = x1
        self.y1 = y1
        self.x2 = x2
        self.y2 = y2
```

```
       def within_x(co1, co2):
❶          if co1.x1 > co2.x1 and co1.x1 < co2.x2:
❷              return True
❸          elif co1.x2 > co2.x1 and co1.x2 < co2.x2:
❹              return True
❺          elif co2.x1 > co1.x1 and co2.x1 < co1.x2:
               return True
❻          elif co2.x2 > co1.x1 and co2.x2 < co1.x1:
               return True
❼          else:
❽              return False
```

within_x 함수는 매개변수로 Coords 객체인 co1과 co2를 받는다. ❶에서는 첫 번째 좌표 객체의 왼쪽 위치(co1.x1)가 두 번째 좌표 객체의 왼쪽 위치(co2.x1)와 오른쪽 위치(co2.x2) 사이에 있는지를 확인한다. 만약에 그렇다면, ❷에서 True를 반환한다.

이 코드가 어떻게 동작하는지 이해하기 위해 다음의 서로 겹쳐진 두 개의 선을 살펴보자. 각각의 선은 x1에서 시작하여 x2에서 끝난다.

```
┌─────────────────────────────────────────────┐
│                                             │
│     x1=50      x2=100                        │
│                                             │
│   x1=40                    x2=150           │
│                                             │
└─────────────────────────────────────────────┘
```

이 그림의 첫 번째 선(co1)은 50 픽셀 위치(x1)에서 시작하여 100(x2)에서 끝난다. 두 번째 선(co2)은 40에서 시작하여 150에서 끝난다. 이 경우, 첫 번째 선의 x1 위치는 두 번째 선의 x1과 x2 사이에 있기 때문에 이 함수의 첫 번째 if 문은 이러한 좌표에서 참(true)이 될 것이다.

❸에서의 elif는 첫 번째 선의 오른쪽 위치(co1.x2)가 두 번째 선의 왼쪽 위치(co2.x1)와 오른쪽 위치(co2.x2) 사이에 있는지를 확인한다. 만약에 그렇다면 ❹에서 True가 반환된다. ❺와 ❻에 있는 두 개의 elif 문들도 거의 같은 작업을 한다. 두 번째 선(co2)의 왼쪽과 오른쪽 위치가 첫 번

째 선(co1)에 대해 어떠한지를 검사한다.

만약에 if 문에 맞는 것이 하나도 없다면 ❼번의 else에 도달할 것이며, ❽에서 False를 반환한다. 이것은 "아니야, 두 개의 좌표 객체는 수평적으로 서로 겹치지 않았어."라는 의미다.

이 함수가 동작하는 것을 보기 위해서 앞의 그림을 다시 살펴보자. 첫 번째 좌표 객체의 x1과 x2 위치는 40과 100이며, 두 번째 좌표 객체의 x1과 x2 위치는 50과 150이라고 하자. 다음과 같은 코드로 입력하여 within_x 함수를 호출하여 어떤 일이 일어나는지 확인한다.

```
>>> c1 = Coords(40, 40, 100, 100)
>>> c2 = Coords(50, 50, 150, 150)
>>> print(within_x(c1, c2))
True
```

이 함수는 True를 반환한다. 이것은 스프라이트들이 서로 부딪혔는지를 검사하는 첫 번째 단계에서의 결과다. 우리는 미스터 스틱맨 클래스와 바닥 받침판 클래스를 생성하고 두 개의 스프라이트 객체의 x 좌표가 서로 겹치는지를 확인할 수 있을 것이다.

동일한 값을 반환하는 if 문이나 elif 문을 많이 두는 것은 좋은 프로그래밍 습관이 아니다. 이러한 문제를 해결하기 위해 조건문에 괄호와 or 키워드를 사용하여 within_x 함수를 짧게 만들 수 있다. 몇 줄의 코드를 줄여서 약간 더 깔끔한 함수를 원한다면 다음과 같이 함수의 내용을 수정할 수 있다.

```
def within_x(co1, co2):
    if (co1.x1 > co2.x1 and co1.x1 < co2.x2) \
            or (co1.x2 > co2.x1 and co1.x2 < co2.x2) \
            or (co2.x1 > co1.x1 and co2.x1 < co1.x2) \
            or (co2.x2 > co1.x1 and co2.x2 < co1.x1):
        return True
    else:
        return False
```

모든 조건들을 한 줄에 길게 만들지 않고 여러 줄의 if 문으로 확장하기 위해 앞의 코드와 같이 백슬래시(\)를 사용한다.

수직 방향으로 충돌한 스프라이트

스프라이트들이 수직 방향으로 충돌했는지도 알아야 할 것이다. within_y 함수는 within_x 함수와 매우 비슷하다. 이 함수를 만들기 위해 첫 번째 좌표의 y1 위치가 두 번째 좌표의 y1과 y2 위치에 겹치는지 검사하고, 그 반대로도 검사한다. 이 함수는 다음과 같이 추가한다(within_x 함수 밑에 위치하자). 이번에는 여러 개의 if 문이 아닌 짧은 버전의 코드를 사용할 것이다.

```
def within_y(co1, co2):
    if (co1.y1 > co2.y1 and co1.y1 < co2.y2) \
            or (co1.y2 > co2.y1 and co1.y2 < co2.y2) \
            or (co2.y1 > co1.y1 and co2.y1 < co1.y2) \
            or (co2.y2 > co1.y1 and co2.y2 < co1.y1):
        return True
    else:
        return False
```

최종 충돌 검사 코드를 위해 하나로 모두 합치기

우리는 한 세트의 x 좌표들이 다른 세트의 x 좌표들과 겹치는지, 그리고 y에 대해서도 똑같이 확인했다. 이제 어떤 스프라이트가 다른 스프라이트와 부딪쳤는지, 그리고 부딪힌 곳이 어떤 면인지를 확인하는 함수를 작성할 수 있다. 우리는 collided_left 함수와 collided_right 함수, collided_top 함수, collided_bottom 함수로 이 작업을 하게 될 것이다.

COLLIDED_LEFT 함수

다음은 collided_left 함수에 대한 코드다. 이 코드는 방금 만들었던 두 개의 within 함수 아래에 추가한다.

```
❶ def collided_left(co1, co2):
❷     if within_y(co1, co2):
❸         if co1.x1 <= co2.x2 and co1.x1 >= co2.x1:
❹             return True
❺     return False
```

이 함수는 첫 번째 좌표 객체의 왼쪽 면(x1 값)이 다른 좌표 객체에 부딪혔는지를 알려준다.

❶에서 확인할 수 있는 것처럼, 이 함수는 두 개의 매개변수인 co1(첫 번째 좌표 객체)과 co2(두 번째 좌표 객체)를 받는다. ❷에서는 두 개의 좌표 객체가 수직 방향으로 겹치는지를 within_y 함수로 확인한다. 결국, 미스터 스틱맨이 다음의 그림처럼 공중에 떠 있다면 바닥 받침판에 부딪혔는지를 검사하는 것은 아무런 소용이 없게 된다.

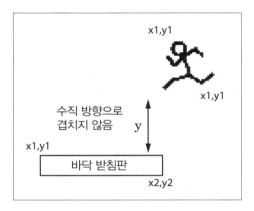

❸에서는 첫 번째 좌표 객체의 가장 왼쪽 위치의 값(co1.x1)이 두 번째 좌표 객체의 x2 위치(co2.x2)와 부딪혔는지(x2 위치보다 작거나 같은지)를 확인한다. 또한 x1 위치를 지나가진 않았는지를 검사한다. 만약에 부딪혔다면, ❹에서 True를 반환한다. if 문들 중에 어느 하나도 참이 아니라면, ❺에서 False를 반환한다.

COLLIDED_RIGHT 함수

collided_right 함수는 collided_left와 많이 비슷하다.

```
    def collided_right(co1, co2):
❶      if within_y(co1, co2):
❷          if co1.x2 >= co2.x1 and co1.x2 <= co2.x2:
❸              return True
❹      return False
```

collided_left처럼, within_y 함수를 이용하여 y 좌표들이 서로 겹치는지를 확인한다❶. ❷에서

x2 값이 두 번째 좌표 객체의 x1과 x2 위치 사이에 있는지를 확인하고, 만약에 그렇다면 ❸에서 True를 반환한다. 그렇지 않다면, ❹에서 False를 반환한다.

COLLIDED_TOP 함수

collided_top 함수도 우리가 방금 추가했던 두 개의 함수와 비슷하다.

```
    def collided_top(co1, co2):
❶       if within_x(co1, co2):
❷           if co1.y1 <= co2.y2 and co1.y1 >= co2.y1:
                return True
        return False
```

차이점은 이번에는 ❶에서 within_x 함수를 이용하여 좌표들이 수평적으로 겹치는지를 확인한다는 것이다. ❷에서는 첫 번째 좌표의 상단 위치(co1.y1)가 두 번째 좌표의 y1 위치가 아닌 y2 위치와 겹치는지를 확인한다. 만약에 그렇다면, True(그렇다. 이것은 첫 번째 좌표의 상단이 두 번째 좌표에 부딪힌 것이다)를 반환한다.

COLLIDED_BOTTOM 함수

물론 여러분은 이 네 개의 함수들이 각각 약간씩만 달라야 한다는 것을 알고 있다. 다음은 collided_bottom 함수다.

```
    def collided_bottom(y, co1, co2):
❶       if within_x(co1, co2):
❷           y_calc = co1.y2 + y
❸           if y_calc >= co2.y1 and y_calc <= co2.y2:
❹               return True
❺       return False
```

이 함수는 추가적으로 매개변수 y를 받는다. 이것은 첫 번째 좌표의 y 위치에 더할 값이다. ❶에서는 좌표들이 수평적으로 서로 겹치는지를 확인한다(collided_top에서 했던 것처럼 말이다). 다음으로는 매개변수 y의 값을 첫 번째 좌표의 y2 위치에 더하고, 그 결과를 ❷에서 y_calc 변수에 저장한다. 새롭게 계산된 값이 두 번째 좌표의 y1과 y2 값 사이에 있다면 ❸, ❹에서 True를 반환한다. 왜냐하면 좌표 co1의 하단이 좌표 co2의 상단에 부딪혔기 때문이다. 하지만 그 어떤 if

문도 참이 아니라면 ❺에서 False를 반환한다.

매개변수 y가 필요한 이유는 미스터 스틱맨이 바닥 받침판에서 떨어질 수 있기 때문이다. 다른 collided 함수들과는 다르게, 미스터 스틱맨이 이미 바닥에 충돌했는지가 아니라 바닥에 충돌할 수 있는지를 확인하기 위해 테스트할 수 있어야 한다. 만약에 스틱맨이 바닥 받침판에서 떠나 공중에 떠있다면 게임은 전혀 현실적이지 않을 것이다. 따라서 그가 걸어 다닐 때마다 왼쪽이나 오른쪽에 어떤 것과 충돌했는지를 확인해야 한다. 하지만 그의 아래쪽을 검사한다면 그가 바닥 받침판과 충돌했는지를 확인할 수 있을 것이다. 그렇게 하지 않는다면 그는 바닥으로 떨어져 부딪힐 것이다.

SPRITE 클래스 만들기

게임의 요소들을 위한 부모인 Sprite 클래스를 호출할 것이다. 이 클래스는 두 개의 함수로 move 함수와 coords 함수를 제공할 것이며, move 함수는 스프라이트를 이동하기 위한 것이고 coords 함수는 스프라이트의 현재 위치를 반환하기 위한 것이다. 다음은 Sprite 클래스에 대한 코드다.

```
    class Sprite:
❶      def __init__(self, game):
❷          self.game = game
❸          self.endgame = False
❹          self.coordinates = None
❺      def move(self):
❻          pass
❼      def coords(self):
❽          return self.coordinates
```

❶에 있는 Sprite 클래스의 __init__ 함수는 단 하나의 매개변수인 game을 받는다. 이 매개변수는 game 객체일 것이다. 이것으로 인하여 우리가 생성한 모든 스프라이트는 게임에 있는 다른 스프라이트들의 리스트를 접근할 수 있을 것이다. ❷에서 매개변수인 game을 객체 변수로 저장한다.

❸에서는 객체 변수인 endgame을 저장한다. 이것은 게임이 끝났는지를 알려주기 위해 사용될 것이다(지금은 False로 설정한다). ❹에 있는 마지막 객체 변수인 coordinates는 아무것도 설정하지 않는다(None).

❺에 있는 move 함수는 이곳 부모 클래스에서는 아무런 작업을 하지 않기 때문에 이 함수의 몸체인 ❻에서 pass 키워드를 사용한다. ❼에 있는 coords 함수는 ❽에서 객체 변수인 coordinates를 반환한다.

따라서 Sprite 클래스는 아무런 작업을 하지 않는 move 함수와 아무것도 없는 좌표를 반환하는 coords 함수를 갖게 된다. 음, 정말로 쓸모 없어 보이지 않나? 하지만 Sprite 클래스를 부모로 하는 다른 모든 클래스들은 move 함수와 coords 함수를 항상 갖게 될 것이다. 즉, 이 게임의 메인 루프에서 스프라이트들의 리스트를 가지고 루프를 돌 때 각각의 스프라이트에서 move 함수를 호출할 수 있으며 어떠한 에러도 발생하지 않을 것이다. 왜 그럴까? 그 이유는 각각의 스프라이트들 모두는 이 함수를 가지고 있기 때문이다.

> **NOTE** 클래스가 그렇게 많은 작업을 하지 않는 함수들을 가지고 있는 경우는 프로그래밍 세계에서 매우 흔한 일이다. 이런 방식은 자식 클래스에서 그 함수들을 사용하지 않는다고 해도, 모든 자식 클래스들은 동일한 기능을 제공해야 한다는 일종의 동의이자 약속이다.

바닥 받침판 추가하기

이제는 바닥 받침판을 추가할 것이다. 바닥 받침판 객체에 대한 클래스를 PlatformSprite라고 부를 것이며, Sprite의 하위 클래스가 될 것이다. 이 클래스에 대한 __init__ 함수는 부모 클래스인 Sprite처럼 이미지, x와 y 위치 그리고 이미지의 폭과 높이뿐만 아니라 game 매개변수를 받을 것이다. 다음은 PlatformSprite 클래스에 대한 코드다.

```
❶ class PlatformSprite(Sprite):
❷     def __init__(self, game, photo_image, x, y, width, height):
❸         Sprite.__init__(self, game)
❹         self.photo_image = photo_image
❺         self.image = game.canvas.create_image(x, y, \
                   image=self.photo_image, anchor='nw')
❻         self.coordinates = Coords(x, y, x + width, y + height)
```

❶에서는 PlatformSprite 클래스를 정의하면서 부모 클래스 이름인 Sprite라는 단 하나의 매개

변수를 준다. ❷에서 __init__ 함수는 일곱 개의 매개변수(self와 game, photo_image, x, y, width 그리고 height)를 갖는다.

❸에서는 매개변수 값인 self와 game으로 부모 클래스인 Sprite의 __init__ 함수를 호출한다. 왜냐하면 Sprite 클래스의 __init__ 함수는 self 키워드 외에 단 하나의 매개변수인 game을 받기 때문이다.

이 시점에서 PlatformSprite 객체를 생성한다면 부모 클래스인 Sprite 클래스의 __init__ 함수를 호출하기 때문에 부모 클래스의 모든 객체 변수들(game과 endgame, coordinates)을 갖게 될 것이다.

❹에서는 객체 변수로 photo_image 매개변수를 저장하며, ❺에서는 create_image로 화면에 이미지를 그리기 위하여 game 객체의 canvas 변수를 이용한다.

마지막으로, ❻에서는 Coords 객체를 생성하면서 처음 두 개의 인자로 x와 y 매개변수를, 그리고 나머지 두 개의 인자로 각각에 width와 height 매개변수를 더한 값을 사용한다.

비록 부모 클래스인 Sprite에서 coordinates 변수가 None으로 설정되지만, 자식 클래스인 PlatformSprite에서 coordinates 변수는 화면에서의 바닥 받침판 이미지의 실제 위치를 가지고 있는 실제 Coords 객체로 변경한다.

바닥 받침판 객체 추가하기

바닥 받침판을 게임에 추가하여 어떻게 보이는지 확인해보자. 다음과 같이 게임 파일(stickmangame.py)에서 두 줄을 수정한다.

```
❶ g = Game()
❷ platform1 = PlatformSprite(g, PhotoImage(file="platform1.gif"), \
       0, 480, 100, 10)
❸ g.sprites.append(platform1)
❹ g.mainloop()
```

보다시피 ❶번 줄과 ❹번 줄은 수정하지 않았지만, ❷번에서 PlatformSprite 클래스의 객체를 생성하고 게임에 대한 변수(g)와 **PhotoImage** 객체(이것은 첫 번째 바닥 받침판 이미지인 platform1. gif를 사용한다)를 함께 전달했다. 또한 바닥 받침판을 그리고자 하는 위치(가로로 0 픽셀, 세로로 480 픽셀)와 함께 그 폭(100 픽셀)과 높이(10 픽셀)를 전달한다. ❸번에서는 이 스프라이트를 게임 객체(g)에 있는 스프라이트 리스트에 추가한다.

지금 실행해보면 다음과 같이 화면의 왼쪽하단에 그려진 것을 확인할 것이다.

여러 개의 바닥 받침판 추가하기

이젠 여러 개의 바닥 받침판을 추가해보자. 각각은 서로 다른 x 좌표와 y 좌표를 갖게 될 것이기 때문에 화면상에서 흩어져서 그려지게 될 것이다.

```
g = Game()
platform1 = PlatformSprite(g, PhotoImage(file="platform1.gif"), \
    0, 480, 100, 10)
platform2 = PlatformSprite(g, PhotoImage(file="platform1.gif"), \
    150, 440, 100, 10)
platform3 = PlatformSprite(g, PhotoImage(file="platform1.gif"), \
    300, 400, 100, 10)
platform4 = PlatformSprite(g, PhotoImage(file="platform1.gif"), \
    300, 160, 100, 10)
```

```
platform5 = PlatformSprite(g, PhotoImage(file="platform2.gif"), \
    175, 350, 66, 10)
platform6 = PlatformSprite(g, PhotoImage(file="platform2.gif"), \
    50, 300, 66, 10)
platform7 = PlatformSprite(g, PhotoImage(file="platform2.gif"), \
    170, 120, 66, 10)
platform8 = PlatformSprite(g, PhotoImage(file="platform2.gif"), \
    45, 60, 66, 10)
platform9 = PlatformSprite(g, PhotoImage(file="platform3.gif"), \
    170, 250, 32, 10)
platform10 = PlatformSprite(g, PhotoImage(file="platform3.gif"), \
    230, 200, 32, 10)
g.sprites.append(platform1)
g.sprites.append(platform2)
g.sprites.append(platform3)
g.sprites.append(platform4)
g.sprites.append(platform5)
g.sprites.append(platform6)
g.sprites.append(platform7)
g.sprites.append(platform8)
g.sprites.append(platform9)
g.sprites.append(platform10)
g.mainloop()
```

여러 개의 PlatformSprite 객체를 생성하고 변수 platform1부터 platform10까지에 저장했다. 그런 다음 Game 클래스에 생성했던 sprites 변수에 각각의 바닥 받침판을 추가했다. 이제 다시 실행해보면 다음과 같이 보일 것이다.

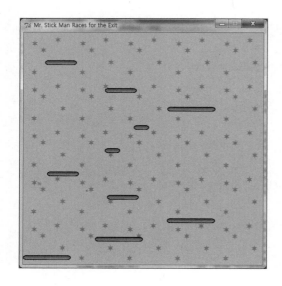

이제 게임의 기본적인 것들을 모두 만들었다! 주인공인 미스터 스틱맨을 추가할 준비가 된 것이다.

복습

이번 장에서는 Game 클래스를 생성했으며 벽지 같은 배경 이미지를 화면에 그렸다. within_x 함수와 within_y 함수를 생성하여 수평 위치나 수직 위치가 다른 수평 위치나 수직 위치 안에 있는지를 어떻게 확인하는지 배웠다. 그런 다음, 하나의 좌표 객체가 다른 객체와 충돌했는지를 확인하는 새로운 함수를 생성하기 위해 앞의 함수들을 사용했다. 다음 장에서는 미스터 스틱맨이 움직일 때와 캔버스 주위를 돌아다니다가 바닥 받침판과 충돌했는지를 감지해야 할 때에 이번 장에 만들었던 함수들을 사용할 것이다.

또한 우리는 부모 클래스인 Sprite를 만들었으며, 캔버스에 바닥 받침판을 그리기 위해 사용된 첫 번째 자식 클래스인 PlatformSprite도 만들었다.

프로그래밍 퍼즐

다음의 코딩 퍼즐은 게임의 배경 이미지를 가지고 실험할 수 있는 몇 가지 방법들이다. 정답은 이 책의 마지막 장에 있다.

#1: 체커보드

Game 클래스를 변경하여 배경이미지를 다음과 같이 체커보드처럼 되도록 해보자.

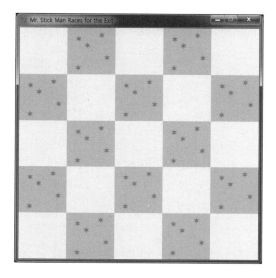

#2: 두 가지 이미지 체커보드

체커보드 효과를 어떻게 만드는지 알았다면 두 개의 이미지들을 사용해보자. 여러분이 가지고 있는 그래픽 프로그램을 이용해 또 다른 벽지 이미지를 준비한 다음, Game 클래스를 변경하여 빈 배경에 하나의 이미지를 사용하는 것이 아니라 두 개의 이미지로 체커보드 모양이 표현되게 해보자.

#3: 책장과 램프

게임의 배경을 좀 더 흥미롭게 만들기 위해서 다른 배경 이미지들을 만들 수도 있다. 지금의 배경 이미지의 복사본을 만들고 간단한 책장을 그려보자. 또는 램프가 있는 테이블이나 창문을 그려볼 수도 있을 것이다. 그런 다음, Game 클래스를 변경하여 화면에 만든 이미지들을 배치하여 서너 개의 서로 다른 이미지들을 로딩하여 표시해보자.

17
미스터 스틱맨 생성하기

이번 장에서는 미스터 스틱맨 탈출 게임의 주인공을 만들 것이다. 이 작업은 우리가 지금까지 했던 작업들 중에 가장 복잡한 코딩이 될 것이다. 왜냐하면 미스터 스틱맨은 왼쪽 오른쪽으로 뛰어 다닐 것이며, 점프도 하고 바닥 받침판으로 뛰면 멈추기도 하고, 바닥 받침판 끝에서 뛰면 떨어지기도 할 것이기 때문이다. 스틱맨이 왼쪽과 오른쪽으로 뛰도록 하기 위해서 왼쪽 화살표 키와 오른쪽 화살표 키에 이벤트 바인딩을 사용할 것이며, 스페이스바를 누르면 점프하게 만들 것이다.

미스터 스틱맨 이미지 초기화하기

새로운 스틱맨 클래스에 대한 __init__ 함수는 지금까지 있었던 다른 클래스들의 것과 매우 비슷할 것이다. 새로운 클래스 이름을 StickFigureSprite라고 하자. 이전의 클래스들처럼, 이 클래스의 부모 클래스는 Sprite로 한다.

```python
class StickFigureSprite(Sprite):
    def __init__(self, game):
        Sprite.__init__(self, game)
```

이 코드는 16장에서 PlatformSprite 클래스에 작성한 것과 비슷하다. 다른 것은 단지 self와 game외에 다른 매개변수들을 사용하지 않는다는 것이다. 그 이유는 PlatformSprite 클래스와는 달리, 이 게임에서는 단 하나의 StickFigureSprite 객체만 사용될 것이기 때문이다.

미스터 스틱맨 이미지 로딩하기

화면상에 다양한 크기의 바닥 받침판 객체가 많이 있으며, PlatformSprite 클래스의 __init__ 함수에 매개변수로 바닥 받침판을 전달하는 것은 "화면을 그릴 때 여기 있는 바닥 받침판 스프라이트 이미지를 사용해줘."라는 의미다. 하지만 스틱맨 이미지는 화면상에서 오직 하나이기 때문에 그 스프라이트 밖에서 이미지를 생성해서 매개변수로 전달하는 것은 맞지가 않다. 우리는 StickFigureSprite 클래스가 스틱맨 이미지를 어떻게 로드하는지를 알 수 있도록 해줄 것이다.

다음에 있는 __init__ 함수 코드가 바로 그 작업을 한다. 여기 서는 세 장의 왼쪽 이미지(스틱맨이 왼쪽으로 달려가는 애니 메이션을 표현하기 위해 이것을 사용할 것이다)와 세 장의 오른쪽 이미지(스틱맨이 오른쪽으로 달려가는 애니메이션을 표현하기 위해 이것을 사용할 것이다)를 로딩한다. 스틱맨이 화면에 표시될 때마다 이미지를 로딩하지 않기 위해 이미지 로딩 작업을 지금 하도록 한다. 화면에 표시될 때마다 이미지를 로딩하면 로딩 시간이 길어질 수 있으며, 게임이 느려질 수도 있다.

```python
class StickFigureSprite(Sprite):
    def __init__(self, game):
❶       Sprite.__init__(self, game)
        self.images_left = [ PhotoImage(file="figure-L1.gif"),
            PhotoImage(file="figure-L2.gif"),
            PhotoImage(file="figure-L3.gif")
        ]
```

```
❷          self.images_right = [ PhotoImage(file="figure-R1.gif"),
               PhotoImage(file="figure-R2.gif"),
               PhotoImage(file="figure-R3.gif")
           ]
❸          self.image = game.canvas.create_image(200, 470, \
                   image=self.images_left[0], anchor='nw')
```

이 코드는 스틱맨이 왼쪽으로 달려가는 애니메이션을 표현하기 위해 세 장의 왼쪽 이미지들을 로드하며, 스틱맨이 오른쪽으로 달려가는 애니메이션을 표현하기 위해 세 장의 오른쪽 이미지들을 로드한다.

❶ 과 ❷에서는 객체 변수인 `images_left`와 `images_right`를 생성한다. 이것들은 스틱맨 이미지가 왼쪽과 오른쪽을 향해 달려가 15장에서 만들었던 `PhotoImage` 객체들의 리스트를 가진다.

❸ 에서 캔버스의 `create_image` 함수를 이용하여 `self.images_left[0]`으로 (200, 470) 위치에 첫 번째 이미지를 그린다. 이것은 캔버스의 바닥 쪽의 게임 화면의 중간에 스틱맨을 위치시킨다. `create_image` 함수는 캔버스에 있는 이미지를 식별하는 숫자를 반환한다. 나중에 이 식별자를 사용하기 위해 객체 변수 `image`에 저장한다.

변수 설정하기

`__init__` 함수의 다음 부분에서는 나중에 사용하게 될 변수들을 설정한다.

```
           self.images_right = [ PhotoImage(file="figure-R1.gif"),
               PhotoImage(file="figure-R2.gif"),
               PhotoImage(file="figure-R3.gif")
           ]
           self.image = game.canvas.create_image(200, 470, \
                   image=self.images_left[0], anchor='nw')
❶          self.x = -2
❷          self.y = 0
❸          self.current_image = 0
❹          self.current_image_add = 1
❺          self.jump_count = 0
❻          self.last_time = time.time()
❼          self.coordinates = Coords()
```

❶과 ❷에서 객체 변수 x와 y는 스틱맨이 화면 주위로 움직일 때 스틱맨 이미지의 수평 좌표(x1과 x2)와 수직 좌표(y1과 y2)에 추가할 값을 저장할 것이다.

13장에서 배웠듯이, tkinter 모듈로 어떤 것을 움직이려고 할 때 그 객체의 x 위치 또는 y 위치에 값을 더한다. x에 −2를 그리고 y에 0을 설정했기 때문에 나중에 코드에서 x 위치에서 2만큼 빼고 y 위치는 아무런 변화를 주지 않을 것이며, 스틱맨은 왼쪽으로 달려가게 될 것이다.

> **NOTE** 음수의 x 값은 캔버스에서 왼쪽으로 움직이는 것이며, 양수의 x 값은 오른쪽으로 움직인다는 뜻이다. 또한 음수의 y 값은 캔버스에서 위쪽으로 움직이는 것이며, 양수의 y 값은 아래쪽으로 움직인다는 뜻이다.

❸에서는 화면에 현재 표시되는 이미지의 인덱스 위치를 저장하기 위해 객체 변수 current_image를 생성한다. 왼쪽을 향하는 이미지들의 리스트인 images_left는 figure-L1.gif, figure-L2.gif, figure-L3.gif를 가진다. 이것들의 인덱스 위치는 0, 1, 2다.

❹에서 current_image_add 변수는 다음 인덱스 위치를 얻기 위해 current_image에 저장된 인덱스 위치에 더하게 될 숫자를 담을 것이다. 예를 들면, 만약에 인덱스 위치 0에 그 이미지가 있다면 인덱스 위치 1에 있는 다음 이미지를 얻기 위해 1을 더하며, 인덱스 위치 2에 있는 리스트의 마지막 이미지를 얻기 위해 다시 1을 더한다(다음 장에서 애니메이션을 위해 이 변수를 어떻게 사용하는지 보게 될 것이다).

❺에 있는 변수 jump_count는 스틱맨 이미지가 점프하는 동안에 사용하게 될 카운트다. last_time 변수는 스틱맨 이미지가 움직일 때 이미지를 바꿨던 마지막 시간을 저장할 것이다. ❻에서는 time 모듈의 time 함수를 사용하여 현재 시간을 저장한다.

❼에서는 아무런 매개변수를 사용하지 않고 생성한 Coords 클래스의 객체(즉, x1, y1, x2, y2 모두는 0)를 coordinates 객체 변수에 담는다. 바닥 받침판과는 달리, 스틱맨 이미지의 좌표는 변경될 것이기 때문에 값들을 나중에 설정할 것이다.

키와 바인딩하기

__init__ 함수의 마지막 부분에서 bind 함수는 키보드가 눌렸을 때 스틱맨이 달리도록 해야 하므로 코드에 있는 어떤 것과 키(key)를 바인딩한다.

```
        self.jump_count = 0
        self.last_time = time.time()
        self.coordinates = Coords()
        game.canvas.bind_all('<KeyPress-Left>', self.turn_left)
        game.canvas.bind_all('<KeyPress-Right>', self.turn_right)
        game.canvas.bind_all('<space>', self.jump)
```

<KeyPress-Left>와 turn_left 함수를 바인딩하고, <KeyPress-Right>와 turn_right 함수를, 그리고 <space>와 jump 함수를 바인딩한다. 이제는 스틱맨이 움직이도록 이들 함수를 만들어보자.

미스터 스틱맨을 왼쪽 오른쪽으로 돌리기

turn_left 함수와 turn_right 함수는 스틱맨이 점프하지 않고 왼쪽 오른쪽으로 움직이도록 객체 변수 x에 값을 설정한다(만약에 스틱맨이 점프하고 있다면 공중에서 방향을 바꾸지 못하도록 하는 것이 우리 게임의 규칙이다).

```
        game.canvas.bind_all('<KeyPress-Left>', self.turn_left)
        game.canvas.bind_all('<KeyPress-Right>', self.turn_right)
        game.canvas.bind_all('<space>', self.jump)
```

```
❶      def turn_left(self, evt):
❷          if self.y == 0:
❸              self.x = -2

❹      def turn_right(self, evt):
❺          if self.y == 0:
❻              self.x = 2
```

플레이어가 왼쪽 화살표 키를 누르면 파이썬은 turn_left 함수를 호출하며, 플레이어가 무엇을 눌렀는지에 대한 정보를 매개변수로 객체에 전달한다. 이 객체는 **이벤트 객체**(event object)라고 불리며, **evt**라는 매개변수 이름으로 전달한다.

NOTE 우리 게임에서는 이 이벤트 객체가 중요하지 않다. 하지만 ❶과 ❹에서 함수의 매개변수로 포함시켜야 한다. 그렇지 않으면 파이썬이 에러를 낼 것이다. 이벤트 객체는 마우스(마우스 이벤트)의 x 위치와 y 위치, 키보드(키보드 이벤트)의 특정 키를 구별하기 위한 코드, 그리고 기타 다른 정보들을 가지고 있다. 이 게임에서는 이러한 정보들이 필요 없기 때문에 무시해도 괜찮다.

스틱맨 이미지가 점프하고 있는지를 확인하기 위해 ❷와 ❺에서 객체 변수 y의 값을 검사한다. 이 값이 0이 아니라면 스틱맨이 점프하고 있는 것이다. 앞의 코드에서 y의 값이 0이면 왼쪽으로 달려가도록 –2를 x에 설정하며 ❸, 오른쪽으로 달려가도록 2를 설정한다 ❻. 이렇게 하는 이유는 –1이나 1을 설정하면 스틱맨이 그렇게 빠르게 움직이지 않을 것이기 때문이다(나중에 스틱맨에 대한 애니메이션을 확인하고 이 값들을 변경해보자).

미스터 스틱맨을 점프하게 만들기

jump 함수는 turn_left 함수 및 turn_right 함수와 매우 비슷하다.

```
    def turn_right(self, evt):
        if self.y == 0:
            self.x = 2


    def jump(self, evt):
❶      if self.y == 0:
❷          self.y = -4
❸          self.jump_count = 0
```

이 함수도 이벤트 객체인 evt 매개변수를 받지만, 우리에게 필요한 정보가 없으므로 무시할 것이다. 이 함수가 호출된다는 것은 스페이스바가 눌렸다는 것이다.

우리는 스틱맨이 점프하고 있지 않은 경우에만 점프하도록 할 것이므로 ❶에서 y가 0인지를 확인한다. 만일 스틱맨이 점프하고 있지 않다면 스틱맨을 화면의 위쪽으로 이동하기 위해 y에

-4를 설정하고❷, jump_count를 0으로 설정한다❸. 스틱맨이 영원히 점프하고 있는 상태가 되지 않도록 하기 위해 jump_count를 사용할 것이고, 우리는 지정된 카운트만큼 점프하고 마치 중력 이 잡아당기듯이 다시 돌아오도록 할 것이다. 이 코드는 다음 장에서 추가할 것이다.

지금까지 배운 것들

우리가 만들었던 클래스들과 함수들의 내용과 파일에서 어디에 있어야 하는지를 다시 살펴보자.

프로그램의 맨 위에는 import 구문이 있어야 한다. 그 다음에 Game 클래스와 Coords 클래스가 있다. Game 클래스는 우리 게임에서의 메인 컨트롤러가 될 객체를 생성하기 위해 사용될 것이며, Cords 클래스의 객체는 바닥 받침판과 미스터 스틱맨과 같은 요소들의 위치를 담기 위해 사용된다.

```python
from tkinter import *
import random
import time


class Game:
    ...
class Coords:
    ...
```

다음으로, 어떤 스프라이트의 좌표가 다른 스프라이트의 영역에 있는지를 알려주는 within 함수 들과 게임에 있는 모든 스프라이트들의 부모 클래스인 Sprite, PlatformSprite 클래스, 그리고 StickFigureSprite 클래스가 시작된다. PlatformSprite는 스틱맨 이미지가 뛰어넘게 될 바닥 받 침판 객체를 생성하는 데 사용되며, 게임의 주인공인 스틱맨을 표현하기 위해 StickFigureSprite 클래스의 객체를 하나 생성한다.

```python
def within_x(co1, co2):
    ...
def within_y(co1, co2):
    ...
class Sprite:
    ...
```

```
class PlatformSprite(Sprite):
    ...
class StickFigureSprite(Sprite):
    ...
```

마지막으로, 지금까지 게임에 필요한 모든 객체들을 생성해야 한다(**game** 객체 자신과 바닥 받침 판들). 마지막 줄에서는 **mainloop** 함수를 호출한다.

```
g = Game()
platform1 = PlatformSprite(g, PhotoImage(file="platform1.gif"), \
    0, 480, 100, 10)
...
g.sprites.append(platform1)
...
g.mainloop()
```

코드가 약간 다르거나 동작하는 데 문제가 있다면 18장의 끝으로 넘어가서 이 게임의 전체 코드를 확인해보자.

복습

이번 장에서는 스틱맨 이미지를 위한 클래스 작업을 시작했다. 만약 지금 이 클래스의 객체를 생성한다면, 이는 스틱맨을 움직이기 위해 필요한 이미지들을 로딩하는 것과 나중에 코드에서 사용될 객체 변수들을 설정하는 것 외에는 다른 작업을 하지는 않을 것이다. 이 클래스는 키보드 이벤트(플레이어가 왼쪽 화살표 키나 오른쪽 화살표 키 또는 스페이스바를 눌렀을 때)를 기반으로 하는 객체 변수들의 값들을 변경하는 함수들을 가지고 있다.

다음 장에서는 이 게임을 완성할 것이다. 스틱맨 이미지를 표시하고 움직이게 하기 위해 **StickFigureSprite** 클래스에 함수들을 추가할 것이다. 또한 미스터 스틱맨이 도달하게 될 탈출구(문)도 추가할 것이다.

18
미스터 스틱맨 게임 완성하기

이전의 3개 장을 통해 미스터 스틱맨 탈출 게임이라는 게임을 개발해오고 있다. 우리는 그래픽을 생성한 다음에, 배경 이미지와 바닥 받침판, 그리고 스틱맨 이미지를 추가하는 코드를 작성했다. 이번 장에서는 스틱맨 이미지를 움직이게 하고 문을 추가하는 부분을 채워넣을 것이다.

이번 장이 끝날 때쯤이면 여러분은 완성된 게임에 대한 전체 코드를 갖게 될 것이다. 만약에 이 코드의 어떤 부분을 작성하는 데 문제가 있다면 여러분의 코드와 이 전체 코드를 비교해 어디가 잘못되었는지 확인할 수 있을 것이다.

미스터 스틱맨 이미지 움직이기

지금까지는 사용할 이미지들을 로딩하고 몇몇 기능과 키(key)를 바인딩해 스틱맨 이미지에 대한 기초 클래스를 생성했다. 하지만 지금 이 게임을 실행한다면, 지금까지의 코드는 특별히 흥미로운 작업을 하지 않을 것이다.

이제 17장에서 생성했던 StickFigureSprite 클래스에 몇 가지 함수들(animate, move, coords)을 추가할 것이다. animate 함수는 서로 다른 스틱맨 이미지들을 그릴 것이고, move는 캐릭터가 이동해야 할 곳을 판단할 것이며, 그리고 coords는 스틱맨 이미지의 현재 위치를 반환할 것이다(바닥 받침판 스프라이트와는 달리, 스틱맨 이미지는 화면상에서 이동될 때마다 그 위치가 다시 계산되어야 한다).

애니메이션 함수 생성하기

첫 번째로, 우리는 이미지에 따라 움직임을 검사하고 변경하는 animate 함수를 추가할 것이다.

움직임에 대해 검사하기

애니메이션 중에 스틱맨 이미지가 너무 빨리 바뀌거나 현실적이지 않게 움직이는 것을 원하진 않을 것이다. 공책 구석에 그려 놓은 플립(flip) 애니메이션을 생각해보자. 만약에 페이지들을 너무 빨리 넘긴다면 여러분이 그려놓은 것에 대한 효과를 완전하게 얻을 수 없게 될 것이다.

animate 함수의 전반부에서는 스틱맨 이미지가 왼쪽으로 뛰고 있는지 아니면 오른쪽으로 뛰고 있는지를 검사한 다음, 현재 이미지를 변경할지를 결정하기 위해 last_time 변수를 사용한다. 이 변수는 애니메이션의 속도를 제어할 수 있게 해줄 것이다. 이 함수는 17 장에서 StickFigureSprite 클래스에 추가했던 jump 함수 다음에 실행된다.

```
def jump(self, evt):
    if self.y == 0:
        self.y = -4
        self.jump_count = 0

def animate(self):
❶   if self.x != 0 and self.y == 0:
```

```
❷              if time.time() - self.last_time > 0.1:
❸                  self.last_time = time.time()
❹                  self.current_image += self.current_image_add
❺                  if self.current_image >= 2:
❻                      self.current_image_add = -1
❼                  if self.current_image <= 0:
❽                      self.current_image_add = 1
```

if 문 ❶에서 스틱맨 이미지가 왼쪽이나 오른쪽으로 움직이고 있는지를 판단하기 위해 x가 0이 아닌지를 검사하며, 스틱맨 이미지가 점프하고 있지 않다는 것을 판단하기 위해 y가 0인지를 검사한다. 만약에 if 문이 참이면 스틱맨 이미지를 애니메이션해야 하며, 거짓이라면 스틱맨 이미지는 계속해서 서 있을 것이므로 다시 그릴 필요가 없을 것이다. 스틱맨 이미지가 움직이지 않는다면 함수를 빠져나가므로 나머지 코드들이 무시될 것이다.

❷에서 time.time()을 이용한 현재 시간에서 last_time 변수의 값을 빼서 animate 함수가 최근에 호출된 이후의 총 시간을 계산한다. 이 계산은 다음 이미지를 그릴지를 결정하기 위해 사용되며, 계산 결과가 10분의 1초(0.1초)보다 크다면 ❸의 코드 블록으로 계속 진행한다. 여기서 다음 이미지로 변경하기 위한 타이밍을 다시 시작하도록 last_time 변수에 현재 시간을 설정한다.

❹에서 current_image_add 객체 변수의 값을 현재 표시되는 이미지의 인덱스 위치를 저장하는 current_image 변수에 더한다. 17장에서 스틱맨 이미지의 __init__ 함수 안에서 current_image_add 변수를 생성했기 때문에 animate 함수가 처음 호출되면 그 변수의 값은 이미 1로 설정된다는 것을 기억하자.

❺에서 current_image의 인덱스 위치 값이 2보다 크거나 같은지를 검사하며, 만약 그렇다면 current_image_add의 값을 –1로 수정한다❻. ❼에서의 과정도 비슷하다. 그 값이 0보다 작거나 같으면 ❽에서와 같이 다시 카운팅을 시작해야 한다.

> **NOTE** 만일 이 코드의 들여쓰기를 어떻게 해야 하는지를 알지 못한다면 다음의 힌트를 참고하자.
> ❶ 앞에는 8칸의 공백이 있으며, ❽ 앞에는 20칸의 공백이 있다.

지금까지 이 함수에서 어떤 일이 일어났는지를 이해하려면, 바닥의 한 줄에 색깔이 있는 블록들이 일렬로 있다고 상상해보자. 여러분의 손가락을 한 쪽 블록에서 다른 쪽 블록으로 움직이며, 손가락이 가리키는(1, 2, 3, 4 등) 각각의 블록은 숫자(current_image 변수)를 가진다. 손가락이 이동하는 블록의 개수(한 시점에 하나의 블록을 가리킨다)는 current_image_add 변수에 저장된 숫자다. 손가락이 블록의 위쪽으로 이동하면 1씩 더하며, 아래쪽으로 이동하면 1씩 뺀다(즉, -1을 더한다).

animate 함수에 추가한 코드는 이러한 작업을 수행한다. 하지만 우리는 색깔이 있는 블록 대신에 각 방향마다 리스트에 저장된 세 장의 스틱맨 이미지를 가진다. 이러한 이미지들의 인덱스 위치는 0, 1, 2다. 우리가 스틱맨 이미지를 애니메이션하여 마지막 이미지에 다다르면 인덱스 카운트를 줄여서 첫 번째 이미지에 다시 다다르게 하며, 다시 카운트를 올리기 시작한다. 그 결과, 달리는 것처럼 보이는 효과를 내게 된다.

다음의 그림은 animate 함수에서 계산한 인덱스 위치를 이용해 이미지의 리스트를 어떻게 이동하는지를 보여준다.

위치 0	위치 1	위치 2	위치 1	위치 0	위치 1
카운트 업	카운트 업	카운트 업	카운트 다운	카운트 다운	카운트 업

이미지 교체하기

animate 함수의 후반부에서는 계산된 인덱스 위치를 이용해 현재 표시되는 이미지를 교체한다.

```python
        def animate(self):
            if self.x != 0 and self.y == 0:
                if time.time() - self.last_time > 0.1:
                    self.last_time = time.time()
                    self.current_image += self.current_image_add
                    if self.current_image >= 2:
                        self.current_image_add = -1
                    if self.current_image <= 0:
                        self.current_image_add = 1
❶          if self.x < 0:
❷              if self.y != 0:
```

```
                    self.game.canvas.itemconfig(self.image, \
❸                         image=self.images_left[2])
                else:
❹                   self.game.canvas.itemconfig(self.image, \
❺                         image=self.images_left[self.current_image])
❻          elif self.x > 0:
❼              if self.y != 0:
❽                   self.game.canvas.itemconfig(self.image, \
                          image=self.images_right[2])
❾              else:
❿                   self.game.canvas.itemconfig(self.image, \
                          image=self.images_right[self.current_image])
```

❶에서 x가 0보다 작으면 스틱맨 이미지는 왼쪽으로 움직이므로, 파이썬은 ❷에서 ❺까지 보이는 코드 블록으로 이동해 y가 0이 아닌지(이 말은 스틱맨이 점프하고 있는지를 의미한다)를 검사한다. 만약 y가 0과 같지 않다면(스틱맨 이미지가 위쪽이나 아래쪽으로 이동하고 있다. 다시 말해서 점프하고 있다) ❸에서 표시된 이미지를 왼쪽으로 향하고 있는 이미지 리스트의 마지막 이미지로 교체하기 위해 캔버스의 `itemconfig` 함수를 사용한다(`images_left[2]`). 왜냐하면 스틱맨 이미지는 점프하고 있기 때문에 애니메이션을 좀 더 현실적으로 보이도록 하기 위해서 완전히 보폭을 넓힌 이미지를 사용할 것이다.

만약에 스틱맨 이미지가 점프하고 있지 않다면(즉, y가 0과 같다면) ❹에서 시작되는 `else` 문은 코드에 나타난 것처럼 표시된 이미지를 current_image 변수에 있는 인덱스 위치의 이미지로 교체하기 위해 `itemconfig`를 사용한다❺.

❻에서 스틱맨 이미지가 오른쪽으로 뛰고 있다면(x가 0보다 크면) 파이썬은 ❼에서 ❿까지 보이는 코드로 이동한다. 이 코드는 첫 번째 블록과 매우 비슷하다. 스틱맨 이미지가 점프하고 있는지를 검사하고, 만일 그렇다면 `images_right` 리스트를 이용하는 대신에 이 상황에 맞는 이미지를 사용한다.

미스터 스틱맨 이미지의 위치 얻기

스틱맨 이미지가 화면상에서 움직이고 있다면 화면상의 어디에 있는지 우리가 알아야 할 것이므로 coords 함수는 다른 Sprite 클래스 함수들과 다를 것이다. 스틱맨 이미지가 어디에 있는지를 판별하기 위해 캔버스의 coords 함수를 사용할 것이며, 그 다음에는 그 값들을 이용해 17장 초반부에 있던 __init__ 함수에서 생성한 coordinates 변수의 x1, y1, x2, y2 값들을 설정할 것이다. 다음은 animate 함수 다음으로 추가될 수 있는 코드다.

```
        if self.x < 0:
            if self.y != 0:
                self.game.canvas.itemconfig(self.image, \
                        image=self.images_left[2])
            else:
                self.game.canvas.itemconfig(self.image, \
                        image=self.images_left[self.current_image])
        elif self.x > 0:
            if self.y != 0:
                self.game.canvas.itemconfig(self.image, \
                        image=self.images_right[2])
            else:
                self.game.canvas.itemconfig(self.image, \
                        image=self.images_right[self.current_image])
    def coords(self):
❶      xy = self.game.canvas.coords(self.image)
❷      self.coordinates.x1 = xy[0]
❸      self.coordinates.y1 = xy[1]
❹      self.coordinates.x2 = xy[0] + 27
❺      self.coordinates.y2 = xy[1] + 30
        return self.coordinates
```

16장에서 Game 클래스를 생성했을 때 객체 변수들 중에 하나가 canvas였다. ❶ 에서 현재 이미지의 x와 y 위치를 반환하기 위해 canvas 변수의 coords 함수를 사용한다. 이 함수는 객체 변수인 image에 저장된 숫자(캔버스에 그려진 이미지에 대한 식별자)를 사용한다.

두 개의 값을 가지는 변수 xy에 결과 리스트를 저장한다. 왼쪽상단의 x 위치는 coordinates의 x1

변수로 저장되며 ❷, 왼쪽상단의 y 위치는 coordinates의 y1 변수로 저장된다 ❸.

우리가 생성한 모든 스틱맨 이미지들은 폭이 27 픽셀 ❹이고 높이가 30 픽셀 ❺이므로, 그 폭과 높이를 각각 x와 y에 더해 x2와 y2 변수들을 정할 수가 있다.

마지막으로, 함수의 마지막 줄은 객체 변수인 coordinates를 반환한다.

미스터 스틱맨 이미지 움직이게 하기

StickFigureSprite 클래스의 마지막 함수인 move는 게임 캐릭터가 화면 위에서 실제로 움직이게 하는 역할을 한다. 또한 이것은 캐릭터가 어디에 부딪혔을 때 우리에게 알려주도록 해야 한다.

MOVE 함수 시작하기

다음의 코드는 move 함수의 첫 번째 부분이다. 이 코드는 coords 다음에 둘 것이다.

```
        def coords(self):
            xy = self.game.canvas.coords(self.image)
            self.coordinates.x1 = xy[0]
            self.coordinates.y1 = xy[1]
            self.coordinates.x2 = xy[0] + 27
            self.coordinates.y2 = xy[1] + 30
            return self.coordinates


        def move(self):
❶          self.animate()
❷          if self.y < 0:
❸              self.jump_count += 1
❹              if self.jump_count > 20:
❺                  self.y = 4
❻          if self.y > 0:
❼              self.jump_count -= 1
```

❶에서 이번 장의 앞에서 생성했던 animate 함수(필요하다면 현재 표시하고 있는 이미지를 변경한다)를 호출한다. ❷에서 y의 값이 0보다 작은지를 확인한다. 만약에 그렇다면 스틱맨 이미지가 점프하고 있다는 것이다. 왜냐하면 음수 값은 그 이미지를 화면 위쪽으로 이동하도록 할 것이기

때문이다(캔버스의 위쪽이 0이며, 아래쪽은 500 픽셀 위치라는 것을 기억하자).

❸에서는 jump_count에 1을 더하고, ❹에서 jump_count가 20이 되었는지를 확인하면 스틱맨 이미지를 밑으로 다시 내리기 위해 y를 4로 변경한다 ❺.

❻에서 y의 값이 0보다 큰지(즉, 캐릭터가 밑으로 내려가야 하는지)를 확인하고, 만약에 그렇다면 20까지 모두 카운팅을 했으므로 jump_count에서 1을 빼면서 다시 카운트를 세야 한다(20을 세면서 여러분의 손을 천천히 공중에 올린 다음, 다시 20을 세면서 아래로 내려보자. 그러면 스틱맨 이미지가 점프하고 다시 내려오는 동작에 대한 계산 방법이 이해될 것이다).

move 함수에서의 그 다음 코드는 캐릭터가 화면상에서 어디에 있는지를 알려주는 coords 함수를 호출하고 그 결과 값을 co 변수에 저장하는 것이다. 그런 다음 left, right, top, bottom, falling 변수를 생성한다. 이 함수의 나머지 부분에서 이것들을 이용할 것이다.

```
if self.y > 0:
    self.jump_count -= 1
co = self.coords()
left = True
right = True
top = True
bottom = True
falling = True
```

각각의 변수들에 Boolean 값인 True가 설정된 것에 주목하자. 캐릭터가 화면상의 어떤 것과 부딪혔는지 또는 떨어지고 있는지를 검사하기 위해 이것들을 지표처럼 사용할 것이다.

스틱맨 이미지가 캔버스의 하단에 또는 상단에 부딪혔나?

move 함수의 다음 절은 캐릭터가 캔버스의 하단 또는 상단에 부딪혔는지를 검사한다. 다음의 코드를 살펴보자.

```
            bottom = True
            falling = True
❶          if self.y > 0 and co.y2 >= self.game.canvas_height:
❷              self.y = 0
❸              bottom = False
❹          elif self.y < 0 and co.y1 <= 0
❺              self.y = 0
❻              top = False
```

캐릭터가 화면의 아래로 떨어지고 있다면 y는 0보다 더 커질 것이므로 캔버스의 하단에 아직 다다르지 않았음을 확인해야 한다(그렇지 않으면 화면의 하단으로 사라질 것이다). 이렇게 하기 위해서는 ❶ 에서는 y2 위치가 game 객체의 canvas_height 변수보다 크거나 같은지를 확인한다. 만약 그렇다면 떨어지고 있는 스틱맨 이미지를 멈추기 위해 y의 값을 0으로 설정한다❷. 그런 다음, bottom 변수를 False로 설정해 스틱맨 이미지가 바닥에 다다랐는지를 더 이상 검사하지 않도록 한다❸.

스틱맨 이미지가 화면의 상단에 다다랐는지를 검사하는 과정도 이와 비슷하다. ❹ 에서 스틱맨 이미지가 점프(y가 0보다 작음)하고 있는지를 검사한다. 그런 다음, y1의 위치가 0보다 작거나 같은지를 확인한다. 이것은 스틱맨 이미지가 캔버스의 상단에 다다랐는지를 의미하는 것이다. 만약 두 가지 조건 모두가 참이라면 y를 0으로 설정해 움직임을 멈추도록 한다❺. 마찬가지로, top 변수를 True로 설정해 스틱맨 이미지가 상단에 다다랐는지를 더 이상 검사하지 않도록 한다❻.

스틱맨 이미지가 캔버스의 옆면에 부딪혔나?

스틱맨 이미지가 캔버스의 왼쪽 면과 오른쪽 면에 부딪혔는지를 검사하는 코드도 거의 비슷하다. 다음의 코드를 살펴보자.

```
          elif self.y < 0 and co.y1 <= 0
              self.y = 0
              top = False
❶        if self.x > 0 and co.x2 >= self.game.canvas_width:
❷            self.x = 0
❸            right = False
❹        elif self.x < 0 and co.x1 <= 0:
❺            self.x = 0
```

```
❻          left = False
```

❶에서 x가 0보다 크다면 스틱맨 이미지가 오른쪽으로 달려가고 있다는 것을 알 수 있다. 또한 x2 위치(co.x2)가 game_width에 저장된 캔버스의 폭보다 크거나 같다는 것은 스틱맨 이미지가 화면의 오른쪽 면에 다다랐다는 것을 알 수 있다. 만약에 두 가지 조건 모두 참이라면, 달리고 있는 스틱맨 이미지를 멈추기 위해서 x에 0을 설정하고 right 변수에 False를 설정한다 ❸.

다른 스프라이트들과의 충돌

스틱맨 이미지가 화면의 끝에 부딪혔는지를 검사했다면, 이제는 화면상의 다른 것들과 부딪혔는지를 검사해야 한다. 다음은 game 객체에 저장된 스프라이트 객체들의 리스트를 이용해 스틱맨 이미지가 부딪혔는지를 검사하는 코드다.

```
          elif self.x < 0 and co.x1 <= 0:
              self.x = 0
              left = False
❶          for sprite in self.game.sprites:
❷              if sprite == self:
❸                  continue
❹              sprite_co = sprite.coords()
❺              if top and self.y < 0 and collided_top(co, sprite_co):
❻                  self.y = -self.y
❼                  top = False
```

❶ 에서는 스프라이트들의 리스트를 가지고 루프를 돌면서 리스트에 있는 각각의 객체를 sprite 변수에 할당한다. ❷ 에서는 할당된 스프라이트가 self와 같은지를 검사한다(다른 식으로 말한다면 "이 스프라이트가 나와 같은가?"이다). 만약 그렇다면 그 스프라이트는 결국 자기 자신이기 때문에 충돌했는지를 검

사할 필요가 없어진다. sprite 변수가 self와 같다면 리스트의 다음 스프라이트로 넘어가기 위해서 continue를 사용한다.

다음으로, 스프라이트 객체의 coords 함수를 호출해 새로운 스프라이트의 좌표를 얻어서 ❹, sprite_co 변수에 저장한다❹. 그런 다음, ❺에서 다음의 사항들을 검사한다.

- 스틱맨 이미지가 화면의 상단에 부딪히지 않았다(top 변수는 여전히 참이다).
- 스틱맨 이미지가 점프하고 있다(y 변수의 값은 0보다 작다).
- 스틱맨 임지의 상단은 리스트에서 얻은 스프라이트와 충돌했다(16장에서 생성했던 collided_top 함수를 사용한다).

이 모든 조건들이 참이라면 스프라이트가 다시 떨어지도록 빼기(–)를 이용해 y의 값을 줄인다❻. top 변수는 False로 설정한다❼. 왜냐하면 스틱맨 이미지의 상단이 한 번 충돌한 것이므로 충돌에 대해 계속해서 검사할 필요가 없다.

바닥과의 충돌

루프에서의 다음 부분은 캐릭터의 하단이 어떤 것과 부딪혔는지를 확인하는 것이다.

```
        if top and self.y < 0 and collided_top(co, sprite_co):
            self.y = -self.y
            top = False
❶      if bottom and self.y > 0 and collided_bottom(self.y, \
                co, sprite_co):
❷          self.y = sprite_co.y1 - co.y2
❸          if self.y < 0:
❹              self.y = 0
❺          bottom = False
❻          top = False
```

❶에는 앞에서 했던 것과 비슷한 세 가지 검사가 있다. bottom 변수가 여전히 참인지와 스틱맨 캐릭터가 떨어지고 있는지(y는 0보다 큼), 그리고 캐릭터의 하단이 스프라이트와 부딪혔는지를 검사한다. 만약 이 모든 것들이 참이라면 스프라이트의 상단 y 값(y1)에서 스틱맨 이미지의 하단 y 값(y2)을 뺀다❷. 이것이 약간 이상해보일 수도 있다. 왜 이렇게 하는지를 살펴보자.

게임 캐릭터가 어떤 바닥 받침판에서 떨어지고 있다고 상상해보자. 그 캐릭터는 mainloop 함수가 실행될 때마다 4 픽셀 씩 떨어지고 있으며, 스틱맨 이미지의 바닥은 또 다른 바닥 받침판에서 3 픽셀 위쪽에 있다. 예를 들어, 스틱맨 이미지의 하단(y1)은 57 위치에 있으며 바닥 받침판의 상단

(y2)은 60 위치에 있다고 하자. 이런 경우, collided_bottom 함수는 참을 반환할 것이다. 왜냐하면 이 코드는 y의 값(여기서는 4)을 스틱맨 이미지의 y2 변수에 더할 것이기 때문이다(결과적으로 61이 된다).

스틱맨 이미지는 계단(바닥 받침판)에서 엄청난 점프를 해서 내려가다가 바닥의 약간 위의 공중에 멈춰진 것처럼 될 것이다. 하지만 우리는 미스터 스틱맨이 바닥 받침판이나 화면의 하단에 거의 다다른 것처럼 보이는 순간에 멈춰지는 것을 원하는 게 아니다. 이 정도로도 괜찮을 수 있겠지만, 게임에서는 올바르게 보이지 않을 것이다. 바닥 받침판의 y1 값(60)에서 캐릭터의 y2 값(57)을 빼면 스틱맨 이미지가 바닥 받침판 위로 착지하는 데 필요한 값인 3을 얻게 된다.

❸ 에서는 계산한 결과가 음수가 나오지 않았는지 확인한다. 만약 그렇다면 ❹ 에서 y에 0을 설정한다(만일 음수를 계속 유지한다면 스틱맨 이미지는 다시 위로 올라갈 것이며, 이것은 우리가 이 게임에서 원하는 것이 아니다).

마지막으로 ❺ 와 ❻ 에서 top과 bottom 플래그를 False로 설정하므로, 스틱맨 이미지의 상단과 하단이 다른 스프라이트와 충돌했는지를 더 이상 검사할 필요가 없게 된다.

스틱맨 이미지가 바닥 받침판의 끝을 넘어갔는지를 알기 위해 하단 검사를 하나 더 할 것이 있다. 다음의 if 문은 이를 위한 코드다.

```
if self.y < 0:
    self.y = 0
bottom = False
top = False
if bottom and falling and self.y == 0 \
        and co.y2 < self.game.canvas_height \
        and collided_bottom(1, co, sprite_co):
    falling = False
```

falling 변수가 False로 설정되려면 여기의 다섯 가지 검사가 모두 참이어야 한다.

- bottom 플래그가 True로 설정되어 있는지를 검사해야 한다.

- 스틱맨 이미지가 떨어지고 있는지를 검사해야 한다(falling 플래그가 True로 설정되어 있음).

- 스틱맨 이미지가 이미 떨어지고 있는 중이 아니다(y가 0).

- 스프라이트의 바닥이 화면의 하단에 다다르지 않았다(캔버스의 높이보다 작음).

- 스틱맨 이미지는 바닥 받침판의 상단에 다다랐다(collided_bottom이 True를 반환함).

그러면 우리는 falling 변수에 False를 설정한다.

좌우 검사하기

스틱맨 이미지의 상단과 하단이 다른 스프라이트에 부딪혔는지를 검사했다. 이제는 왼쪽과 오른쪽이 부딪혔는지를 검사해야 한다. 다음의 코드를 살펴보자.

```
        if bottom and falling and self.y == 0 \
                and co.y2 < self.game.canvas_height \
                and collided_bottom(1, co, sprite_co):
            falling = False
❶      if left and self.x < 0 and collided_left(co, sprite_co):
❷          self.x = 0
❸          left = False
❹      if right and self.x > 0 and collided_right(co, sprite_co):
❺          self.x = 0
❻          right = False
```

❶에서는 왼쪽에 충돌이 있는지(left가 여전히 True로 설정되어 있음)와 스틱맨 이미지가 왼쪽으로 움직이고 있는지(x가 0보다 작음)를 확인한다. 또한 collided_left 함수를 이용해 스틱맨 이미지가 다른 스프라이트와 충돌했는지를 검사한다. 만약 이 세 가지 조건들 모두가 참이라면 ❷에서 x를 0으로 설정하고(달리고 있는 스틱맨 이미지를 멈추기 위함), ❸에서 left를 False로 설정한다. 이렇게 하면 더 이상 왼쪽에 대한 충돌을 검사하지 않게 된다.

❹와 같이, 오른쪽 충돌을 검사하는 코드도 비슷하다. ❺에서 x를 0으로 설정하고, ❻에서 right를 False로 설정하여 더 이상 오른쪽에 대한 충돌 검사를 멈추도록 한다.

네 가지 방향 모두에 대한 충돌 검사의 최종 코드는 다음과 같다.

```
        elif self.x < 0 and co.x1 <= 0:
            self.x = 0
            left = False
    for sprite in self.game.sprites:
        if sprite == self:
            continue
        sprite_co = sprite.coords()
        if top and self.y < 0 and collided_top(co, sprite_co):
            self.y = -self.y
            top = False
        if bottom and self.y > 0 and collided_bottom(self.y, \
                co, sprite_co):
            self.y = sprite_co.y1 - co.y2
            if self.y < 0:
                self.y = 0
            bottom = False
            top = False
        if bottom and falling and self.y == 0 \
                and co.y2 < self.game.canvas_height \
                and collided_bottom(1, co, sprite_co):
            falling = False
        if left and self.x < 0 and collided_left(co, sprite_co):
            self.x = 0
            left = False
        if right and self.x > 0 and collided_right(co, sprite_co):
            self.x = 0
            right = False
```

다음과 같이 move 함수에 코드 몇 줄만 더 추가해야 한다.

```
        if right and self.x > 0 and collided_right(co, sprite_co):
            self.x = 0
            right = False
❶      if falling and bottom and self.y == 0 \
                and co.y2 < self.game.canvas_height:
```

```
❷          self.y = 4
❸          self.game.canvas.move(self.image, self.x, self.y)
```

❶에서는 falling 변수와 bottom 변수 모두가 True인지를 검사한다. 만일 그렇다면 하단에 대한 충돌을 제외하고 리스트에 있는 모든 바닥 받침판 스프라이트들을 가지고 루프를 돌았다는 것이다.

❶에서의 마지막 검사는 캐릭터 하단이 캔버스 높이보다 작은지에 대한 것이다. 즉, 지면(캔버스의 바닥) 위에 있는지다. 스틱맨 이미지가 아무런 충돌 없이 지면 위에 있다는 것은 스틱맨 이미지가 공중에 서 있다는 의미다(다시 말해서 바닥 받침판 끝 쪽에서 뛰어내렸다는 것이다). 스틱맨이 바닥 받침판 끝에서 뛰도록 하기 위해서 y에 4를 설정한다❷.

❸에서는 우리가 설정한 변수 x와 y를 기준으로 움직이게 한다. 스프라이트들을 가지고 충돌 검사를 했다는 것은 변수 x와 y 모두 0으로 설정했다는 의미다. 왜냐하면, 스틱맨이 바닥의 왼쪽에 있기 때문이다. 이 경우에는 캔버스의 move 함수 호출은 아무런 동작을 하지 않을 것이다.

미스터 스틱맨이 바닥 받침판의 끝에서 떨어지는 경우도 있을 것이다. 이럴 때는 y에 4를 설정할 것이며 미스터 스틱맨은 아래도 떨어지게 될 것이다.

휴... 정말로 긴 함수였다!

스틱맨 이미지 스프라이트 테스트하기

StickFigureSprite 클래스를 생성했으므로 mainloop 함수를 호출하기 전에 다음의 코드 두 줄을 추가해보자.

```
❶ sf = StickFigureSprite(g)
❷ g.sprites.append(sf)
  g.mainloop()
```

❶에서는 StickFigureSprite 객체를 생성하고 변수 sf에 저장한다. 바닥 받침판에서 했듯이 ❷에서는 game 객체에 저장한 리스트에 이 새로운 변수를 추가한다.

프로그램을 실행해보자. 미스터 스틱맨이 뛰어다니고, 바닥 받침판 사이를 점프하며 떨어지기도

한다는 것을 확인할 수 있을 것이다!

탈출구!

이 게임에서 빠져있는 하나는 탈출할 문이다. 우리는 문에 대한 스프라이트를 생성하며, 문을 감지하기 위한 코드를 추가하고 **door** 객체를 우리의 프로그램에 넣을 것이다.

DoorSprite 클래스 생성하기

예상했듯이, DoorSprite라는 클래스를 하나 더 만들어야 한다. 이 클래스는 다음과 같이 시작한다.

```
      class DoorSprite(Sprite):
❶         def __init__(self, game, photo_image, x, y, width, height):
❷             Sprite.__init__(self, game)
❸             self.photo_image = photo_image
❹             self.image = game.canvas.create_image(x, y, \
                       image=self.photo_image, anchor='nw')
❺             self.coordinates = Coords(x, y, x + (width / 2), y + height)
❻             self.endgame = True
```

❶에서와 같이 DoorSprite 클래스의 __init__ 함수는 self와 game 객체, photo_image 객체, x 좌표와 y 좌표, 그리고 이미지의 width와 height를 매개변수로 가진다. ❷에서는 다른 스프라이트 클래스들처럼 __init__을 호출한다.

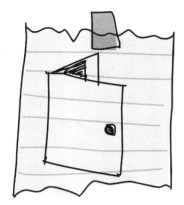

❸에서는 PlatformSprite에서 했던 것처럼 동일한 이름의 객체 변수를 이용해 매개변수 photo_image를 저장한다. create_image 함수를 이용해 표시할 이미지를 만들고, ❹에서 객체 변수인 image를 이용해 그 함수가 반환하는 식별값을 저장한다.

❺에서는 DoorSprite의 좌표에 문의 x1 위치와 y1 위치가 될 x와 y 매개변수 그리고 x2 위치와 y2 위치를 계산하여 설정한다. 여기서 폭의 절반을 매개변수 x에 더해 x2 위치를 계산한다. 예를 들어, x가 10(x1 좌표 역시 10)이고 폭이 40이라면, x2 좌표는 30이 될 것이다(40의 절반에 10을 더함).

왜 이렇게 복잡한 계산을 할까? 미스터 스틱맨이 바닥 받침판 끝에 도착하자마자 멈추는 바닥 받침판과는 달리, 문의 앞에서 멈춰야 하기 때문이다(만약에 미스터 스틱맨이 문을 지나서 멈춘다면 이상하게 보일 수 있다). 이 게임을 실행해보면 문이 생긴 것을 볼 수 있을 것이다.

x1 위치와는 달리, y1 위치에 대한 계산은 간단하다. height 변수의 값을 매개변수 y에 추가하면 끝이다.

마지막으로, ❻에서는 endgame 객체 변수에 True를 설정한다. 이것은 스틱맨 이미지가 문에 도착하면 게임이 끝나야 한다는 것을 의미한다.

문 감지하기

이제는 StickFigureSprite 클래스의 move 함수 코드를 수정해 스틱맨이 왼쪽이나 오른쪽 방향으로 어떤 스프라이트와 충돌할 경우를 감지해야 한다. 다음은 처음으로 수정해야 할 것이다.

```
if left and self.x < 0 and collided_left(co, sprite_co):
    self.x = 0
    left = False
    if sprite.endgame:
        self.game.running = False
```

스틱맨 이미지가 충돌한 스프라이트가 True로 설정된 endgame 변수를 가지고 있는지를 검사한다. 만약 그렇다면 running 변수에 False를 설정하고 모든 움직임을 멈춘다(이 게임의 끝에 온 것이다).

이와 같은 코드를 오른쪽 방향에서의 충돌 검사에도 추가할 것이다. 다음의 코드가 바로 그것이다.

```
if right and self.x > 0 and collided_right(co, sprite_co):
    self.x = 0
    right = False
    if sprite.endgame:
        self.game.running = False
```

문 객체 추가하기

마지막으로 추가해야 할 코드는 문에 대한 객체다. 우리는 이 코드를 메인 루프 전에 추가할 것이다. 스틱맨 이미지 객체를 생성하기 전에 door 객체를 생성하고 스프라이트 리스트에 추가한다. 다음은 이에 대한 코드다.

```
g.sprites.append(platform7)
g.sprites.append(platform8)
g.sprites.append(platform9)
g.sprites.append(platform10)
door = DoorSprite(g, PhotoImage(file="door1.gif"), 45, 30, 40, 35)
g.sprites.append(door)
sf = StickFigureSprite(g)
g.sprites.append(sf)
g.mainloop()
```

game 객체에 대한 변수인 g와 15장에서 생성했던 문 이미지인 PhotoImage를 이용해 door 객체를 생성한다. 화면의 꼭대기에 있는 바닥 받침판 위에 문을 위치하기 위해 매개변수 x와 y에 45과 30을 설정하며, width와 height에 40과 35를 설정한다. 이 door 객체를 다른 스프라이트들처럼 스프라이트 리스트에 추가한다.

미스터 스틱맨이 문에 도착한 결과를 볼 수 있을 것이다. 다음의 그림처럼 스틱맨은 문 앞에서 달리는 것을 멈출 것이다.

최종 게임

이 게임의 전체 코드는 약 200줄이 넘는다. 다음의 코드는 완성된 게임 코드다. 만약에 여러분이 작업한 코드에 문제가 있다면 이 코드와 비교해보자.

```python
from tkinter import *
import random
import time


class Game:
    def __init__(self):
        self.tk = Tk()
        self.tk.title("Mr. Stick Man Races for the Exit")
        self.tk.resizable(0, 0)
        self.tk.wm_attributes("-topmost", 1)
        self.canvas = Canvas(self.tk, width=500, height=500, \
                highlightthickness=0)
        self.canvas.pack()
        self.tk.update()
        self.canvas_height = 500
        self.canvas_width = 500
```

```
        self.bg = PhotoImage(file="background.gif")
        w = self.bg.width()
        h = self.bg.height()
        for x in range(0, 5):
            for y in range(0, 5):
                self.canvas.create_image(x * w, y * h, \
                        image=self.bg, anchor='nw')
        self.sprites = []
        self.running = True


    def mainloop(self):
        while 1:
            if self.running == True:
                for sprite in self.sprites:
                    sprite.move()
            self.tk.update_idletasks()
            self.tk.update()
            time.sleep(0.01)


class Coords:
    def __init__(self, x1=0, y1=0, x2=0, y2=0):
        self.x1 = x1
        self.y1 = y1
        self.x2 = x2
        self.y2 = y2


def within_x(co1, co2):
    if (co1.x1 > co2.x1 and co1.x1 < co2.x2) \
            or (co1.x2 > co2.x1 and co1.x2 < co2.x2) \
            or (co2.x1 > co1.x1 and co2.x1 < co1.x2) \
            or (co2.x2 > co1.x1 and co2.x2 < co1.x1):
        return True
    else:
        return False
```

```python
def within_y(co1, co2):
    if (co1.y1 > co2.y1 and co1.y1 < co2.y2) \
            or (co1.y2 > co2.y1 and co1.y2 < co2.y2) \
            or (co2.y1 > co1.y1 and co2.y1 < co1.y2) \
            or (co2.y2 > co1.y1 and co2.y2 < co1.y1):
        return True
    else:
        return False


def collided_left(co1, co2):
    if within_y(co1, co2):
        if co1.x1 <= co2.x2 and co1.x1 >= co2.x1:
            return True
    return False


def collided_right(co1, co2):
    if within_y(co1, co2):
        if co1.x2 >= co2.x1 and co1.x2 <= co2.x2:
            return True
    return False


def collided_top(co1, co2):
    if within_x(co1, co2):
        if co1.y1 <= co2.y2 and co1.y1 >= co2.y1:
            return True
    return False


def collided_bottom(y, co1, co2):
    if within_x(co1, co2):
        y_calc = co1.y2 + y
        if y_calc >= co2.y1 and y_calc <= co2.y2:
            return True
    return False


class Sprite:
```

```python
    def __init__(self, game):
        self.game = game
        self.endgame = False
        self.coordinates = None
    def move(self):
        pass
    def coords(self):
        return self.coordinates


class PlatformSprite(Sprite):
    def __init__(self, game, photo_image, x, y, width, height):
        Sprite.__init__(self, game)
        self.photo_image = photo_image
        self.image = game.canvas.create_image(x, y, \
                image=self.photo_image, anchor='nw')
        self.coordinates = Coords(x, y, x + width, y + height)


class StickFigureSprite(Sprite):
    def __init__(self, game):
        Sprite.__init__(self, game)
        self.images_left = [
            PhotoImage(file="figure-L1.gif"),
            PhotoImage(file="figure-L2.gif"),
            PhotoImage(file="figure-L3.gif")
        ]
        self.images_right = [
            PhotoImage(file="figure-R1.gif"),
            PhotoImage(file="figure-R2.gif"),
            PhotoImage(file="figure-R3.gif")
        ]
        self.image = game.canvas.create_image(200, 470, \
                image=self.images_left[0], anchor='nw')
        self.x = -2
        self.y = 0
        self.current_image = 0
```

```python
        self.current_image_add = 1
        self.jump_count = 0
        self.last_time = time.time()
        self.coordinates = Coords()
        game.canvas.bind_all('<KeyPress-Left>', self.turn_left)
        game.canvas.bind_all('<KeyPress-Right>', self.turn_right)
        game.canvas.bind_all('<space>', self.jump)

def turn_left(self, evt):
    if self.y == 0:
        self.x = -2

def turn_right(self, evt):
    if self.y == 0:
        self.x = 2
def jump(self, evt):
    if self.y == 0:
        self.y = -4
        self.jump_count = 0

def animate(self):
    if self.x != 0 and self.y == 0:
        if time.time() - self.last_time > 0.1:
            self.last_time= time.time()
            self.current_image += self.current_image_add
        if self.current_image >= 2:
            self.current_image_add = -1
        if self.current_image <= 0:
            self.current_image_add = 1
if self.x < 0:
    if self.y != 0:
        self.game.canvas.itemconfig(self.image, \
                image=self.images_left[2])
    else:
        self.game.canvas.itemconfig(self.image, \
```

```
                        image=self.images_left[self.current_image])
        elif self.x > 0:
            if self.y != 0:
                self.game.canvas.itemconfig(self.image, \
                        image=self.images_right[2])
            else:
                self.game.canvas.itemconfig(self.image, \
                        image=self.images_right[self.current_image])

    def coords(self):
        xy = self.game.canvas.coords(self.image)
        self.coordinates.x1 = xy[0]
        self.coordinates.y1 = xy[1]
        self.coordinates.x2 = xy[0] + 27
        self.coordinates.y2 = xy[1] + 30
        return self.coordinates

    def move(self):
        self.animate()
        if self.y < 0:
            self.jump_count += 1
            if self.jump_count > 20:
                self.y = 4
        if self.y > 0:
            self.jump_count -= 1
        co = self.coords()
        left = True
        right = True
        top = True
        bottom = True
        falling = True
        if self.y > 0 and co.y2 >= self.game.canvas_height:
            self.y = 0
            bottom = False
        elif self.y < 0 and co.y1 <= 0:
```

```python
            self.y = 0
            top = False
        if self.x > 0 and co.x2 >= self.game.canvas_width:
            self.x = 0
            right = False
        elif self.x < 0 and co.x1 <= 0:
            self.x = 0
            left = False
        for sprite in self.game.sprites:
            if sprite == self:
                continue
            sprite_co = sprite.coords()
            if top and self.y < 0 and collided_top(co, sprite_co):
                self.y = -self.y
                top = False
            if bottom and self.y > 0 and collided_bottom(self.y, \
                    co, sprite_co):
                self.y = sprite_co.y1 - co.y2
                if self.y < 0:
                    self.y = 0
                bottom = False
                top = False
            if bottom and falling and self.y == 0 \
                    and co.y2 < self.game.canvas_height \
                    and collided_bottom(1, co, sprite_co):
                falling = False
            if left and self.x < 0 and collided_left(co, sprite_co):
                self.x = 0
                left = False
                if sprite.endgame:
                    self.game.running = False
            if right and self.x > 0 and collided_right(co, sprite_co):
                self.x = 0
                right = False
                if sprite.endgame:
```

```
                self.game.running = False
        if falling and bottom and self.y == 0 \
                and co.y2 < self.game.canvas_height:
            self.y = 4
        self.game.canvas.move(self.image, self.x, self.y)


class DoorSprite(Sprite):
    def __init__(self, game, photo_image, x, y, width, height):
        Sprite.__init__(self, game)
        self.photo_image = photo_image
        self.image = game.canvas.create_image(x, y, \
                image=self.photo_image, anchor='nw')
        self.coordinates = Coords(x, y, x + (width / 2), y + height)
        self.endgame = True


g = Game()
platform1 = PlatformSprite(g, PhotoImage(file="platform1.gif"), \
    0, 480, 100, 10)
platform2 = PlatformSprite(g, PhotoImage(file="platform1.gif"), \
    150, 440, 100, 10)
platform3 = PlatformSprite(g, PhotoImage(file="platform1.gif"), \
    300, 400, 100, 10)
platform4 = PlatformSprite(g, PhotoImage(file="platform1.gif"), \
    300, 160, 100, 10)
platform5 = PlatformSprite(g, PhotoImage(file="platform2.gif"), \
    175, 350, 66, 10)
platform6 = PlatformSprite(g, PhotoImage(file="platform2.gif"), \
    50, 300, 66, 10)
platform7 = PlatformSprite(g, PhotoImage(file="platform2.gif"), \
    170, 120, 66, 10)
platform8 = PlatformSprite(g, PhotoImage(file="platform2.gif"), \
    45, 60, 66, 10)
platform9 = PlatformSprite(g, PhotoImage(file="platform3.gif"), \
    170, 250, 32, 10)
platform10 = PlatformSprite(g, PhotoImage(file="platform3.gif"), \
```

```
        230, 200, 32, 10)
    g.sprites.append(platform1)
    g.sprites.append(platform2)
    g.sprites.append(platform3)
    g.sprites.append(platform4)
    g.sprites.append(platform5)
    g.sprites.append(platform6)
    g.sprites.append(platform7)
    g.sprites.append(platform8)
    g.sprites.append(platform9)
    g.sprites.append(platform10)
    door = DoorSprite(g, PhotoImage(file="door1.gif"), 45, 30, 40, 35)
    g.sprites.append(door)
    sf = StickFigureSprite(g)
    g.sprites.append(sf)
    g.mainloop()
```

복습

이번 장에서는 미스터 스틱맨 탈출 게임을 완성했다. 우리는
움직이는 스틱맨 이미지를 위한 클래스를 생성했고 화면상에
움직이고 실제로 이동하는 것처럼 이미지를 바꾸면서 애니메
이션을 주는 함수들을 작성했다. 캔버스에서 좌우로 움직일 때 다른 스프라이트들(바닥 받침판
이나 문)과 충돌하는 것을 감지하는 기본적인 충돌 검사를 사용했다. 또한 스틱맨이 화면의 상단
이나 하단에 부딪힐 때를 알기 위한 충돌 코드도 추가했고 바닥 받침판의 끝에서 뛰었을 때 아래
로 떨어지도록 했다. 우리는 미스터 스틱맨이 문에 도착했을 때 게임이 끝나도록 하는 코드도 추
가했다.

프로그래밍 퀴즈

이 게임을 개선하기 위해 할 수 있는 일들이 많이 있다. 지금은 매우 단순한 게임이므로, 더 재미
있고 멋진 게임이 되도록 코드를 추가할 수 있을 것이다. 다음의 기능들을 추가해보자. 그리고

이 책의 마지막 장에 있는 코드와 비교해보자.

#1: "You Win!"

14장에서 만들었던 바운스! 게임의 "Game Over"처럼, 스틱맨이 문에 도착하면 플레이어가 성공했다는 것을 알 수 있도록 "You Win!"이라는 문구가 나오도록 해보자.

#2: 문을 애니메이션하기

15장에서는 두 개의 문 이미지(열린 문과 닫힌 문)를 만들었다. 미스터 스틱맨이 문에 도착할 때 문의 이미지를 열린 문 이미지가 되도록 하고, 미스터 스틱맨이 사라지고 문 이미지를 다시 닫힌 문 이미지로 바꿔보자. 이렇게 하면 미스터 스틱맨이 탈출한 것처럼 보이게 해줄 것이며 그가 떠나고 문이 닫히는 것처럼 보이게 해줄 것이다. 이 작업을 위해서는 DoorSprite 클래스와 StickFigureSprite 클래스를 수정하면 가능할 것이다.

#3: 바닥 받침판 움직이기

MovingPlatformSprite라는 새로운 클래스를 추가해보자. 이것은 미스터 스틱맨이 꼭대기에 있는 문으로 가기 힘들도록 좌우로 움직여야 한다.

후기
이젠 어디로 가야 하나요

여러분은 파이썬에 대한 기본적인 프로그래밍 개념들을 배웠으므로 이제 다른 프로그래밍 언어로 작업하는 것도 훨씬 수월해졌을 것이다. 파이썬은 매우 유용한 언어이지만, 모든 일에 대해 어떤 하나의 언어가 최고인 것은 아니다. 그러니 프로그래밍을 하는 다른 방법들에 대해 두려움을 갖지 말고 도전해보자. 이 장에서는 게임 프로그래밍과 그래픽 프로그래밍에 대한 몇 가지 방법들을 살펴본 다음, 가장 일반적으로 사용되는 몇몇 프로그래밍 언어들에 대해 살펴볼 것이다.

게임 프로그래밍과 그래픽 프로그래밍

게임 프로그래밍이나 그래픽 프로그래밍에는 여러 방법이 있다. 다음은 그들 중에 몇 가지다.

- BlitzBasic(http://www.blitzbasic.com/). 게임을 위해 설계된 BASIC 프로그래밍 언어의 특별한 버전을 사용한다.

- Adobe Flash. 브라우저에서 실행되도록 설계된 애니메이션 소프트웨어의 한 종류로 ActionScript(http://www.adobe.com/devnet/actionscript.html)라는 프로그래밍 언어를 사용한다.

- Alice(http://www.alice.org/). 마이크로소프트 윈도우와 맥 OS X만을 위한 3D 프로그래밍 환경이다.

- Scratch(http://scratch.mit.edu). 게임 개발용 도구다.

- Unity3D(http://unity3d.com). 역시 게임을 개발하기 위한 또 다른 도구다.

인터넷 검색을 하면 이러한 것들 중에 하나를 시작하는 데 도움을 주는 자료들이 많이 있을 것이다.

반면, 여러분이 계속해서 파이썬으로 하고 싶다면 게임 개발을 위해 설계된 파이썬 모듈인 PyGame을 이용할 수도 있다. 이것에 대해 살펴보기로 하자.

PyGame

PyGame Reloaded(pgreloaded 또는 pygame2)는 파이썬 3에서 동작하는 PyGame의 버전이다 (이전 버전들은 파이썬 2에서만 동작한다). 이것을 배우기 위한 시작점은 http://code.google.com/p/pgreloaded/에 있는 pgreloaded 튜토리얼이다.

NOTE 이 책을 쓰고 있는 지금, Mac OS X 또는 리눅스용 pgreloaded 인스톨러는 없다. 따라서 이러한 운영체제들에서 사용하기 위한 간단한 방법은 없다.

PyGame으로 게임을 개발하는 것은 tkinter를 이용하는 것보다 약간 더 복잡하다. 12장의 예제에서 우리는 다음의 코드로 tkinter를 이용하여 이미지를 표시했다.

```
from tkinter import *
tk = Tk()
canvas = Canvas(tk, width=400, height=400)
canvas.pack()
myimage = PhotoImage(file='c:\\test.gif')
canvas.create_image(0, 0, anchor=NW, image=myimage)
```

이 코드를 PyGame(.gif 파일이 아닌 .bmp 파일을 로딩함)을 사용하는 코드로 바꾼다면 다음과 같을 것이다.

```
    import sys
    import time
    import pygame2
    import pygame2.sdl.constants as constants
    import pygame2.sdl.image as image
    import pygame2.sdl.video as video
❶   video.init()
❷   img = image.load_bmp("c:\\test.bmp")
❸   screen = video.set_mode(img.width, img.height)
❹   screen.fill(pygame2.Color(255, 255, 255))
❺   screen.blit(img, (0, 0))
❻   screen.flip()
❼   time.sleep(10)
❽   video.quit()
```

pygame2 모듈들을 임포트한 다음, PyGame video 모듈의 init 함수를 호출한다 ❶. 이것은 캔버스를 생성한 다음에 그것을 tkinter 예제에 포함시키는 호출과 약간 비슷하다. load_bmp 함수를 이용하여 BMP 이미지를 로드한 다음에 ❷, set_mode 함수를 이용하여 screen 객체를 생성한다 ❸. 옵션 사항인 다음 줄에서는 화면을 흰색으로 채우는 작업을 하고 ❹, 이미지를 표시하기 위해 화면 객체의 blit 함수를 이용한다 ❺. 이 함수에 대한 매개변수들은 img 객체와 이미지를 표시하고자 하는 위치(가로로 0 픽셀, 세로로 0 픽셀)를 가지고 있는 튜플(tuple, 항목들의 순차적인 리스트다. 간단하게 말하자면 괄호 안에 콤마로 구분된 숫자들이 있는 것을 말한다)이다.

PyGame은 **더블 버퍼**(double-buffer)라고도 잘 알려진 **오프 스크린 버퍼**(off-screen buffer)를 사용한다. 오프 스크린 버퍼는 보이지 않는 컴퓨터의 메모리 영역에 그래픽을 그린 다음, 그 전체 이미지를 한 번에 가시적인 영역(스크린)으로 복사하는 데 사용되는 기술이다. 오프 스크린 버퍼링은 화면에 매우 복잡한 객체들을 그릴 경우에 생기는 깜빡이는 현상을 줄여준다. 오프 스크린 버퍼에서 가시적인 화면으로 복사하는 것은 flip 함수를 이용하여 실행된다 ❻.

마지막으로 10초간 슬립 상태가 된다 ❼. 왜냐하면 tkinter에서의 캔버스와는 달리, 이 화면은 즉시 닫혀질 것이기 때문이다. ❽ 번에서는 video.quit를 이용하여 마무리한다. 그러면 PyGame

은 즉시 종료될 것이다. PyGame에는 훨씬 더 많은 것들이 있지만, 이 간단한 예제는 여러분에게 PyGame이 어떤지에 대한 개념을 보여줄 것이다.

프로그래밍 언어들

다른 프로그래밍 언어들에 관심이 있다면 Java, C/C++, C#, PHP, Objective-C, Perl, Ruby, javaScript들이 요즘 유행하는 언어다. 우리는 이 언어들을 간단하게 살펴볼 것이며, 1장에서 보았던 파이썬 버전의 코드처럼 각각 Hello World 프로그램 코드가 어떻게 생겼는지 보게 될 것이다. 여기에 있는 모든 언어들은 초보 프로그래머를 위한 것이 아니므로, 거의 대부분은 파이썬보다 훨씬 어렵다는 것을 알아두자.

Java

Java(http://www.oracle.com/technetwork/java/index.html)는 패키지라고 불리는 모듈들에 대한 거대한 내장 라이브러리를 가진 중간 정도로 복잡한 프로그래밍 언어다. 수많은 문서들이 인터넷상에 있으며, 대부분의 운영체제에서 Java를 사용할 수 있다. Java는 안드로이드 휴대폰에서 사용되는 언어이기도 하다.

다음은 Java에서의 Hello World 예제다.

```java
public class HelloWorld {
    public static final void main(String[] args) {
        System.out.println("Hello World");
    }
}
```

C/C++

C(http://www.cprogramming.com)와 C++(http://www.stroustrup.com/C++.html)은 모든 운영체제에서 사용되는 복잡한 프로그래밍 언어이고, 무료 버전과 상업용 버전이 있다. 두 언어 모두(C보다 C++이 더 그렇겠지만) 배우기가 쉽지는 않다. 예를 들어, 파이썬은 객체를 저장하기 위해 일정량의 메모리를 사용해야 한다고 컴퓨터에 알려주는 것과 같은 몇몇 기능들을 제공하지만, 이 언어들에서는 직접 코딩해야 한다. 대부분의 많은 게임들과 게임 콘솔들은 C와 C++의 형태로 프로그래밍된다.

다음은 C에서의 Hello World 예제다.

```c
#include <stdio.h>
int main ()
{
  printf ("Hello World\n");
}
```

C++에서는 다음과 같을 것이다.

```cpp
#include <iostream>
int main()
{
  std::cout << "Hello World\n";
  return 0;
}
```

C#

"C 샵"이라고 발음하는 C#(http://msdn.microsoft.com/en-us/vstudio/hh341490.aspx)은 중간 정도로 어려운 프로그래밍 언어로 Java와 매우 비슷한 윈도우용 언어다. 이것은 C와 C++보다 약간 더 쉽다.

다음은 C#에서의 Hello World 예제다.

```csharp
public class Hello
{
   public static void Main()
   {
      System.Console.WriteLine("Hello World");
   }
}
```

PHP

PHP(http://www.php.net)는 웹사이트를 구축하는 데 사용되는 프로그래밍 언어다. 여러분은 PHP가 설치된 웹 서버(웹 페이지를 웹 브라우저로 전달하는 데 사용되는 소프트웨어로, 대부분의 운영체제에서 무료로 사용할 수 있다)가 필요할 것이다. PHP로 작업하기 위해서는 HTML(웹 페이지를 구축하기 위한 간단한 언어)을 배워야 한다. http://php.net/manual/en/tutorial.php 에는 무료 PHP 튜토리얼이 있으며 http://www.w3schools.com/html/에는 HTML 튜토리얼이 있다.

브라우저에서 Hello World를 표시하는 HTML 페이지는 다음과 같을 것이다.

```html
<html>
    <body>
        <p>Hello World</p>
    </body>
</html>
```

동일한 작업을 하는 PHP 페이지는 다음과 같을 것이다.

```php
<?php
echo "Hello World\n";
?>
```

Objective-C

Objective-C(http://classroomm.com/objective-c/)는 C와 매우 비슷하며(사실 C 프로그래밍 언어의 확장형이다) Apple 컴퓨터에서 주로 사용된다. 이것은 아이폰과 아이패드에서 사용되는 프로그래밍 언어이기도 하다.

다음은 Objective-C에서의 Hello World 예제다.

```objc
#import <Foundation/Foundation.h>
int main (int argc, const char * argv[]) {
    NSAutoreleasePool * pool = [[NSAutoreleasePool alloc] init];
    NSLog (@"Hello World");

    [pool drain];
```

```
    return 0;
}
```

Perl

Perl 프로그래밍 언어(http://www.perl.org/)는 모든 운영체제에서 무료로 사용할 수 있으며 PHP처럼 웹사이트 개발에 주로 사용된다.

다음은 Perl에서의 Hello World 예제다.

```
print("Hello World\n");
```

Ruby

Ruby(http://www.ruby-lang.org/)는 모든 운영체제에서 사용할 수 있는 무료 프로그래밍 언어다. 이것은 웹사이트 개발에 주로 사용되는데, Ruby on Rails라는 프레임워크를 사용한다(프레임워크(framework)는 특정 타입의 애플리케이션들에 대한 개발을 지원하는 라이브러리들의 집합이다).

다음은 Ruby에서의 Hello World 예제다.

```
puts "Hello World"
```

JavaScript

JavaScript(https://developer.mozilla.org/en/javascript/)는 웹 페이지 내부에서 주로 사용되는 프로그래밍 언어이지만, 게임 프로그래밍에 사용되는 경우가 점점 많아지고 있다. JavaScript 문장은 기본적으로 Java와 비슷하지만 JavaScript가 약간 더 쉬울 것이다(여러분은 JavaScript 프로그램이 포함된 간단한 HTML 페이지를 생성한 다음에 쉘이나 커맨드 라인 또는 다른 어떤 것이 없어도 브라우저 안에서 실행할 수 있다). JavaScript를 배우기 좋은 곳으로는 Codecademy(http://www.codecademy.com/)가 있다.

JavaScript로 된 Hello World 예제는 여러분이 브라우저에서 실행할 때와 쉘에서 실행할 때에 따라 차이가 날 것이다. 쉘에서 실행되는 Hello World는 다음과 같을 것이다.

```
print('Hello World');
```

브라우저에서 실행되는 것이라면 다음과 같을 것이다.

```html
<html>
    <body>
        <script type="text/javascript">
            alert("Hello World");
        </script>
    </body>
</html>
```

맺음말

여러분이 계속해서 파이썬을 이용하거나 다른 프로그래밍 언어(여기서 나열한 것보다 더 많은 것들이 있다)를 사용하려고 결정했다고 해도 이 책에서 설명했던 개념들이 유용하다는 것을 알게 될 것이다. 컴퓨터 프로그래밍을 꾸준히 하지 않는다고 해도, 이 기초적인 개념들을 이해하는 것은 학교에서나 혹은 나중에 직장에서의 활동에 도움이 될 것이다.

행운을 빌며, 프로그래밍을 즐기기 바란다!

부록
파이썬 키워드

파이썬에서 **키워드**(Keyword)는 특별한 의미를 가진 단어다. 이것들은 프로그래밍 언어 자체의 일부로 사용되므로 다른 용도로 사용되지 말아야 한다. 예를 들어 키워드를 변수로 사용하려고 하거나 틀린 방법으로 사용하면 파이썬 콘솔에 이상한(때로는 재미있고 때로는 혼란스러운) 에러 메시지가 나타날 것이다.

여기서는 파이썬 키워드들을 설명한다. 이것은 프로그래밍을 할 때 유용한 참고가 될 것이다.

AND

and 키워드는 if 문처럼 구문에서처럼 두 개의 표현식 모두가 참이라고 말하기 위해 표현식들을 결합하는 데 사용된다. 다음의 예제를 살펴보자.

```
    if age > 10 and age < 20:
        print('Beware the teenager!!!!')
```

이 코드는 변수 age가 10보다 크며 20보다 작아야 메시지가 출력될 것임을 의미한다.

AS

as 키워드는 임포트된 모듈에 다른 이름을 부여할 때 사용될 수 있다. 예를 들어 다음과 같은 매우 긴 이름의 모듈을 가지고 있다고 치자.

```
i_am_a_python_module_that_is_not_very_useful
```

이 모듈을 사용하고자 할 때마다 이렇게 긴 모듈의 이름을 타이핑하는 것은 정말로 짜증나는 일이다.

```
import i_am_a_python_module_that_is_not_very_useful
i_am_a_python_module_that_is_not_very_useful.do_something()
I have done something that is not useful.
i_am_a_python_module_that_is_not_very_useful.do_something_else()
I have done something else that is not useful!!
```

그 대신에, 모듈을 임포트할 때 더 짧고 새로운 이름을 모듈에 부여해서 그 이름(별명과 같은)으로 사용할 수 있도록 다음과 같이 할 수 있다.

```
import i_am_a_python_module_that_is_not_very_useful as notuseful
notuseful.do_something()
I have done something that is not useful.
notuseful.do_something_else()
I have done something else that is not useful!!
```

ASSERT

assert 키워드는 어떤 코드가 반드시 참이어야 한다는 것을 말하고자 할 때 사용된다. 이것은 코드 상의 에러와 문제를 잡아내는 또 다른 방법으로, 고급 프로그램들에서(이것이 바로 이 책에서

assert를 사용하지 않은 이유다) 사용된다. 다음은 간단한 assert 구문이다.

```
>>> mynumber = 10
>>> assert mynumber < 5
Traceback (most recent call last):
  File "<pyshell#1>", line 1, in <module>
    assert a < 5
AssertionError
```

이 예제에서는 변수 mynumber의 값이 5보다 작다고 주장하고 있다(assert). 하지만 그렇지 않기 때문에 파이썬은 AssertionError라는 에러를 표시한다.

BREAK

break 키워드는 실행중인 어떤 코드를 멈추기 위해서 사용된다. 보통은 다음과 같이 for 루프 내에서 break를 사용할 것이다.

```
age = 10
for x in range(1, 100):
    print('counting %s' % x)
    if x == age:
        print('end counting')
        break
```

여기서 변수 age는 10으로 설정되었으므로, 이 코드는 다음과 같이 출력될 것이다.

```
counting 1
counting 2
counting 3
counting 4
counting 5
counting 6
counting 7
counting 8
```

```
counting 9
counting 10
end counting
```

변수 x가 10이 되면 코드는 "end counting"이라는 텍스트를 출력한 다음에 루프 밖으로 빠져 나온다.

CLASS

class 키워드는 자동차나 동물, 사람과 같이 객체의 타입을 정의하는 데 사용된다. 클래스는 __init__라는 함수를 가질 수 있다. 이것은 클래스의 객체가 생성될 때 객체에 필요한 모든 작업들을 수행하기 위해 사용된다. 예를 들어 Car라는 클래스의 객체가 생성될 때 변수 color가 필요할 것이다.

```
class Car:
        def __init__(self, color):
            self.color = color
    car1 = Car('red')
    car2 = Car('blue')
    print(car1.color)
    red
    print(car2.color)
    blue
```

CONTINUE

continue 키워드는 루프에서 다음 항목으로 "점프"하는 방법이다. 따라서 그 루프 블록에서 이 키워드 밑에 있는 코드는 실행되지 않는다. break와는 달리, 루프 밖으로 점프하는 것이 아니라 다음 항목을 가지고 실행하는 것이다. 예를 들어, 항목들의 목록을 가지고 있는데 b로 시작하는 항목들은 건너뛰고 싶다면 다음과 같은 코드를 사용할 것이다.

❶ >>> my_items = ['apple', 'aardvark', 'banana', 'badger', 'clementine',
            'camel']
❷ >>> for item in my_items:
❸   if item.startswith('b'):
❹   continue
❺   print(item)

```
apple
aardvark
clementine
camel
```

항목들의 목록을 생성한 다음 ❶, for 루프를 이용하여 항목들의 각 항목을 가지고 코드를 실행한 다 ❷. 항목이 b로 시작하면 ❸, 다음 항목으로 넘어간다 ❹. b로 시작하지 않는다면 그 항목을 출력한다 ❺.

DEF

def 키워드는 함수를 정의하기 위해 사용된다. 예를 들면 입력된 연(year)이 몇 분인지 변환하는 함수를 만들 때 사용된다.

```
>>> def minutes(years):
        return years * 365 * 24 * 60
>>> minutes(10)
5256000
```

DEL

del 키워드는 어떤 것을 제거하는 데 사용된다. 예를 들어, 일기장에 여러분의 생일에 받고 싶은 목록들이 있는데 마음이 바뀐다면 그것들 중에 하나를 없애고 새로운 것을 추가할 것이다.

```
remote controlled car
new bike
computer game
roboreptile
```

파이썬에서 원본 목록은 다음과 같을 것이다.

```
what_i_want = ['remote controlled car', 'new bike', 'computer game']
```

del과 함께 제거하고자 하는 항목의 인덱스 사용하면 computer game을 삭제할 수 있으며,

append 함수로 새로운 항목을 추가할 수 있다.

```
del what_i_want[2]
what_i_want.append('roboreptile')
```

그런 다음, 새로워진 목록을 출력해보자.

```
print(what_i_want)
['remote controlled car', 'new bike', 'roboreptile']
```

ELIF

elif 키워드는 if 구문의 한 부분으로 사용된다. 이에 대한 예제는 if 키워드에 대한 설명을 보자.

ELSE

else 키워드는 if 구문의 한 부분으로 사용된다. 이에 대한 예제는 if 키워드에 대한 설명을 보자.

EXCEPT

except 키워드는 코드 상의 문제를 잡기 위해 사용된다. 이것은 보통 매우 복잡한 프로그램에 사용되기 때문에 이 책에서는 사용하지 않는다.

FINALLY

finally 키워드는 에러가 발생했을 때 특정 코드를 실행하도록 하기 위해 사용된다(일반적으로 남아 있는 복잡한 코드 조각들을 정리하는 데 사용된다). 이 키워드는 이 책에서 사용하지 않았다. 왜냐하면 이 키워드는 조금 더 고급의 프로그래밍에 사용되기 때문이다.

FOR

for 키워드는 지정된 횟수만큼 코드를 반복하는 루프를 만들기 위해 사용된다. 다음의 예제를 살펴보자.

```
for x in range(0, 5):
    print('x is %s' % x)
```

이 예제의 for 루프는 특정 코드 블록(print 구문)을 5번 실행하며, 그 결과는 다음과 같다.

```
x is 0
x is 1
x is 2
x is 3
x is 4
```

FROM

모듈을 임포트할 경우 from 키워드를 사용하여 원하는 것을 임포트할 수 있다. 예를 들어, 4장에서 설명한 turtle 모듈은 우리가 Pen 객체(거북이가 움직이게 되는 캔버스)를 생성하는 데 사용한 Pen이라는 클래스를 가지고 있다. 다음은 전체 turtle 모듈을 임포트하는 방법과 Pen 클래스를 사용하는 방법이다.

```
import turtle
t = turtle.Pen()
```

Pen 클래스만 임포트할 수도 있으며, turtle 모듈을 전혀 참조하지 않고 바로 사용한다.

```
from turtle import Pen
t = Pen()
```

이렇게 프로그램의 상단에 위치시키면 사용하고자 하는 모든 함수들과 클래스들을 볼 수 있다 (많은 모듈들을 임포트하는 대규모의 프로그램에 특히 유용하다). 하지만 이렇게 하기로 결정한다면 임포트하지 않은 모듈에 있는 것들은 사용할 수 없을 것이다. 예를 들어, time 모듈은 localtime이라는 함수와 gmtime이라는 함수를 가지고 있지만 localtime만 임포트한 다음에 gmtime을 사용하려고 하면 에러가 날 것이다.

```
>>> from time import localtime
>>> print(localtime())
(2007, 1, 30, 20, 53, 42, 1, 30, 0)
>>> print(gmtime())
Traceback (most recent call last):
  File "<stdin>", line 1, in <module>
NameError: name 'gmtime' is not defined
```

name 'gmtime' is not defined라는 에러 메시지는 그것을 임포트하지 않았기 때문에 파이썬이 gmtime 함수에 대해 알지 못한다는 의미다.

만약에 특정 모듈에 사용하고자 하는 함수들이 여러 개가 있는데 모듈 이름을 이용하여 참조하는 것이 귀찮다면(예를 들어 time.localtime 또는 time.gmtime) 다음과 같이 별표(*)를 이용하여 모듈에 있는 모든 것들을 임포트하면 된다.

```
>>> from time import *
>>> print(localtime())
(2007, 1, 30, 20, 57, 7, 1, 30, 0)
>>> print(gmtime())
(2007, 1, 30, 13, 57, 9, 1, 30, 0)
```

이 형태는 time 모듈의 모든 것들은 임포트하며 각각의 함수 이름으로 참조할 수 있다.

GLOBAL

7장에서 프로그램의 영역에 대해 설명했다. 영역은 변수의 **가시성**(visibility)이라고 한다. 만약에 변수가 함수 밖에 정의되었다면 일반적으로 그 변수는 함수의 내부에서 보이다. 반면, 함수의 내부에 정의된 변수는 그 함수 밖에서 볼 수 없다. global 키워드는 이 규칙에 대한 하나의 예외다. 전역(global)으로 정의된 변수는 어디서든 볼 수 있다. 다음의 예제를 살펴보자.

```
>>> def test():
        global a
        a = 1
        b = 2
```

test 함수를 실행한 다음 print(a)와 print(b)를 호출하면 어떤 일이 일어날 것 같은가? 첫 번째 것은 잘 동작하겠지만 두 번째 것은 에러 메시지를 표시하게 될 것이다.

```
>>> test()
>>> print(a)
1
>>> print(b)
Traceback (most recent call last):
  File "<stdin>", line 1, in <module>
NameError: name 'b' is not defined
```

a 변수는 함수의 내부에서 전역으로 변경되어서 함수가 종료되어도 가시적이게 되었지만, b는 여전히 함수 내부에서만 보이다(전역 변수로 만들려는 변수에 값을 설정하기 전에 **global** 키워드를 사용해야 한다).

IF

if 키워드는 어떤 것에 대한 결정을 할 때 사용된다. 이것은 else 키워드와 elif(else if) 키워드와 함께 사용될 수 있다. if 구문은 "조건문이 참이라면 어떤 작업을 수행해."라는 의미다. 다음의 예제를 살펴보자.

❶ if toy_price > 1000:
❷   print('That toy is overpriced')
❸ elif toy_price > 100:
❹   print('That toy is expensive')
❺ else:
❻   print('I can afford that toy')

이 if 구문은 장난감 가격이 $1,000가 넘으면 ❶, 너무 비싸다는 메시지를 표시한다 ❷. 반면 장난감 가격이 $100가 넘으면 ❸, 비싸다는 메시지를 표시한다 ❹. 만약에 어떠한 조건에도 걸리지 않는다면 ❺, "I can afford that toy"라는 메시지를 표시한다 ❻.

IMPORT

import 키워드는 파이썬에게 모듈을 사용할 수 있도록 로드하라고 알려주기 위해 사용된다. 예를 들어 다음의 코드는 파이썬에게 **sys** 모듈을 사용하라고 알려준다.

```
import sys
```

IN

in 키워드는 항목들의 묶음 안에 어떤 항목이 있는지를 확인하기 위한 표현식에 사용된다. 예를 들어 숫자들의 리스트(묶음)에 1이라는 숫자가 발견되는지 확인한다면 다음과 같을 것이다.

```
>>> if 1 in [1,2,3,4]:
>>>     print('number is in list')
number is in list
```

다음은 의류 항목들의 리스트에 'pants'라는 문자열이 있는지를 알아내는 것이다.

```
>>> clothing_list = ['shorts', 'undies', 'boxers', 'long johns',
                     'knickers']
>>> if 'pants' in clothing_list:
        print('pants is in the list')
else:
        print('pants is not in the list')
pants is not in the list
```

IS

is 키워드는 두 개가 서로 동일한지를 물을 때 사용되는 == 연산자와 약간 비슷하다(예를 들어 10 == 10은 참이며 10 == 11은 거짓이다). 하지만 is와 == 사이에는 근본적인 차이점이 있다. 두 개를 비교할 때 ==은 참이라고 반환한다고 해도, is는 그렇지 않을 수가 있다(비록 여러분이 생각하기에 똑같다고 생각해도 말이다). 이것은 고급 프로그래밍 개념이어서 이 책에서는 ==만 사용한다.

LAMBDA

lambda 키워드는 익명(anonymous), 즉 인라인(inline) 함수를 생성할 때 사용된다. 이 키워드는 고급 프로그램에 사용되므로 이 책에서는 설명하지 않는다.

NOT

만약에 어떤 것이 참이라면 not 키워드는 그것을 거짓으로 만든다. 예를 들어 x라는 변수를 생성하고 True를 설정한 다음에 not을 이용하여 변수의 값을 출력하면 다음과 같은 결과를 얻게 된다.

```
>>> x = True
>>> print(not x)
False
```

if 구문에서 이 키워드를 사용하기 전까지는 이것이 전혀 유용해 보이지 않을 것이다. 예를 들어, 어떤 항목이 리스트에 있지 않은지 알려면 다음과 같이 작성할 수 있을 것이다.

```
>>> clothing_list = ['shorts', 'undies', 'boxers', 'long johns',
                     'knickers']
>>> if 'pants' not in clothing_list:
        print('You really need to buy some pants')
You really need to buy some pants
```

OR

or 키워드는 if 구문과 같은 곳에서 두 개의 조건들을 모두 합치기 위해 사용된다. 이 말은 조건들 중에 적어도 하나는 참이 되어야 한다는 뜻이다. 다음의 예제를 살펴보자.

```
if dino == 'Tyrannosaurus' or dino == 'Allosaurus':
    print('Carnivores')
elif dino == 'Ankylosaurus' or dino == 'Apatosaurus':
    print('Herbivores')
```

이 예제에서 dino 변수가 Tyrannosaurus나 Allosaurus를 가지고 있다면 이 프로그램은 "Carnivores"라고 출력한다. 만약에 Ankylosaurus나 Apatosaurus를 가지고 있다면 "Herbivores"

를 출력한다.

PASS

프로그램을 개발하다 보면 종종 코드를 간단하게 작성하고 싶곤 한다. 이렇게 할 때의 문제점은 if 문의 표현식이 참일 경우에 실행해야 할 코드 블록 없이는 if 문을 사용할 수 없다는 것이다. 또한 루프에서 실행되어야 할 코드 블록이 없는 for 루프도 사용할 수 없다. 예를 들어 다음의 코드는 정상적으로 동작한다.

```
>>> age = 15
>>> if age > 10:
        print('older than 10')

older than 10
```

하지만 if 문에 대한 코드 블록을 채우지 않는다면 에러 메시지를 보게 될 것이다.

```
>>> age = 15
>>> if age > 10:

File "<stdin>", line 2

    ^
IndentationError: expected an indented block
```

이 에러 메시지는 어떤 종류의 구문 다음에 코드 블록을 가져야 할 경우에 파이썬이 표시하는 것이다(여러분이 IDLE를 사용할 경우에는 if 문 다음에 아무런 코드 블록 없이 코드가 끝나지 않도록 할 것이다). 예제와 같은 경우 코드 블록을 제공하지 않고 pass 키워드를 사용할 수 있다.

예를 들어, for 루프 안에 if 문이 있는 코드를 만들고 싶다고 하고 아직은 if 문 안에 무엇을 둘지 결정하지 않았다고 가정하자(어쩌면 print 함수를 사용하거나 break 또는 다른 것을 둘 것이다). 이 상황에서 pass를 사용하면 그 코드는 정상적으로 동작할 것이다(여러분이 원하는 것이 무엇인지 아직 정확하지 않다고 해도 말이다).

다음 예제에 다시금 if 문이 나온다. 이번에는 pass 키워드를 사용한다.

```
>>> age = 15
>>> if age > 10:
        pass
```

다음의 코드는 pass 키워드 사용의 또 다른 예제를 보여준다.

```
>>> for x in range(0, 7):
>>>     print('x is %s' % x)
>>>     if x == 4:
            pass


x is 0
x is 1
x is 2
x is 3
x is 4
x is 5
x is 6
```

파이썬은 이 루프에 있는 코드 블록이 실행될 때마다 변수 x가 4라는 값을 가지고 있는지를 검사하지만, 그렇다고 해도 별다른 작업을 하지 않을 것이다. 따라서 0에서 7까지의 범위에 있는 모든 숫자가 출력될 것이다.

나중에 if 문에 대한 블록에 코드를 추가할 수 있으며, pass 키워드를 break와 같은 다른 것으로 교체할 것이다.

```
>>> for x in range(1, 7):
>>>     print('x is %s' % x)
>>>     if x == 5:
            break


x is 1
x is 2
x is 3
x is 4
x is 5
```

pass 키워드는 함수를 생성했는데 그 함수에 코드를 아직 작성하고 싶지 않을 때 가장 일반적으로 사용된다.

RAISE

raise 키워드는 에러를 발생하기 위해 사용될 수 있다. 이 말이 조금 이상하게 들리겠지만 고급 프로그래밍에서는 이것이 매우 유용하다(이 책에서는 이 키워드를 사용하지 않는다).

RETURN

return 키워드는 어떤 함수에서 값을 반환하기 위해 사용된다. 예를 들어, 여러분의 최근 생일까지 살아온 시간을 초(second)로 계산하는 함수는 다음과 같이 만들 수 있을 것이다.

```
def age_in_seconds(age_in_years):
    return age_in_years * 365 * 24 * 60 * 60
```

이 함수를 호출할 때 반환된 값을 다른 변수에 할당하거나 출력할 수 있다.

```
>>> seconds = age_in_seconds(9)
>>> print(seconds)
283824000
>>> print(age_in_seconds())
378432000
```

TRY

try 키워드는 expect 키워드와 finally 키워드로 끝나는 코드 블록을 시작한다. try/expect/finally 코드 블록들은 프로그램 내에서 에러를 처리하는 데 사용된다. 예를 들면 프로그램이 사용자에게 친숙하지 않은 파이썬 에러가 아닌 도움이 되는 메시지를 표시하도록 만든다. 이러한 키워드들은 이 책에서 사용되지 않는다.

WHILE

while 키워드는 for 문과 약간 비슷하다. for 루프는 범위(숫자)만큼 반복하지만 while 루프는 조건식이 참인 동안에는 계속 반복한다는 것이 차이점이다. while 루프는 주의해서 사용하자. 왜

냐하면 조건식이 항상 참인 경우에는 절대로 루프가 끝나지 않게 될 것이기 때문이다(이것을 **무
한 루프**(infinite loop)라고 한다). 다음의 예제를 살펴보자.

```
>>> x = 1
>>> while x == 1:
        print('hello')
```

만약에 이 코드를 실행한다면 파이썬 쉘을 닫거나 CTRL-C를 누를 때까지 영원히 반복할 것이다.
하지만 다음의 코드는 9번만 "hello"라고 출력할 것이다(변수 x는 10이 될 때까지 1씩 더해진다).

```
>>> x = 1
>>> while x < 10:
        print('hello')
        x = x + 1
```

WITH

with 키워드는 try 키워드, finally 키워드와 비슷한 방법으로 코드 블록을 생성하기 위해 객체
와 함께 사용된다. 이 키워드는 이 책에서 사용되지 않는다.

YIELD

yield 키워드는 return과 약간 비슷하지만 제너레이터(generator)라고 불리는 특별한 객체 클
래스와 함께 사용된다는 것이 차이점이다. 제너레이터는 그때그때(다시 말하자면 요청할 때) 값
들을 생성하므로 그 점에 있어서는 range 함수가 제너레이터와 비슷한 동작을 한다. 이 키워드는
이 책에서 사용하지 않는다.

용어 정리

프로그래밍을 처음 경험할 경우 정말로 이해되지 않는 새로운 용어를 종종 접하게 될 것이다. 새로운 용어에 대한 이해가 낮으면 실제의 모든 과정에서 걸림돌이 될 수 있다. 하지만 그러한 문제를 해결하는 간단한 방법이 여기 있다.

필자는 이번 장에 여러분이 새로운 단어나 용어에 막혀서 힘들어하지 않도록 용어들을 정리했다. 여기에서 여러분은 이 책에 사용했던 수많은 프로그래밍 용어들에 대한 정의들을 보게 될 것이며, 정확하게 이해하지 못했던 용어들을 찾아볼 수 있다.

애니메이션	일련의 이미지들을 순차적으로 빠르게 표시하는 과정으로, 마치 움직이는 것처럼 보이게 한다.
블록	프로그램 내에서 컴퓨터 구문들의 그룹
불리언 (Boolean)	참 또는 거짓의 값을 갖는 데이터 타입. (파이썬에서는 True 또는 False이며, 대문자 T와 F로 시작한다.)
호출	함수에 있는 코드를 실행하는 것. 함수를 사용할 경우 그 함수를 "호출한다"고 표현한다.
캔버스	그림을 그리기 위한 화면의 영역. canvas는 tkinter 모듈에 의해 제공되는 클래스다.
자식	클래스에 대해 얘기할 경우 클래스들 간의 관계를 부모와 자식이라고 표현한다. 자식 클래스는 부모 클래스의 특징을 상속받는다.
클래스	어떤 타입에 대한 설명이나 정의. 프로그래밍에서 클래스는 함수들과 변수들의 모음이다.
클릭	화면 상의 버튼을 누르거나 메뉴를 선택하기 위해 마우스 버튼들 중에 하나를 누르는 것
충돌	컴퓨터 게임에서 게임상의 캐릭터가 화면의 다른 캐릭터나 물체에 부딪히는 것
조건	프로그램에서의 표현식으로 질문과 같은 것이다. 이것은 참 또는 거짓을 평가한다.
좌표	화면 상의 픽셀의 위치. 이것은 보통 화면의 수평 픽셀 수(x)와 수직 픽셀 수(y)로 표현된다.
각도(degree)	각에 대한 측정 단위
데이터	일반적으로 컴퓨터에 의해 저장되거나 처리되는 정보를 가리킨다.
다이얼로그	다이얼로그는 일반적으로 애플리케이션 내의 작은 창을 말한다. 이것은 경고나 에러 메시지 또는 어떤 질문에 대한 결정처럼 약간의 정보를 표현하는 데 사용된다. 예를 들어 파일을 열 경우에는 보통 파일 다이얼로그가 나타난다.

차원 (dimension)	그래픽 프로그래밍에서 **2차원**(two-dimensional) 또는 **3차원**(three-dimensional)은 이미지들이 컴퓨터 모니터에 표시되는 방법을 의미한다. 2차원(2D) 그래픽은 TV에서 보았던 예전 만화들처럼 폭과 높이를 갖는 화면상의 평면 이미지다. 3차원(3D) 그래픽은 폭과 높이 그리고 좀 더 사실적인 컴퓨터 게임에서 볼 수 있는 깊이를 가진 이미지다.
디렉터리	컴퓨터의 하드 디스크에 있는 파일 그룹의 위치
내장하다 (embed)	문자열 안에 값들을 교체한다. 교체된 값들은 종종 **플레이스홀더**(placeholder)라고 불린다.
에러	컴퓨터 상에서 프로그램이 무엇인가 잘못되었을 때 에러라고 한다. 파이썬 프로그래밍에서 여러분은 에러에 대한 모든 종류의 메시지들을 봤을 것이다. 예를 들어 코드를 잘못 입력하면 `IndentationError`를 보게 된다.
이벤트	프로그램이 실행되는 중에 발생하는 어떤 것. 예를 들어 마우스를 움직이거나 마우스 버튼을 클릭하는 것 또는 키보드를 타이핑하는 것이 이벤트가 될 수 있다.
예외	프로그램이 실행되는 중에 발생할 수 있는 에러의 종류
실행하다	프로그램과 같은 어떤 코드나 코드 조각 또는 함수를 수행하는 것
프레임	애니메이션을 구성하는 일련의 이미지들 중 하나
함수	일반적으로 어떤 동작을 수행하는 구문들의 묶음으로 프로그래밍 언어에서의 명령이다.
16 진수	컴퓨터 프로그래밍에서 숫자를 표현하는 방법. 16 진수는 16을 기반으로 한다. 이 말은 숫자가 0에서 9까지 증가한 다음에 A, B, C, D, E, F로 된다는 의미다.
수평	화면에서 왼쪽과 오른쪽 방향. (x축으로 표현된다.)
식별자	프로그래밍에서 어떤 것을 명명하는 고유한 숫자. 예를 들어 파이썬의 `tkinter` 모듈에서 식별자는 캔버스에 그려진 도형들을 참조하는 데 사용된다.
이미지	컴퓨터 화면에 있는 그림

임포트 (import)	파이썬에서 임포트한다는 것은 어떤 모듈을 프로그램에서 사용할 수 있도록 하는 것이다.
초기화하다	객체의 초기 상태를 설정하는 것. (즉, 객체가 처음 생성될 때 객체에 있는 변수들을 설정하는 것이다.)
설치	소프트웨어 애플리케이션을 사용할 수 있도록 파일들을 컴퓨터에 복사하는 과정
인스턴스	클래스의 인스턴스로, 다른 말로는 객체라고 한다.
키워드	프로그래밍 언어에 의해 사용되는 특별한 단어. **예약어**(reserved word)라고도 불린다. 이것은 다른 용도로 사용할 수 없다는 의미다. (예를 들어 변수의 이름으로 키워드를 사용할 수 없다.)
루프	반복되는 명령이나 명령들의 집합
메모리	정보를 일시적으로 저장하는 데 사용되는 컴퓨터 내부의 장치 또는 요소
모듈	함수와 변수들의 그룹
널(null)	값이 없음. (파이썬에서는 None이라고도 한다.)
객체	클래스의 특정 인스턴스. 클래스의 객체를 생성하면 파이썬은 그 클래스의 멤버에 대한 정보를 저장하기 위해 컴퓨터의 메모리를 설정한다.
연산자	수학적인 계산이나 값을 비교하는 데 사용되는 컴퓨터 프로그램의 요소
매개변수	함수를 호출하거나 객체를 생성할 때 사용되는 값(예를 들어 파이썬의 __init__ 함수를 호출할 경우). 매개변수는 **인자**(argument)라고도 불린다.
부모	클래스와 객체를 참조할 경우 클래스의 부모는 함수들과 변수들을 상속해준 다른 클래스. 다시 말하면, 자식 클래스는 부모 클래스의 특성들을 상속한다. 파이썬에 대한 얘기가 아니라면, 부모는 밤에 잠자러 가기 전에 양치하라고 말해주는 사람이다.
픽셀	컴퓨터 화면 상의 한 점. 컴퓨터가 그릴 수 있는 가장 작은 점을 말한다.

프로그램	컴퓨터가 해야 할 일을 알려주는 명령어들의 집합
범위 (scope)	변수가 볼 수 있는(즉, 사용할 수 있는) 프로그램의 한 부분 (함수 내에 있는 변수는 함수 밖에 있는 코드에서 보이지 않을 것이다.)
쉘(shell)	컴퓨팅에서 쉘은 한 종류의 커맨드-라인(command-line) 인터페이스다. 이 책에서 "파이썬 쉘"은 IDLE 애플리케이션을 의미한다.
소프트웨어	컴퓨터 프로그램들의 묶음
스프라이트	컴퓨터 게임의 객체나 캐릭터
문자열	알파벳 문자들(문자와 숫자, 구두점, 공백)의 묶음
구문(문)	프로그램에서 단어들의 배치와 순서
투명	그래픽 프로그래밍에서 이미지의 일부가 표시되지 않는 것. 이 말은 그 이미지 밑에 있는 것이 무엇이든지 그것을 가리지 않는다는 의미다.
변수	값들을 저장하는 데 사용되는 것. 변수는 컴퓨터의 메모리에 있는 정보에 대한 이름표와 같다. 변수는 특정 값을 영원히 가지지 않는다. 따라서 이름이 "변수"이며 변할 수 있다는 의미다.
수직	화면의 위쪽과 아래쪽 방향. (y축으로 표현된다.)

프로그래밍 퍼즐 정답

이번 장은 각 장의 끝에 있는 프로그래밍 퍼즐에 대한 정답을 담고 있다. 문제에 대한 정답이 단 하나만 존재하는 것은 아니므로, 여기에 있는 정답이 여러분이 풀었던 것과 다를 수 있지만 문제를 접근하는 방법을 알 수 있게 해줄 것이다.

3장

#1: 좋아하는 것들

다음은 세 가지 취미와 음식에 대한 정답이다.

```
>>> hobbies = ['Pokemon', 'LEGO Mindstorms', 'Mountain Biking']
>>> foods = ['Pancakes', 'Chocolate', 'Apples']
>>> favorites = hobbies + foods
>>> print(favorites)
['Pokemon', 'LEGO Mindstorms', 'Mountain Biking', 'Pancakes',
'Chocolate', 'Apples']
```

#2: 전쟁 참여자 숫자 세기

여러 가지 방법으로 계산을 할 수 있다. 25명의 닌자들이 지붕에 숨어있는 빌딩 3개가 있으며, 빌딩 사이를 연결하는 두 개의 터널에 각각 40명의 사무라이들이 있다. 전체 닌자들을 먼저 계산하고, 전체 사무라이들을 계산한 다음에 전체 합을 구할 수 있다.

```
>>> 3*25
75
>>> 2*40
80
>>> 75+80
155
```

훨씬 더 짧고 좋은 방법은 괄호를 사용하여 이 세 가지 방정식들을 하나로 합치는 것이다. 수학적 연산 순서가 있기 때문에 괄호가 반드시 필요한 것은 아니지만, 괄호를 사용하면 더 쉽게 읽을 수 있게 해준다.

```
>>> (3*25) + (2*40)
```

하지만 다음과 같이 하면 우리가 어떤 계산을 하고 있는지 알 수 있는 더 좋은 파이썬 프로그램이 될 것이다.

```
>>> roofs = 3
>>> ninjas_per_roof = 25
>>> tunnels = 2
>>> samurai_per_tunnel = 40
>>> print((roofs * ninjas_per_roof) + (tunnels * samurai_per_tunnel))
155
```

#2: 환영 인사!

이 해답에서는 의미 있는 이름으로 변수들을 만든 다음에 문자열에 변수들의 값을 포함시키기 위하여 플레이스홀더(%s %s)를 사용했다.

```
>>> first_name = 'Brando'
>>> last_name = 'Ickett'
>>> print('Hi there, %s %s!' % (first_name, last_name))
Hi there, Brando Ickett!
```

4장

#1: 사각형

사각형을 그리는 것은 두 개의 변을 다른 두 개의 길이보다 더 길게 그린다는 것만 제외하면 정사각형을 그리는 것과 거의 동일하다.

```
>>> import turtle
>>> t = turtle.Pen()
>>> t.forward(100)
>>> t.left(90)
>>> t.forward(50)
>>> t.left(90)
>>> t.forward(100)
>>> t.left(90)
>>> t.forward(50)
```

#2: 삼각형

이번 문제는 어떤 삼각형을 그릴지 지정하지 않았다. 삼각형에는 세 가지 타입(정삼각형, 이등변 삼각형, 부등변 삼각형)이 있다. 여러분이 기하학에 대하여 얼마나 알고 있느냐에 따라 각도를 조작하여 다양한 종류의 삼각형을 그릴 수 있을 것이다.

이번 예제에서는 정삼각형과 이등변 삼각형에 집중하도록 하자. 왜냐하면 이것들이 가장 그리기 쉽기 때문이다. 정삼각형은 세 개의 변과 세 개의 각이 같은 것이다.

```
>>> import turtle
>>> t = turtle.Pen()
❶ >>> t.forward(100)
❷ >>> t.left(120)
❸ >>> t.forward(100)
❹ >>> t.left(120)
❺ >>> t.forward(100)
```

❶에서는 100 픽셀 앞으로 이동하여 삼각형의 밑변을 그린다. 그런 다음, ❷에서 왼쪽으로 120도 돌리고(이렇게 하면 내각이 60도가 됨), ❸에서 다시 앞으로 100 픽셀 이동한다. 마찬가지로, ❹에서 120도 돌리고 ❺에서 100 픽셀 이동하여 처음 시작 위치로 돌아온다. 이 코드의 결과는 다음과 같다.

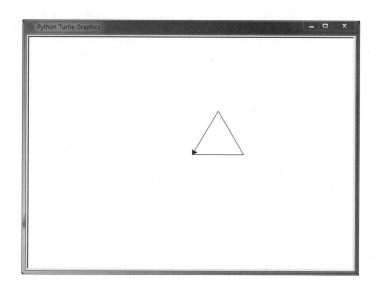

이등변 삼각형은 두 변의 길이와 두 각이 같은 삼각형이다.

```
>>> import turtle
>>> t = turtle.Pen()
>>> t.forward(50)
>>> t.left(104.47751218592992)
>>> t.forward(100)
>>> t.left(151.04497562814015)
>>> t.forward(100)
```

이 코드에서는 50 픽셀 앞으로 이동한 다음, 104.47751218592992도 돌린다. 100 픽셀 이동한 다음에 151.04497562814015도 돌리고 다시 100 픽셀 이동한다. 거북이를 시작 위치에 있을 때의 방향으로 향하게 하려면 마지막 줄에 다음의 코드를 추가하면 된다.

```
>>> t.left(104.47751218592992)
```

다음은 이 코드의 결과다.

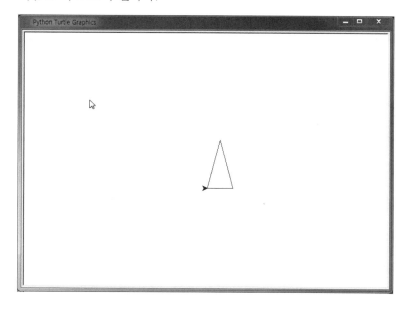

104.47751218592992도와 151.04497562814015도라는 값을 어떻게 찾아냈을까? 알기 힘든 값이 아닌가?

삼각형의 한 변의 길이를 결정했다면 파이썬과 약간의 삼각법으로 내각을 계산할 수 있다. 다음의 그림에서 각도 a를 알고 있다면 거북이가 회전해야 할 각도 b(외각)를 구할 수 있다. 각도 a와 b의 합은 180도다.

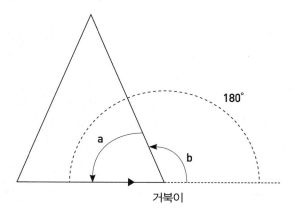

올바른 공식을 알고 있다면 내각을 구하는 것은 어려운 일이 아니다. 예를 들어, 밑변의 길이가 50 픽셀(이것을 C라고 하자)이고 다른 변인 A와 B의 길이가 각각 100 픽셀인 삼각형을 만든다고 해보자.

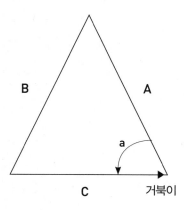

각 변인 A, B, C를 이용하여 내각을 계산하는 방정식은 다음과 같다.

$$a = \arccos \left(\frac{A^2 + C^2 - B^2}{2AC} \right)$$

이 값을 얻기 위해서 파이썬의 math 모듈을 이용하는 간단한 파이썬 프로그램을 다음과 같이 만들 수 있다.

```
>>> import math
>>> A = 100
>>> B = 100
>>> C = 50
❶ >>> a = math.acos((math.pow(A,2) + math.pow(C,2) - \
        math.pow(B,2)) / (2*A*C))
>>> print(a)
1.31811607165
```

먼저 math 모듈을 임포트한 다음에 각 변에 대한 변수들(A, B, C)을 생성한다. ❶에서 우리는 math 함수인 acos(아크 코사인, arc cosine)을 이용하여 그 각을 계산한다. 이 계산식은 1.31811607165이라는 라디안(radian) 값을 반환한다. 라디안은 각도를 측정하는 데 사용하는 또 다른 단위다.

> **NOTE** ❶에 있는 백슬래시(\)는 방정식의 일부가 아니다. 16장에서 설명했던 것처럼 백슬래시는 길이가 긴 코드를 분리하기 위하여 사용된다. 이것이 꼭 필요한 것은 아니지만 너무 긴 코드를 분할하기 위해서 사용한다. 이렇게 하지 않는다면 그 코드가 한 화면을 넘어갈 수도 있다.

라디안 값은 math 함수인 degrees로 각도 변환될 수 있으며, 180도에서 이 값을 빼면 외각(거북이가 회전해야 할 값)을 구할 수 있다.

```
>>> print(180 - math.degrees(a))
104.477512186
```

거북이가 그 다음에 회전할 방정식도 비슷하다.

$$b = \arccos\left(\frac{A^2 + B^2 - C^2}{2AB} \right)$$

이 방정식에 대한 코드도 비슷하다.

```
>>> b = math.acos((math.pow(A,2) + math.pow(B,2) - \
        math.pow(C,2)) / (2*A*B))
>>> print(180 - math.degrees(b))
151.04497562814015
```

물론 각도를 구하기 위해서 이 방정식을 반드시 사용해야 할 필요는 없다. 그냥 여러분이 보기에 좋을 때까지 각도를 돌려보면서 작업을 할 수도 있을 것이다.

#3: 모서리 없는 상자

이 문제(네 개의 변이 없는 팔각형)에 대한 해답은 일련의 작업을 네 번 반복하면 된다. 앞으로 움직이고 왼쪽으로 45도 돌린 다음, 팬을 들고 앞으로 움직이고, 팬을 다시 내려 놓고 다시 왼쪽으로 45도 회전하는 것을 반복하자.

```
t.forward(50)
t.left(45)
t.up()
t.forward(50)
t.down()
t.left(45)
```

최종 코드는 다음과 같을 것이다(이 코드를 실행하는 최선의 방법은 쉘에 새로운 창을 생성한 다음 nocorners.py라는 이름의 파일로 저장하는 것이다).

```
import turtle
```

```
t = turtle.Pen()
t.forward(50)
t.left(45)
t.up()
t.forward(50)
t.down()
t.left(45)
t.forward(50)
t.left(45)
t.up()
t.forward(50)
t.down()
t.left(45)
t.forward(50)
t.left(45)
t.up()
t.forward(50)
t.down()
t.left(45)
t.forward(50)
t.left(45)
t.up()
t.forward(50)
t.down()
t.left(45)
```

5장

#1: 부자인가요?

사실 이 코드는 if 문의 마지막 줄에서 들여쓰기 에러(indentation error)가 날 것이다.

```
>>> money = 2000
>>> if money > 1000:
❶      print("I'm rich!!")
```

```
    else:
            print("I'm not rich!!")
❷           ▌print("But I might be later...")
    SyntaxError: unexpected indent
```

이러한 에러가 나는 이유는 ❶에서 첫 번째 블록을 네 칸의 공백으로 시작했기 때문에 파이썬은 마지막 줄인 ❷에서 두 개의 추가적인 공백을 예상하지 못한 것이다. 사각형 블록 모양으로 어디가 문제인지를 알려주고 있으므로, 여러분이 잘못한 부분이 어디인지를 확인할 수 있다.

#2: 트윙키!

트윙키가 100개 미만인지 또는 500개 이상인지를 확인하는 코드는 다음과 같을 것이다.

```
>>> twinkies = 600
>>> if twinkies < 100 or twinkies > 500:
        print('Too few or too many')


Too few or too many
```

#3: 올바른 숫자

전체 금액이 100에서 500 사이인지 또는 1000에서 5000 사이인지를 확인하기 위해서는 하나 이상의 if 문을 사용할 수 있겠지만, and 키워드와 or 키워드를 하나의 구문으로 사용할 수도 있다.

```
if (amount >= 100 and amount <= 500) or (amount >= 1000 \
        and amount <= 5000):
    print('amount is between 100 & 500 or between 1000 & 5000')
```

첫 번째 부분과 두 번째 부분을 괄호로 감싸도록 하자. 그렇게 해야만 파이썬은 금액이 100과 500 사이에 있는지, 아니면 1000과 5000 사이에 있는지를 검사할 것이다.

amount 변수에 다른 값들을 설정하여 테스트해볼 수 있다.

```
>>> amount = 800
>>> if (amount >= 100 and amount <= 500) or (amount >= 1000 \
        and amount <= 5000):
    print('amount is between 100 & 500 or between 1000 & 5000')


>>> amount = 400
>>> if (amount >= 100 and amount <= 500) or (amount >= 1000 \
        and amount <= 5000):
    print('amount is between 100 & 500 or between 1000 & 5000')


amount is between 100 & 500 or between 1000 & 5000
>>> amount = 3000
>>> if (amount >= 100 and amount <= 500) or (amount >= 1000 \
        and amount <= 5000):
    print('amount is between 100 & 500 or between 1000 & 5000')


amount is between 100 & 500 or between 1000 & 5000
```

#4: 여러 닌자와 싸울 수 있다

이 문제에는 약간의 함정이 있다. 문제와 같은 순서로 if 문을 만들었다면 올바른 결과를 얻지 못할 것이다. 다음의 예제를 살펴보자.

```
>>> ninjas = 5
>>> if ninjas < 50:
        print("That's too many")
elif ninjas < 30:
        print("It'll be a struggle, but I can take 'em")
elif ninjas < 10:
        print("I can fight those ninjas!")

That's too many
```

닌자가 10명 미만이지만 "That's too many"라는 메시지를 얻게 된다. 그 이유는 첫 번째 조건(《

50)을 먼저 검사하고(다시 말해서 파이썬은 첫 번째 구문을 먼저 검사한다), 그 값이 실제로 50
보다 작기 때문에 이 프로그램은 우리가 원하지 않았던 메시지를 출력한다.

올바르게 동작하도록 하기 위해서는 숫자를 검사하는 순서를 뒤집어야 한다. 이렇게 하면 10보다
작은지를 먼저 검사하게 된다.

```
>>> ninjas = 5
>>> if ninjas < 10:
        print("I can fight those ninjas!")
elif ninjas < 30:
        print("It'll be a struggle, but I can take 'em")
elif ninjas < 50:
        print("That's too many")

I can fight those ninjas!
```

6장

#1: 헬로우 루프

이 for 루프 안에 있는 print 구문은 한 번만 실행된다. 그 이유는 파이썬이 x가 9보다 작은지에
대한 if 문을 만나면 즉시 루프를 빠져 나오기 때문이다.

```
>>> for x in range(0, 20):
        print('hello %s' % x)
        if x < 9:
            break

hello 0
```

#2: 짝수

짝수에 대한 목록을 만들기 위해서 range 함수를 사용할 수 있다. 만약에 여러분이 14살이라면
시작하는 매개변수는 2가 될 것이고, 마지막 매개변수는 16이 될 것이다(왜냐하면 for 루프는 마

지막 매개변수 직전의 값까지 실행될 것이기 때문이다).

```
>>> for x in range(2, 16, 2):
        print(x)
2
4
6
8
10
12
14
```

#3: 내가 좋아하는 재료 다섯 개

리스트에 있는 숫자들을 출력하는 방법은 두 가지가 있다. 다음은 그들 중에 한 가지 방법이다.

```
>>> ingredients = ['snails', 'leeches', 'gorilla belly-button lint', 'caterpillar
eyebrows', 'centipede toes']
```

```
❶ >>> x = 1
❷ >>> for i in ingredients:
❸         print('%s %s' % (x, i))
❹         x = x + 1
```

```
1 snails
2 leeches
3 gorilla belly-button lint
4 caterpillar eyebrows
5 centipede toes
```

❶에서는 우리가 출력하고자 하는 숫자를 담는 변수 x를 생성한다. 그 다음, ❷에서 리스트의 항목들을 루프돌기 위해서 for 루프를 생성하고 변수 i에 항목을 할당한다. ❸에서 플레이스홀더 %s를 사용하여 x와 i에 있는 값을 출력한다. ❹에서 변수 x에 1을 더하여 루프가 돌 때마다 값이 증가하도록 한다.

#4: 달에서의 체중

15년 후에 달에서의 체중을 킬로그램으로 측정하기 위해 지금의 체중을 저장할 변수를 먼저 생성하도록 하자.

```
>>> weight = 30
```

매년마다 체중이 1 킬로그램씩 증가한다고 할 때, 달에서의 체중은 16.5 퍼센트(0.165)를 곱해주면 된다.

```
>>> weight = 30
>>> for year in range(1, 16):
        weight = weight + 1
        moon_weight = weight * 0.165
        print('Year %s is %s' % (year, moon_weight))
Year 1 is 5.115
Year 2 is 5.28
Year 3 is 5.445
Year 4 is 5.61
Year 5 is 5.775
Year 6 is 5.94
Year 7 is 6.105
Year 8 is 6.2700000000000005
Year 9 is 6.4350000000000005
Year 10 is 6.6000000000000005
Year 11 is 6.765000000000001
Year 12 is 6.930000000000001
Year 13 is 7.095000000000001
Year 14 is 7.260000000000001
Year 15 is 7.425000000000001
```

7장

#1: 달에서의 몸무게

이 함수는 두 개의 매개변수(weight와 increase)를 받는다. 다음의 코드는 6장의 #4번 문제의 해답과 매우 비슷하다.

```
>>> def moon_weight(weight, increase):
        for year in range(1, 16):
            weight = weight + increase
            moon_weight = weight * 0.165
            print('Year %s is %s' % (year, moon_weight))

>>> moon_weight(40, 0.5)
Year 1 is 6.6825
Year 2 is 6.765
Year 3 is 6.8475
Year 4 is 6.93
Year 5 is 7.0125
Year 6 is 7.095
Year 7 is 7.1775
Year 8 is 7.26
Year 9 is 7.3425
Year 10 is 7.425
Year 11 is 7.5075
Year 12 is 7.59
Year 13 is 7.6725
Year 14 is 7.755
Year 15 is 7.8375
```

#2: 달에서의 몸무게 함수와 년도

앞의 함수를 약간 수정하여 년도를 매개변수로 전달되게 한다.

```
>>> def moon_weight(weight, increase, years):
```

```
        years = years + 1
        for year in range(1, years):
            weight = weight + increase
            moon_weight = weight * 0.165
            print('Year %s is %s' % (year, moon_weight))

>>> moon_weight(35, 0.3, 5)
Year 1 is 5.8245
Year 2 is 5.874
Year 3 is 5.9235
Year 4 is 5.973
Year 5 is 6.0225
```

매개변수 years에 1을 더하는 두 번째 줄에 주목하자. 이것은 for 루프가 올바른 년도에 끝나도록 만들어줄 것이다.

#3: 달에서의 몸무게 프로그램

readline 함수를 이용하여 사람들이 값을 입력할 수 있도록 하기 위해 sys 모듈의 stdin 객체를 사용할 수 있다. sys.stdin.readline은 문자열을 반환하기 때문에, 계산에 사용하기 위해 그 문자열을 숫자로 변환해야 한다.

```
    import sys
    def moon_weight():
        print('Please enter your current Earth weight')
❶      weight = float(sys.stdin.readline())
        print('Please enter the amount your weight might increase each year')
❷      increase = float(sys.stdin.readline())
        print('Please enter the number of years')
❸      years = int(sys.stdin.readline())
        years = years + 1
        for year in range(1, years):
            weight = weight + increase
            moon_weight = weight * 0.165
            print('Year %s is %s' % (year, moon_weight))
```

❶에서는 `sys.stdin.readline`을 이용하여 입력된 값을 읽어서 float 함수를 이용하여 문자열을 실수형으로 변환한다. 이 값은 weight 변수에 저장된다. ❷에서는 increase 변수에 대해 동일한 작업을 한다. 하지만 ❸에서는 int 함수를 이용한다. 왜냐하면 년도는 소수가 아닌 오직 정수만 입력하기 때문이다. 나머지 코드는 이전의 해답과 동일하다.

이 함수를 호출하면 다음과 같은 결과을 얻게 될 것이다.

```
>>> moon_weight()
Please enter your current Earth weight
45
Please enter the amount your weight might increase each year
0.4
Please enter the number of years
12
Year 1 is 7.491
Year 2 is 7.557
Year 3 is 7.623
Year 4 is 7.689
Year 5 is 7.755
Year 6 is 7.821
Year 7 is 7.887
Year 8 is 7.953
Year 9 is 8.019
Year 10 is 8.085
Year 11 is 8.151
Year 12 is 8.217
```

8장

#1: 기린 댄스

Reginald가 지그(jig) 춤을 추도록 하는 함수들을 추가하기 전에, Animals와 Mammals, 그리고 Giraffes 클래스를 다시 살펴보자. Animals 클래스는 다음과 같다. 이것은 Animate 클래스의 하위 클래스였는데 이번 예제를 조금 더 간단하게 만들기 위해서 제거되었다.

```
class Animals:
    def breathe(self):
        print('breathing')
    def move(self):
        print('moving')
    def eat_food(self):
        print('eating food')
```

Mammals 클래스는 Animals의 하위 클래스다.

```
class Mammals(Animals):
    def feed_young_with_milk(self):
        print('feeding young')
```

Giraffes 클래스는 Mammals의 하위 클래스다.

```
class Giraffes(Mammals):
    def eat_leaves_from_trees(self):
        print('eating leaves')
```

각각의 다리를 움직이는 함수는 간단하게 추가할 수 있다.

```
class Giraffes(Mammals):
    def eat_leaves_from_trees(self):
        print('eating leaves')
    def left_foot_forward(self):
        print('left foot forward')
    def right_foot_forward(self):
        print('right foot forward')
    def left_foot_backward(self):
        print('left foot back')
    def right_foot_backward(self):
        print('right foot back')
```

dance 함수는 순서대로 다리에 대한 함수들을 호출하면 된다.

```python
def dance(self):
    self.left_foot_forward()
    self.left_foot_backward()
    self.right_foot_forward()
    self.right_foot_backward()
    self.left_foot_backward()
    self.right_foot_backward()
    self.right_foot_forward()
    self.left_foot_forward()
```

Reginald를 춤추게 하기 위해 객체를 생성하고 이 함수를 호출한다.

```python
>>> reginald = Giraffes()
>>> reginald.dance()

left foot forward
left foot back
right foot forward
right foot back
left foot back
right foot back
right foot forward
left foot forward
```

#2: 거북이 포크

Pen은 turtle 모듈에 정의된 클래스이므로 네 개의 거북이들에 대한 각각의 Pen 클래스 객체를 만들 수 있다. 만약에 서로 다른 변수들에 이 객체들을 할당한다면 독립적으로 제어할 수 있어서 이번 문제의 화살표 라인을 간단하게 만들 수 있을 것이다. 각각의 객체(object)가 독립적인라는 개념은 프로그래밍에서 매우 중요한 것들 중에 하나이며, 클래스와 객체에 대해 이야기할 때는 더욱 그렇다.

```
import turtle
t1 = turtle.Pen()
t2 = turtle.Pen()
t3 = turtle.Pen()
t4 = turtle.Pen()

t1.forward(100)
t1.left(90)
t1.forward(50)
t1.right(90)
t1.forward(50)
t2.forward(110)
t2.left(90)
t2.forward(25)
t2.right(90)
t2.forward(25)
t3.forward(110)
t3.right(90)
t3.forward(25)
t3.left(90)
t3.forward(25)
t4.forward(100)
t4.right(90)
t4.forward(50)
t4.left(90)
t4.forward(50)
```

이러한 그림을 그리는 방법은 여러 가지가 있으므로, 여러분의 코드가 이것과 완전히 똑같지 않을 수 있다.

9장

#1: 미스테리 코드

abs 함수는 숫자의 절대값을 반환한다. 기본적으로 이 말은 음수를 양수로 바꿔준다는 의미다. 즉, 문제의 미스테리 코드에서 첫 번째 print 문은 20을 출력하며 두 번째는 0을 출력한다.

❶ ```
>>> a = abs(10) + abs(-10)
>>> print(a)
20
```

❷ ```
>>> a = abs(10) + abs(-10)
>>> print(a)
20
```

❶의 계산은 10 + 10이 되며, ❷의 계산은 10 + –10이 된다.

#2: 숨겨진 메시지

이 문제는 메시지를 포함하는 문자열을 먼저 생성한 다음에 문자열에서 사용할 수 있는 함수들을 알아내기 위해 dir 함수를 이용한다.

```
>>> s = 'this if is you not are a reading very this good then way you
to have hide done a it message wrong'
>>> print(dir(s))
['__add__', '__class__', '__contains__', '__delattr__', '__doc__',
'__eq__', '__format__', '__ge__', '__getattribute__', '__getitem__',
'__getnewargs__', '__gt__', '__hash__', '__init__', '__iter__',
'__le__', '__len__', '__lt__', '__mod__', '__mul__', '__ne__',
'__new__', '__reduce__', '__reduce_ex__', '__repr__', '__rmod__',
'__rmul__', '__setattr__', '__sizeof__', '__str__',
'__subclasshook__', '_formatter_field_name_split',
'_formatter_parser', 'capitalize', 'center', 'count',
'encode', 'endswith', 'expandtabs', 'find', 'format', 'index',
'isalnum', 'isalpha', 'isdecimal', 'isdigit', 'isidentifier',
```

```
'islower', 'isnumeric', 'isprintable', 'isspace', 'istitle',
'isupper', 'join', 'ljust', 'lower', 'lstrip', 'maketrans',
'partition', 'replace', 'rfind', 'rindex', 'rjust', 'rpartition',
'rsplit', 'rstrip', 'split', 'splitlines', 'startswith', 'strip',
'swapcase', 'title', 'translate', 'upper', 'zfill']
```

리스트를 살펴보면 split라는 함수가 유용해보인다. 그 함수가 어떤 작업을 하는지 알아보려면 help 함수를 이용하면 된다.

```
>>> help(s.split)
Help on built-in function split:

split(...)
    S.split([sep[, maxsplit]]) -> list of strings

    Return a list of the words in S, using sep as the
    delimiter string. If maxsplit is given, at most maxsplit
    splits are done. If sep is not specified or is None, any
    whitespace string is a separator and empty strings are
    removed from the result.
```

이 설명에 따르면 split는 sep 매개변수에 제공된 문자들에 따라 단어로 분리된 문자열을 반환한다. sep 매개변수가 없다면 이 함수는 공백을 사용한다. 따라서 이 함수는 문자열을 분리시켜 줄 것이다.

이제 우리는 문자열의 단어들에 대해 루프를 돌리려면 어떤 함수를 사용해야 하는지 알게 되었다. 단어들을 출력하는 방법은 여러 가지가 있으며, 다음은 그들 중 하나의 방법이다.

❶ >>> message = 'this if is you not are a reading very this good then
   way you to have hide done a it message wrong'
❷ >>> words = message.split()
❸ >>> for x in range(0, len(words), 2):
❹   print(words[x])

❶에서 문자열을 생성한 다음, ❷에서 split 함수를 사용하여 문자열을 각각의 단어들의 리스트로 분리한다. 그리고 ❸에서 range 함수를 사용하여 for 루프를 만든다. 이 함수의 첫 번째 매개변수는 0(리스트의 시작)이며, 그 다음의 매개변수는 리스트의 길이를 알기 위하여 len 함수를 사용한다(이것은 범위의 끝이 될 것이다). 그리고 마지막 매개변수는 2의 값으로 한다(이렇게 하면 숫자의 범위는 0, 2, 4, 6, 8 식으로 될 것이다). 우리는 ❹에서 리스트의 값들을 출력하기 위하여 for 루프에 있는 x 변수를 사용한다.

#3: 파일 복사하기

파일을 복사하기 위해서는 그 파일을 연 다음에 내용을 변수로 읽어 들인다. 파일을 쓰기 위한 대상 파일을 열고(쓰기를 위한 'w' 매개변수를 이용), 그 변수에 있는 내용을 쓴다. 완성된 코드는 다음과 같다.

```
f = open('test.txt')
s = f.read()
f.close()
f = open('output.txt', 'w')
f.write(s)
f.close()
```

이 예제 코드가 동작하긴 하지만 실제로 파일을 복사하는 더 좋은 방법은 shutil이라는 파이썬 모듈을 사용하는 것이다.

```
import shutil
shutil.copy('test.txt', 'output.txt')
```

10장

#1: 복사된 자동차들

이 코드에는 두 개의 print 문이 있으며, 각각이 무엇을 출력하는지 알아야 한다.

다음은 첫 번째 부분이다.

```
   >>> car1 = Car()
❶ >>> car1.wheels = 4
❷ >>> car2 = car1
   >>> car2.wheels = 3
   >>> print(car1.wheels)

   3
```

❶에서 car1에 4개의 바퀴를 분명히 설정했는데 print 문이 3을 출력한 이유는 무엇일까? 그 이유는 ❷에서 car1 변수와 car2 변수가 동일한 객체를 가리키고 있기 때문이다.

이제 두 번째 print 문을 살펴보자.

```
   >>> car3 = copy.copy(car1)
   >>> car3.wheels = 6
   >>> print(car1.wheels)

   3
```

이 경우 car3은 객체를 복사한 것이다. 이것은 car1과 car2처럼 동일한 객체를 가리키는 것이 아니므로 바퀴를 6으로 설정해도 car1의 바퀴에 어떠한 영향도 미치지 않는다.

#2: 좋아하는 것들

```
❶ >>> import pickle
❷ >>> favorites = ['PlayStation', 'Fudge', 'Movies', 'Python for Kids']
❸ >>> f = open('favorites.dat', 'wb')
❹ >>> pickle.dump(favorites, f)
   >>> f.close()
```

파일에 변수의 내용을 저장하기 위해서 ❶에서 pickle 모듈을 임포트하고 ❷에서 좋아하는 것들에 대한 리스트를 만든다. 그런 다음, ❸에서 두 번째 매개변수로 문자열 'wb'(바이너리로 쓴다는 뜻)를 전달하여 favorites.dat라는 이름의 파일을 연다. ❹에서 favorites 변수의 내용을 저장하기 위하여 pickle 모듈의 dump 함수를 사용한다.

이번 해답의 두 번째 부분은 이 파일을 다시 읽어 들이는 것이다. 여러분이 셸을 닫았다가 다시 열었다고 한다면 pickle 모듈을 다시 임포트해야 한다.

```
>>> import pickle
>>> f = open('favorites.dat', 'rb')
>>> favorites = pickle.load(f)
>>> print(favorites)

['PlayStation', 'Fudge', 'Movies', 'Python for Kids']
```

11장

#1: 팔각형 그리기

팔각형은 여덟 개의 변을 가지고 있으므로 그리려면 for 루프가 필요할 것이다. 거북이가 팔각형을 그리는 방향을 잠깐 생각해보면, 시계방향으로 돌면서 그리면 된다는 것을 알게 될 것이다. 이 말은 360도 회전하게 될 것이라는 의미다. 360을 팔각형 변의 개수로 나눈다면 거북이가 회전해야 할 각도(힌트로 얘기했던 45도)를 얻을 수 있다.

```
>>> import turtle
>>> t = turtle.Pen()
>>> def octagon(size):
        for x in range(1,9):
            t.forward(size)
            t.right(45)
```

한 변의 길이를 100이라고 한다면 다음과 같이 이 함수를 호출하면 된다.

```
>>> octagon(100)
```

#2: 색으로 채워진 팔각형 그리기

앞의 함수를 수정해서 색으로 채워진 팔각형을 그릴 수 있으며, 외곽선을 그리는 것은 약간 더 어려울 것이다. 좀 더 좋은 접근 방법은 팔각형을 색으로 채울지에 대해 제어하는 매개변수를 전달하는 것이다.

```
>>> import turtle
>>> t = turtle.Pen()
>>> def octagon(size, filled):
❶        if filled == True:
❷            t.begin_fill()
         for x in range(1,9):
             t.forward(size)
             t.right(45)
❸        if filled == True:
❹            t.end_fill()
```

먼저 ❶에서는 매개변수 filled가 True인지를 검사한다. 만일 그렇다면 ❷에서 begin_fill 함수를 이용하여 채우기 시작하라고 알려준다. 그 다음의 두 줄은 #1에서 했던 것과 동일한 방법으로 팔각형을 그리는 것이다. 그 다음, ❸에서는 매개변수 filled가 True인지를 검사한다. 만일 그렇다면 ❹에서 end_fill 함수를 호출하여 실제로 색을 채운다.

노란색을 설정하고 True로 설정된 매개변수를 호출하여 이 함수를 테스트한다. 색상을 검정색으로 설정하고 False로 매개변수를 설정하여 이 함수를 호출할 수도 있다.

```
>>> t.color(1, 0.85, 0)
>>> octagon(40, True)
>>> t.color(0, 0, 0)
>>> octagon(40, False)
```

#3: 별을 그리는 또 다른 함수

별 함수에 있는 함정은 360도를 꼭지점 개수로 나누는 것이다. 이것은 별의 꼭지점마다의 내각을 얻게 한다(다음의 코드에서 ❶참조). 거북이가 회전해야 하는 외각을 얻기 위해서는 ❹처럼 180에서 그 수를 빼면 된다.

```
import turtle
t = turtle.Pen()
def draw_star(size, points):
❶     angle = 360 / points
❷     for x in range(0, points):
❸         t.forward(size)
❹         t.left(180 - angle)
❺         t.forward(size)
❻         t.right(180-(angle * 2))
```

❷에서는 0이 꼭지점의 개수가 될 때까지 루프를 돌고 ❸에서 매개변수 size에 지정된 픽셀 수만큼 앞으로 이동한다. ❹에서는 앞에서 계산된 각도만큼 거북이를 돌리고, ❺에서 다시 앞으로 이동시킨다. 이렇게 하면 첫 번째 "가시(뾰족하게 나온 부분)"가 그려진다. 이러한 방법으로 별을 그리려면 계산된 각도를 증가시켜야 하므로 ❻에서와 같이 계산된 각도에 2를 곱하고 거북이를 회전시킨다.

예를 들어 80 픽셀의 길이와 70개의 꼭지점으로 이 함수를 호출한다면 다음과 같이 된다.

```
draw_star(80, 70)
```

이 코드는 다음과 같은 결과를 얻게 된다.

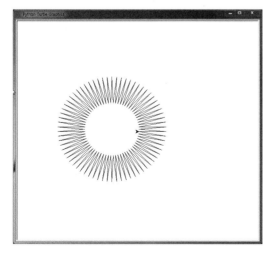

12장

#1: 삼각형으로 화면 채우기

삼각형으로 화면을 채우기 위한 첫 번째 단계는 캔버스를 설정하는 것이다. 폭과 높이가 400 픽셀인 캔버스를 만들어보자.

```
>>> from tkinter import *
>>> import random
>>> w = 400
>>> h = 400
>>> tk = Tk()
>>> canvas = Canvas(tk, width=w, height=h)
>>> canvas.pack()
```

삼각형은 세 개의 꼭지점을 가지고 있다. 이 말은 x와 y 좌표 세트가 세 개라는 의미다. 우리는 12장의 랜덤 사각형 예제에서 했던 것처럼 random 모듈의 randrange 함수를 사용하여 세 개의 꼭지점(총 6개의 숫자)에 대한 좌표들을 무작위로 생성한다. 그런 다음 삼각형을 그리기 위하여 random_triangle 함수를 사용할 수 있다.

```
>>> def random_triangle():
        p1 = random.randrange(w)
        p2 = random.randrange(h)
        p3 = random.randrange(w)
        p4 = random.randrange(h)
        p5 = random.randrange(w)
        p6 = random.randrange(h)
        canvas.create_polygon(p1, p2, p3, p4, p5, p6, \
                fill="", outline="black")
```

마지막으로, 전체 랜덤 삼각형들을 그리기 위하여 루프를 생성한다.

```
>>> for x in range(0, 100):
        random_triangle()
```

이 결과는 다음과 같이 될 것이다.

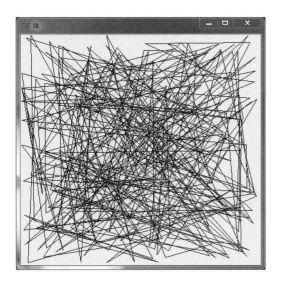

색으로 채워진 랜덤 삼각형으로 창을 채우려면 색상들의 리스트를 먼저 생성해야 한다. 이 프로그램의 시작 부분의 설정하는 코드에 이것을 추가할 수 있다.

```
>>> from tkinter import *
>>> import random
>>> w = 400
>>> h = 400
>>> tk = Tk()
>>> canvas = Canvas(tk, width=w, height=h)
>>> canvas.pack()
>>> colors = ['red','green','blue','yellow','orange','white','purple']
```

그런 다음 색상 리스트에 있는 항목을 무작위로 선택하기 위해 random 모듈의 choice 함수를 사용하고, 이것을 create_polygon을 호출할 때 사용한다.

```
def random_triangle():
    p1 = random.randrange(w)
    p2 = random.randrange(h)
```

```
p3 = random.randrange(w)
p4 = random.randrange(h)
p5 = random.randrange(w)
p6 = random.randrange(h)
color = random.choice(colors)
canvas.create_polygon(p1, p2, p3, p4, p5, p6, \
        fill=color, outline="")
```

루프를 100번 돈다고 가정해보자.

```
>>> for x in range(0, 100):
        random_triangle()
```

그 결과는 다음과 같이 될 것이다.

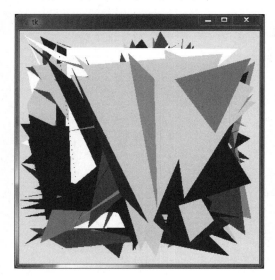

#2: 삼각형 움직이기

삼각형을 움직이기 위해 캔버스를 다시 설정하고 **create_polygon** 함수를 이용하여 삼각형을 그린다.

```
import time
from tkinter import *
tk = Tk()
canvas = Canvas(tk, width=200, height=400)
canvas.pack()
canvas.create_polygon(10, 10, 10, 60, 50, 35)
```

삼각형을 화면 수평으로 이동하려면 x 값은 양수가 되어야 하며 y 값은 0이 되어야 한다. 이를 위해 for 루프를 만들고 삼각형의 ID를 1로, 매개변수 x를 10으로, 매개변수 y를 0으로 한다.

```
for x in range(0, 35):
    canvas.move(1, 10, 0)
    tk.update()
    time.sleep(0.05)
```

아래로 움직이는 것도 매우 비슷하다. 매개변수 x를 0으로 매개변수 y를 양수로 한다.

```
for x in range(0, 14):
    canvas.move(1, 0, 10)
    tk.update()
    time.sleep(0.05)
```

다시 뒤로 움직이려면 매개변수 x의 값을 음수로 해야 하며(매개변수 y는 0), 위로 움직이려면 매개변수 y의 값을 음수로 해야 한다.

```
for x in range(0, 35):
    canvas.move(1, -10, 0)
    tk.update()
    time.sleep(0.05)

for x in range(0, 14):
    canvas.move(1, 0, -10)
    tk.update()
```

```
    time.sleep(0.05)
```

#3: 사진 움직이기

사진을 움직이는 코드는 사용하는 이미지의 크기에 따라 다르다. 여기서는 face.gif라는 이미지를 사용하고 그 이미지를 C: 드라이브에 저장하고 있다고 가정하며, 다른 도형을 움직였던 것처럼 움직이게 한다.

```
import time
from tkinter import *
tk = Tk()
canvas = Canvas(tk, width=400, height=400)
canvas.pack()
myimage = PhotoImage(file='c:\\face.gif')
canvas.create_image(0, 0, anchor=NW, image=myimage)
for x in range(0, 35):
    canvas.move(1, 10, 10)
    tk.update()
    time.sleep(0.05)
```

이 코드는 이미지를 화면의 대각선 아래로 움직이게 할 것이다.

만약에 우분투 또는 맥 OS X를 사용하고 있다면 이미지에 대한 파일명이 달라질 것이다. 우분투에서 이미지 파일이 홈 디렉토리에 있다면 이미지를 로딩하는 방법은 다음과 같이 될 것이다.

```
myimage = PhotoImage(file='/home/malcolm/face.gif')
```

맥에서라면 다음과 같이 이미지를 로딩하게 될 것이다.

```
myimage = PhotoImage(file='/Users/samantha/face.gif')
```

14장

#1: 게임 시작을 늦추기

사용자가 캔버스를 클릭했을 때 게임을 시작하도록 하기 위해서는 프로그램을 약간 수정해야 한다. 먼저 Paddle 클래스에 새로운 함수를 추가한다.

```
def turn_left(self, evt):
    self.x = -2

def turn_right(self, evt):
    self.x = 2

def start_game(self, evt):
    self.started = True
```

이 함수는 함수가 호출될 때 객체 변수인 started에 True를 설정할 것이다. Paddle의 __init__ 함수에 이 객체 변수를 포함시켜야 한다(False로 설정). 그런 다음 start_game 함수에 대한 이벤트 바인딩을 추가한다(마우스 버튼과 바인딩).

```
    def __init__(self, canvas, color):
        self.canvas = canvas
        self.id = canvas.create_rectangle(0, 0, 100, 10, fill=color)
        self.canvas.move(self.id, 200, 300)
        self.x = 0
        self.canvas_width = self.canvas.winfo_width()
❶      self.started = False
        self.canvas.bind_all('<KeyPress-Left>', self.turn_left)
        self.canvas.bind_all('<KeyPress-Right>', self.turn_right)
❷      self.canvas.bind_all('<Button-1>', self.start_game)
```

❶에서 새로운 객체 변수인 started를 추가한 것과 ❷에서 마우스 버튼을 바인딩한 것을 볼 수 있을 것이다.

마지막으로 수정할 부분은 이 코드의 마지막 루프다. 여기서는 공과 패들을 그리기 전에 객체 변수인 started가 True인지를 검사해야 한다.

```python
while 1:
    if ball.hit_bottom == False and paddle.started == True:
        ball.draw()        paddle.draw()
    tk.update_idletasks()
    tk.update()
    time.sleep(0.01)
```

#2: 적절한 "Game Over"

"Game Over" 텍스트를 생성하기 위하여 create_text 함수를 사용한다. 이 부분을 공과 패들을 생성하는 코드 다음에 추가할 것이다.

```python
paddle = Paddle(canvas, 'blue')
ball = Ball(canvas, paddle, 'red')
game_over_text = canvas.create_text(250, 200, text='GAME OVER', \
        state='hidden')
```

create_text 함수는 'hidden'이라는 문자열을 설정하는 state라는 이름의 매개변수를 갖는다. 이것은 파이썬이 그 텍스트를 그린다는 의미지만, 보이지 않게 한다. 게임이 끝났다는 텍스트를 표시하기 위해서 코드의 끝에 있는 루프에 새로운 if 문을 추가한다.

```python
while 1:
    if ball.hit_bottom == False and paddle.started == True:
        ball.draw()
        paddle.draw()
❶   if ball.hit_bottom == True:
❷       time.sleep(1)
❸       canvas.itemconfig(game_over_text, state='normal')
    tk.update_idletasks()
    tk.update()
    time.sleep(0.01)
```

❶에서 객체 변수 hit_bottom이 True로 설정되어 있는지를 확인한다. 만약에 그렇다면 ❷에서 텍스트를 표시하기 전에 약간의 딜레이를 주기 위하여 1초 멈춘다(sleep). 그런 다음 ❸에서 캔버스의 itemconfig 함수를 이용하여 텍스트의 매개변수 state에 'hidden'이 아닌 'normal'로 변경한다. 이 함수에 두 개의 매개변수(캔버스에 그려질 텍스트의 식별자(game_over_text 변수에 저장된)와 state라는 이름의 매개변수)를 전달한다.

#3: 공에 가속도 붙이기

이번 수정은 간단하지만, 코드에서 어디를 수정해야 하는지를 알아내는 것이 어렵다는 것을 알게 될 것이다. 공이 패들에 부딪힐 경우 동일한 수평 방향으로 공이 움직인다면 공의 속도가 증가되도록 해야 하며, 반대 방향으로 움직인다면 속도가 줄어들도록 해야 한다. 이렇게 하기 위해 패들의 좌우(수평) 속도는 공의 수평 속도에 추가되어야 한다.

수정할 가장 간단한 곳은 Ball 클래스의 hit_paddle 함수다.

```
    def hit_paddle(self, pos):
        paddle_pos = self.canvas.coords(self.paddle.id)
        if pos[2] >= paddle_pos[0] and pos[0] <= paddle_pos[2]:
❶           if pos[3] >= paddle_pos[1] and pos[3] <= paddle_pos[3]:
❷               self.x += self.paddle.x
                return True
        return False
```

❶에서 공이 패들에 부딪혔는지를 감지하게 되면 ❷에서 패들 객체의 x 변수의 값을 공의 x 변수에 더한다. 만약에 패들이 화면의 오른쪽으로 움직이고 있고(예를 들어 패들의 x 변수에 2가 설정되었다면) 3의 x 값으로 오른쪽으로 움직이면서 공이 패들에 부딪혔다면 공은 5라는 새로운 (수평) 속도를 가지고 패들에서 튕겨질 것이다. 두 개의 x 변수들을 서로 더하는 것은 공이 패들에 부딪힐 때 공이 새로운 속도를 얻는다는 의미다.

#4: 플레이어의 점수 기록하기

게임에 점수를 추가하려면 Score라는 새로운 클래스를 생성한다.

```
    class Score:
        def __init__(self, canvas, color):
```

```
❶          self.score = 0
❷          self.canvas = canvas
❸          self.id = canvas.create_text(450, 10, text=self.score, \
                    fill=color)
```

Score 클래스의 __init__ 함수는 세 개의 매개변수(self, canvas, color)를 갖는다. ❶에서 이 함수의 첫 번째 줄은 객체 변수인 score의 값을 0으로 설정한다. ❷에서는 나중에 사용하기 위해 canvas 매개변수를 객체 변수인 canvas로 저장한다. ❸에서는 (450, 10) 위치에 표시하며 fill에 color 매개변수의 값을 설정해서 점수 텍스트를 생성하기 위해 canvas 매개변수를 사용한다. 표시할 텍스트는 score 변수의 현재 값이다(다시 말해 0이다).

Score 클래스는 점수를 증가하고 새로운 값을 다시 표시하기 위해 사용될 또 다른 함수가 필요하다.

```
class Score:
    def __init__(self, canvas, color):
        self.score = 0
        self.canvas = canvas
        self.id = canvas.create_text(450, 10, text=self.score, \
                    fill=color)

❶   def hit(self):
❷       self.score += 1
❸       self.canvas.itemconfig(self.id, text=self.score)
```

❶에서 hit 함수는 아무런 매개변수도 받지 않으며, ❸에서 새로운 점수 값으로 표시될 텍스트를 변경하기 위한 canvas 객체의 itemconfig 함수를 사용하기 전에 ❷에서는 점수(score)에 1을 증가시킨다.

우리는 paddle 객체와 ball 객체를 생성하기 전에 Score 클래스의 객체를 생성할 수 있다.

```
score = Score(canvas, 'green')
paddle = Paddle(canvas, 'blue')
ball = Ball(canvas, paddle, score, 'red')
game_over_text = canvas.create_text(250, 200, text='GAME OVER', \
```

```
                state='hidden')
```

이 코드에서 마지막으로 수정할 부분은 Ball 클래스에 있다. Score 객체(Ball 객체를 생성할 때 사용함)를 저장한 다음, 그 공의 hit_paddle 함수에 있는 hit 함수를 실행해야 한다.

Ball의 __init__ 함수의 시작 부분은 이제 score라는 이름의 객체 변수를 생성하는 데 사용할 매개변수 score를 가진다.

```
        def __init__(self, canvas, paddle, score, color):
            self.canvas = canvas
            self.paddle = paddle
            self.score = score
```

hit_paddle 함수는 다음과 같을 것이다.

```
        def hit_paddle(self, pos):
            paddle_pos = self.canvas.coords(self.paddle.id)
            if pos[2] >= paddle_pos[0] and pos[0] <= paddle_pos[2]:
                if pos[3] >= paddle_pos[1] and pos[3] <= paddle_pos[3]:
                    self.x += self.paddle.x
                    self.score.hit()
                    return True
            return False
```

이 네 개의 퍼들들이 완료되면 전체 게임 코드는 다음과 같을 것이다.

```
    from tkinter import *
    import random
    import time

    class Ball:
        def __init__(self, canvas, paddle, score, color):
            self.canvas = canvas
```

```python
        self.paddle = paddle
        self.score = score
        self.id = canvas.create_oval(10, 10, 25, 25, fill=color)
        self.canvas.move(self.id, 245, 100)
        starts = [-3, -2, -1, 1, 2, 3]
        random.shuffle(starts)
        self.x = starts[0]
        self.y = -3
        self.canvas_height = self.canvas.winfo_height()
        self.canvas_width = self.canvas.winfo_width()
        self.hit_bottom = False

    def hit_paddle(self, pos):
        paddle_pos = self.canvas.coords(self.paddle.id)
        if pos[2] >= paddle_pos[0] and pos[0] <= paddle_pos[2]:
            if pos[3] >= paddle_pos[1] and pos[3] <= paddle_pos[3]:
                self.x += self.paddle.x
                self.score.hit()
                return True
        return False

    def draw(self):
        self.canvas.move(self.id, self.x, self.y)
        pos = self.canvas.coords(self.id)
        if pos[1] <= 0:
            self.y = 3
        if pos[3] >= self.canvas_height:
            self.hit_bottom = True
        if self.hit_paddle(pos) == True:
            self.y = -3
        if pos[0] <= 0:
            self.x = 3
        if pos[2] >= self.canvas_width:
            self.x = -3
```

```python
class Paddle:
    def __init__(self, canvas, color):
        self.canvas = canvas
        self.id = canvas.create_rectangle(0, 0, 100, 10, fill=color)
        self.canvas.move(self.id, 200, 300)
        self.x = 0
        self.canvas_width = self.canvas.winfo_width()
        self.started = False
        self.canvas.bind_all('<KeyPress-Left>', self.turn_left)
        self.canvas.bind_all('<KeyPress-Right>', self.turn_right)
        self.canvas.bind_all('<Button-1>', self.start_game)

    def draw(self):
        self.canvas.move(self.id, self.x, 0)
        pos = self.canvas.coords(self.id)
        if pos[0] <= 0:
            self.x = 0
        elif pos[2] >= self.canvas_width:
            self.x = 0

    def turn_left(self, evt):
        self.x = -2

    def turn_right(self, evt):
        self.x = 2

    def start_game(self, evt):
        self.started = True

class Score:
    def __init__(self, canvas, color):
        self.score = 0
        self.canvas = canvas
        self.id = canvas.create_text(450, 10, text=self.score, \
                fill=color)
```

```python
    def hit(self):
        self.score += 1
        self.canvas.itemconfig(self.id, text=self.score)

tk = Tk()
tk.title("Game")
tk.resizable(0, 0)
tk.wm_attributes("-topmost", 1)
canvas = Canvas(tk, width=500, height=400, bd=0, highlightthickness=0)
canvas.pack()
tk.update()

score = Score(canvas, 'green')
paddle = Paddle(canvas, 'blue')
ball = Ball(canvas, paddle, score, 'red')
game_over_text = canvas.create_text(250, 200, text='GAME OVER', \
        state='hidden')

while 1:
    if ball.hit_bottom == False and paddle.started == True:
        ball.draw()
        paddle.draw()
    if ball.hit_bottom == True:
        time.sleep(1)
        canvas.itemconfig(game_over_text, state='normal')
    tk.update_idletasks()
    tk.update()
    time.sleep(0.01)
```

16장

#1: 체커보드

체커보드 배경을 그리기 위해서는 다음과 같이 게임의 **__init__** 함수에 있는 루프를 수정해야 한다.

```
           self.bg = PhotoImage(file="background.gif")
           w = self.bg.width()
           h = self.bg.height()
❶          draw_background = 0
           for x in range(0, 5):
               for y in range(0, 5):
❷                  if draw_background == 1:
❸                      self.canvas.create_image(x * w, y * h, \
                              image=self.bg, anchor='nw')
❹                      draw_background = 0
❺                  else:
❻                      draw_background = 1
```

❶에서는 draw_background라는 이름의 변수를 생성하고 그 값을 0으로 설정한다. ❷에서는 그 변수의 값이 1인지를 검사하며, 만일 그렇다면 ❸에서 그 배경 이미지를 그리고 ❹에서 그 변수를 다시 0으로 설정한다. 만약 그 값이 1이 아니라면(그렇다면 ❺의 else) ❻에서 그 값을 1로 설정한다.

이것이 우리의 코드가 하는 작업을 어떻게 바꾸었을까? 음, if 문에 처음 다다르면 배경 이미지를 그리지 않고 draw_background를 1로 설정한다. 그 다음에 if 문에 다다르면 그 배경 이미지를 그릴 것이고 변수의 값을 0으로 다시 설정할 것이다. 이 루프를 반복할 때마다 변수의 값은 전환된다. 이미지를 한 번 그렸다면 그 다음에는 그리지 않는다.

#2: 두 가지 이미지 체커보드

#1의 체커보드 퍼즐을 풀었다면 하나의 이미지와 공백 대신에 두 개의 이미지를 가지고 그리는 것은 매우 쉽다. 우리는 새로운 배경 이미지를 로드해야 한다. 다음의 예제에서는 background2. gif라는 새로운 이미지(그래픽 프로그램을 이용하여 먼저 그려야 할 것이다)를 로드하고 객체 변

수인 **bg2**로 저장한다.

```
self.bg = PhotoImage(file="background.gif")
    self.bg2 = PhotoImage(file="background2.gif")
w = self.bg.width()
h = self.bg.height()
draw_background = 0
for x in range(0, 5):
    for y in range(0, 5):
        if draw_background == 1:
            self.canvas.create_image(x * w, y * h, \
                    image=self.bg, anchor='nw')
            draw_background = 0
        else:
            self.canvas.create_image(x * w, y * h, \
                    image=self.bg2, anchor='nw')
            draw_background = 1
```

퍼즐 #1에서 만들었던 **if** 문의 두 번째 부분에서는 화면에 새로운 이미지를 그리기 위하여 **create_image** 함수를 사용한다.

#3: 책장과 램프

서로 다른 배경을 그리려면 #2의 체커보드 코드를 가지고 시작하되 두 개의 새로운 이미지를 다시 로드하도록 수정해야 할 것이며, 캔버스에 그것들을 그려야 한다. 이번 예제를 위해 필자는 background2.gif 이미지를 먼저 복사하고, 거기에 책장을 그린 다음 shelf.gif라는 이름으로 새로운 이미지를 저장했다. 그런 다음 background2.gif 이미지를 다시 복사하고 나서 램프를 그리고 lamp.gif라는이름으로 새로운 이미지를 저장했다.

```
self.bg = PhotoImage(file="background.gif")
self.bg2 = PhotoImage(file="background2.gif")
self.bg_shelf = PhotoImage(file="shelf.gif")
self.bg_lamp = PhotoImage(file="lamp.gif")
w = self.bg.width()
h = self.bg.height()
```

❶ self.bg_shelf = PhotoImage(file="shelf.gif")
❷ self.bg_lamp = PhotoImage(file="lamp.gif")

```
❸              count = 0
            draw_background = 0
            for x in range(0, 5):
                for y in range(0, 5):
                    if draw_background == 1:
                        self.canvas.create_image(x * w, y * h, \
                                image=self.bg, anchor='nw')
                        draw_background = 0
                    else:
❹                      count = count + 1
❺                      if count == 5:
❻                          self.canvas.create_image(x * w, y * h, \
                                    image=self.bg_shelf, anchor='nw')
❼                      elif count == 9:
❽                          self.canvas.create_image(x * w, y * h, \
                                    image=self.bg_lamp, anchor='nw')
                        else:
                            self.canvas.create_image(x * w, y * h, \
                                    image=self.bg2, anchor='nw')
                        draw_background = 1
```

❶과 ❷에서 새로운 이미지들을 로드하여 bg_shelf 변수와 bg_lamp 변수에 각각 저장한 다음, ❸에서 count라는 이름의 새로운 변수를 생성한다. 이전 퍼즐의 해답에서는 draw_background 변수에 있는 값에 따라 배경 이미지를 그리게 될 if 문을 가졌었다. 여기서도 동일한 작업을 한다. 다만 다른 이미지를 그냥 표시하는 것만 다르다. ❹에서 변수 count의 값에 1을 더하여 증가시키고 (count = count + 1을 이용함), count의 값에 따라 어떤 이미지를 그릴지 결정한다. ❺에서 그 값이 5라면 ❻에서 책장 이미지를 그린다. ❼에서 그 값이 9라면 ❽에서 램프 이미지를 그린다. 이 모든 if 문에 맞지 않는다면 이전에 했던 것처럼 다른 배경 이미지를 그냥 그린다.

18장

#1: "You Win!"

__init__ 함수에서 Game 클래스의 변수로 "You Win!" 텍스트를 추가할 수 있다.

```
for x in range(0, 5):
    for y in range(0, 5):
        self.canvas.create_image(x * w, y * h, \
                image=self.bg, anchor='nw')

self.sprites = []
self.running = True
self.game_over_text = self.canvas.create_text(250, 250, \
        text='YOU WIN!', state='hidden')
```

게임이 끝났을 때 이 텍스트를 표시하기 위해 mainloop 함수에 else 문을 추가해야 한다.

```
    def mainloop(self):
        while 1:
            if self.running == True:
                for sprite in self.sprites:
                    sprite.move()
❶          else:
❷              time.sleep(1)
❸              self.canvas.itemconfig(self.game_over_text, \
                        state='normal')
            self.tk.update_idletasks()
            self.tk.update()
            time.sleep(0.01)
```

❶에서 ❸까지 수정된 것을 볼 수 있을 것이다. else 절을 ❶의 if 문에 추가하면 running 변수가 더 이상 True가 아닐 경우 파이썬이 이 코드 블록을 실행한다. ❷에서는 1초 멈추기(sleep) 때문에 "You Win!"이라는 텍스트가 즉시 나타나지 않을 것이며, ❸에서 그 텍스트의 상태를

'normal'로 변경하면 캔버스에 나타나게 된다.

#2: 문을 애니메이션하기

스틱맨이 문에 도착했을 때 문을 열고 닫는 애니메이션을 하기 위해서는 DoorSprite 클래스를 먼저 수정해야 한다. 매개변수로 이미지를 전달하지 않고 스프라이트는 두 개의 문 이미지 자체를 __init__ 함수에서 로드할 것이다.

```
class DoorSprite(Sprite):
    def __init__(self, game, x, y, width, height):
        Sprite.__init__(self, game)
❶      self.closed_door = PhotoImage(file="door1.gif")
❷      self.open_door = PhotoImage(file="door2.gif")
        self.image = game.canvas.create_image(x, y, \
            image=self.closed_door, anchor='nw')
        self.coordinates = Coords(x, y, x + (width / 2), y + height)
        self.endgame = True
```

코드를 보면 알 수 있듯이 ❶과 ❷에서 두 개의 이미지가 객체 변수들에 로드된다. 이제 door 객체를 생성하는 이 게임의 하단에 있는 코드를 수정해야 할 것이므로 더 이상 이미지 매개변수를 사용하지 않는다.

```
door = DoorSprite(g, 45, 30, 40, 35)
```

DoorSprite에 두 개의 새로운 함수가 필요하다. 하나는 열린 문 이미지를 표시하는 것이고, 다른 하나는 닫힌 문 이미지를 표시하는 것이다.

```
    def opendoor(self):
❶      self.game.canvas.itemconfig(self.image, image=self.open_door)
❷      self.game.tk.update_idletasks()

    def closedoor(self):
❸      self.game.canvas.itemconfig(self.image,
            image=self.closed_door)
        self.game.tk.update_idletasks()
```

캔버스의 `itemconfig` 함수를 사용해 ❶에서 표시된 이미지를 객체 변수 `open_door`에 저장된 이미지로 바꾼다. ❷에서는 새로운 이미지가 표시되도록 하기 위해 `tk` 객체의 `update_idletasks` 함수를 호출한다(만약에 이 작업을 하지 않는다면 이미지가 즉시 변경되지 않을 것이다). `closedoor` 함수도 비슷하다. 하지만 ❸에서는 `closed_door` 변수에 저장된 이미지를 표시한다.

다음의 새로운 함수는 `StickFigureSprite` 클래스에 추가된다.

```
    def end(self, sprite):
❶      self.game.running = False
❷      sprite.opendoor()
❸      time.sleep(1)
❹      self.game.canvas.itemconfig(self.image, state='hidden')
❺      sprite.closedoor()
```

❶에서는 이 게임의 객체 변수인 `running`에 `False`를 설정하고, ❷에서 `sprite` 매개변수의 `opendoor` 함수를 호출한다. 이것은 우리가 다음 절의 코드에서 보게 될 실제 `DoorSprite` 객체다. ❸에서는 ❹에서 스틱맨을 숨기기 전에 1초 멈추고, ❺에서 `closedoor` 함수를 호출한다. 이것은 스틱맨이 문을 통해 나가고 그 뒤로 문이 닫히는 것처럼 보이게 만든다.

마지막으로 수정할 부분은 `StickFigureSprite`의 `move` 함수다. 이 코드의 이전 버전에서는 스틱맨이 문과 충돌하면 `running` 변수에 `False`를 설정하지만, `end` 함수로 옮겨졌기 때문에 그 함수를 호출해야 한다.

```
        if left and self.x < 0 and collided_left(co, sprite_co):
            self.x = 0
            left = False
❶          if sprite.endgame:
❷              self.end(sprite)
        if right and self.x > 0 and collided_right(co, sprite_co):
            self.x = 0
            right = False
❸          if sprite.endgame:
❹              self.end(sprite)
```

스틱맨이 왼쪽으로 움직이며 왼쪽으로 스프라이트와 충돌했는지를 검사하는 코드에서 endgame 변수가 True인지를 검사한다❶. 만약에 그렇다면 충돌한 스프라이트가 DoorSprite 객체임을 알게 되며, ❷에서 sprite 변수를 이용하여 매개변수로 end 함수를 호출한다. 스틱맨이 오른쪽으로 움직이며 오른쪽으로 스프라이트와 충돌했는지를 검사하는 코드에도 동일한 수정을 한다(❸과 ❹).

#3: 바닥 받침판 움직이기

움직이는 바닥 받침판 클래스는 스틱맨에 대한 클래스와 비슷할 것이다. 바닥 받침판의 위치를 고정된 좌표를 갖는 대신에 다시 계산해야 한다. PlatformSprite 클래스의 하위 클래스를 생성하고 다음과 같이 __init__ 함수를 만든다.

```
    class MovingPlatformSprite(PlatformSprite):
❶       def __init__(self, game, photo_image, x, y, width, height):
❷           PlatformSprite.__init__(self, game, photo_image, x, y, \
                    width, height)
❸           self.x = 2
❹           self.counter = 0
❺           self.last_time = time.time()
❻           self.width = width
❼           self.height = height
```

❶에서는 PlatformSprite 클래스와 같은 매개변수들을 전달한 다음, ❷에서 그 매개변수들을 가지고 부모 클래스의 __init__ 함수를 호출한다. 이것은 MovingPlatformSprite 클래스의 모든 객체는 PlatformSprite 클래스의 객체처럼 동일하게 설정될 것이라는 의미다. 그런 다음, ❸에서 2의 값을 가진 변수 ❹를 생성하고(바닥 받침판은 오른쪽으로 움직이기 시작할 것이다) x에서는 변수 counter를 생성한다. 바닥 받침판이 방향을 바꿔야 할 때를 알려주기 위해 이 카운터를 사용할 것이다. 바닥 받침판이 너무 빨리 앞뒤로 움직이는 것을 원하지 않으며, 마찬가지로 StickFigureSprite도 너무 빨리 앞뒤로 움직이는 것을 원하지 않기 때문에 ❺에서 last_time 변수에 시간을 기록할 것이다(이 last_time 변수는 바닥 받침판의 움직임을 느리게 하는 데 사용될 것이다). 이 함수에 추가할 마지막은 ❻과 ❼에서 width와 height를 저장하는 것이다.

새로운 클래스에 다음으로 추가할 것은 coords 함수다.

```
        self.last_time = time.time()
        self.width = width
        self.height = height


    def coords(self):
        xy = self.game.canvas.coords(self.image)
        self.coordinates.x1 = xy[0]
        self.coordinates.y1 = xy[1]
❶      self.coordinates.x2 = xy[0] + self.width
❷      self.coordinates.y2 = xy[1] + self.height
        return self.coordinates
```

coords 함수는 고정된 폭과 높이를 사용하지 않는다는 점만 빼면 스틱맨에 사용된 것과 거의 동일하다. __init__ 함수에서 저장된 값들을 사용한다(여러분은 ❶과 ❷의 차이점을 알 것이다).

움직이는 스프라이프이므로 move 함수를 추가해야 한다.

```
        self.coordinates.x2 = xy[0] + self.width
        self.coordinates.y2 = xy[1] + self.height
        return self.coordinates


    def move(self):
❶      if time.time() - self.last_time > 0.03:
❷          self.last_time = time.time()
❸          self.game.canvas.move(self.image, self.x, 0)
❹          self.counter = self.counter + 1
❺          if self.counter > 20:
❻              self.x = self.x * -1
❼              self.counter = 0
```

move 함수는 ❶에서 시간이 13분의 1초보다 큰지를 검사한다. 만일 그렇다면 ❷에서 last_time 변수에 현재 시간을 설정한다. ❸에서는 바닥 받침판 이미지를 움직이고 ❹에서 counter 변수를 증가시킨다. 만약에 카운터가 20보다 크면(❺에서의 if 문) ❻에서는 변수 x에 −1을 곱하여(즉, 양수 였다면 음수가 되고 음수였다면 양수가 됨) 움직임의 방향을 바꾸고 ❼에서 0으로 리셋한다. 이제 바닥 받침판은 카운트가 20이 될 때까지 한 방향으로 움직일 것이며, 그 다음의 20이 될 때까지 반대 방향으로 움직일 것이다.

움직이는 바닥 받침판을 테스트하려면 몇몇 기존의 바닥 받침판 객체들을 PlatformSprite에서 MovingPlatformSprite로 수정하면 된다.

```python
platform5 = MovingPlatformSprite(g, PhotoImage(file="platform2.gif"), \
        175, 350, 66, 10)
platform6 = PlatformSprite(g, PhotoImage(file="platform2.gif"), \
        50, 300, 66, 10)
platform7 = PlatformSprite(g, PhotoImage(file="platform2.gif"), \
        170, 120, 66, 10)
platform8 = PlatformSprite(g, PhotoImage(file="platform2.gif"), \
        45, 60, 66, 10)
platform9 = MovingPlatformSprite(g, PhotoImage(file="platform3.gif"), \
        170, 250, 32, 10)
platform10 = PlatformSprite(g, PhotoImage(file="platform3.gif"), \
        230, 200, 32, 10)
```

다음은 수정된 최종 코드다.

```python
from tkinter import *
import random
import time

class Game:
    def __init__(self):
        self.tk = Tk()
        self.tk.title("Mr Stick Man Races for the Exit")
        self.tk.resizable(0, 0)
        self.tk.wm_attributes("-topmost", 1)
        self.canvas = Canvas(self.tk, width=500, height=500, \
                highlightthickness=0)
```

```python
        self.canvas.pack()
        self.tk.update()
        self.canvas_height = 500
        self.canvas_width = 500
        self.bg = PhotoImage(file="background.gif")
        w = self.bg.width()
        h = self.bg.height()
        for x in range(0, 5):
            for y in range(0, 5):
                self.canvas.create_image(x * w, y * h, \
                        image=self.bg, anchor='nw')
        self.sprites = []
        self.running = True
        self.game_over_text = self.canvas.create_text(250, 250, \
                text='YOU WIN!', state='hidden')

    def mainloop(self):
        while 1:
            if self.running:
                for sprite in self.sprites:
                    sprite.move()
            else:
                time.sleep(1)
                self.canvas.itemconfig(self.game_over_text, \
                        state='normal')
            self.tk.update_idletasks()
            self.tk.update()
            time.sleep(0.01)

class Coords:
    def __init__(self, x1=0, y1=0, x2=0, y2=0):
        self.x1 = x1
        self.y1 = y1
        self.x2 = x2
        self.y2 = y2
```

```python
def within_x(co1, co2):
    if (co1.x1 > co2.x1 and co1.x1 < co2.x2) \
            or (co1.x2 > co2.x1 and co1.x2 < co2.x2) \
            or (co2.x1 > co1.x1 and co2.x1 < co1.x2) \
            or (co2.x2 > co1.x1 and co2.x2 < co1.x1):
        return True
    else:
        return False


def within_y(co1, co2):
    if (co1.y1 > co2.y1 and co1.y1 < co2.y2) \
            or (co1.y2 > co2.y1 and co1.y2 < co2.y2) \
            or (co2.y1 > co1.y1 and co2.y1 < co1.y2) \
            or (co2.y2 > co1.y1 and co2.y2 < co1.y1):
        return True
    else:
        return False


def collided_left(co1, co2):
    if within_y(co1, co2):
        if co1.x1 <= co2.x2 and co1.x1 >= co2.x1:
            return True
    return False


def collided_right(co1, co2):
    if within_y(co1, co2):
        if co1.x2 >= co2.x1 and co1.x2 <= co2.x2:
            return True
    return False


def collided_top(co1, co2):
    if within_x(co1, co2):
        if co1.y1 <= co2.y2 and co1.y1 >= co2.y1:
            return True
```

```python
        return False

def collided_bottom(y, co1, co2):
    if within_x(co1, co2):
        y_calc = co1.y2 + y
        if y_calc >= co2.y1 and y_calc <= co2.y2:
            return True
    return False


class Sprite:
    def __init__(self, game):
        self.game = game
        self.endgame = False
        self.coordinates = None
    def move(self):
        pass
    def coords(self):
        return self.coordinates


class PlatformSprite(Sprite):
    def __init__(self, game, photo_image, x, y, width, height):
        Sprite.__init__(self, game)
        self.photo_image = photo_image
        self.image = game.canvas.create_image(x, y, \
                image=self.photo_image, anchor='nw')
        self.coordinates = Coords(x, y, x + width, y + height)


class MovingPlatformSprite(PlatformSprite):
    def __init__(self, game, photo_image, x, y, width, height):
        PlatformSprite.__init__(self, game, photo_image, x, y, \
                width, height)
        self.x = 2
        self.counter = 0
        self.last_time = time.time()
        self.width = width
```

```python
        self.height = height

    def coords(self):
        xy = self.game.canvas.coords(self.image)
        self.coordinates.x1 = xy[0]
        self.coordinates.y1 = xy[1]
        self.coordinates.x2 = xy[0] + self.width
        self.coordinates.y2 = xy[1] + self.height
        return self.coordinates

    def move(self):
        if time.time() - self.last_time > 0.03:
            self.last_time = time.time()
            self.game.canvas.move(self.image, self.x, 0)
            self.counter += 1
            if self.counter > 20:
                self.x *= -1
                self.counter = 0

class DoorSprite(Sprite):
    def __init__(self, game, x, y, width, height):
        Sprite.__init__(self, game)
        self.closed_door = PhotoImage(file="door1.gif")
        self.open_door = PhotoImage(file="door2.gif")
        self.image = game.canvas.create_image(x, y, \
                image=self.closed_door, anchor='nw')
        self.coordinates = Coords(x, y, x + (width / 2), y + height)
        self.endgame = True

    def opendoor(self):
        self.game.canvas.itemconfig(self.image, image=self.open_door)
        self.game.tk.update_idletasks()

    def closedoor(self):
        self.game.canvas.itemconfig(self.image, \
```

```python
                    image=self.closed_door)
            self.game.tk.update_idletasks()


class StickFigureSprite(Sprite):
    def __init__(self, game):
        Sprite.__init__(self, game)
        self.images_left = [
            PhotoImage(file="figure-L1.gif"),
            PhotoImage(file="figure-L2.gif"),
            PhotoImage(file="figure-L3.gif")
        ]
        self.images_right = [
            PhotoImage(file="figure-R1.gif"),
            PhotoImage(file="figure-R2.gif"),
            PhotoImage(file="figure-R3.gif")
        ]
        self.image = game.canvas.create_image(200, 470, \
                image=self.images_left[0], anchor='nw')
        self.x = -2
        self.y = 0
        self.current_image = 0
        self.current_image_add = 1
        self.jump_count = 0
        self.last_time = time.time()
        self.coordinates = Coords()
        game.canvas.bind_all('<KeyPress-Left>', self.turn_left)
        game.canvas.bind_all('<KeyPress-Right>', self.turn_right)
        game.canvas.bind_all('<space>', self.jump)

    def turn_left(self, evt):
        if self.y == 0:
            self.x = -2

    def turn_right(self, evt):
        if self.y == 0:
```

```python
        self.x = 2

    def jump(self, evt):
        if self.y == 0:
            self.y = -4
            self.jump_count = 0

    def animate(self):
        if self.x != 0 and self.y == 0:
            if time.time() - self.last_time > 0.1:
                self.last_time = time.time()
                self.current_image += self.current_image_add
                if self.current_image >= 2:
                    self.current_image_add = -1
                if self.current_image <= 0:
                    self.current_image_add = 1
        if self.x < 0:
            if self.y != 0:
                self.game.canvas.itemconfig(self.image, \
                        image=self.images_left[2])
            else:
                self.game.canvas.itemconfig(self.image, \
                        image=self.images_left[self.current_image])
        elif self.x > 0:
            if self.y != 0:
                self.game.canvas.itemconfig(self.image, \
                        image=self.images_right[2])
            else:
                self.game.canvas.itemconfig(self.image, \
                        image=self.images_right[self.current_image])

    def coords(self):
        xy = self.game.canvas.coords(self.image)
        self.coordinates.x1 = xy[0]
        self.coordinates.y1 = xy[1]
```

```python
        self.coordinates.x2 = xy[0] + 27
        self.coordinates.y2 = xy[1] + 30
        return self.coordinates

    def move(self):
        self.animate()
        if self.y < 0:
            self.jump_count += 1
            if self.jump_count > 20:
                self.y = 4
        if self.y > 0:
            self.jump_count -= 1
        co = self.coords()
        left = True
        right = True
        top = True
        bottom = True
        falling = True
        if self.y > 0 and co.y2 >= self.game.canvas_height:
            self.y = 0
            bottom = False
        elif self.y < 0 and co.y1 <= 0:
            self.y = 0
            top = False
        if self.x > 0 and co.x2 >= self.game.canvas_width:
            self.x = 0
            right = False
        elif self.x < 0 and co.x1 <= 0:
            self.x = 0
            left = False
        for sprite in self.game.sprites:
            if sprite == self:
                continue
            sprite_co = sprite.coords()
            if top and self.y < 0 and collided_top(co, sprite_co):
```

```
                self.y = -self.y
                top = False
            if bottom and self.y > 0 and collided_bottom(self.y, \
                    co, sprite_co):
                self.y = sprite_co.y1 - co.y2
                if self.y < 0:
                    self.y = 0
                bottom = False
                top = False
            if bottom and falling and self.y == 0 \
                    and co.y2 < self.game.canvas_height \
                    and collided_bottom(1, co, sprite_co):
                falling = False
            if left and self.x < 0 and collided_left(co, sprite_co):
                self.x = 0
                left = False
                if sprite.endgame:
                    self.end(sprite)
            if right and self.x > 0 \
                    and collided_right(co, sprite_co):
                self.x = 0
                right = False
                if sprite.endgame:
                    self.end(sprite)
        if falling and bottom and self.y == 0 \
                and co.y2 < self.game.canvas_height:
            self.y = 4
        self.game.canvas.move(self.image, self.x, self.y)


def end(self, sprite):
    self.game.running = False
    sprite.opendoor()
    time.sleep(1)
    self.game.canvas.itemconfig(self.image, state='hidden')
    sprite.closedoor()
```

```
g = Game()
platform1 = PlatformSprite(g, PhotoImage(file="platform1.gif"), \
        0, 480, 100, 10)
platform2 = PlatformSprite(g, PhotoImage(file="platform1.gif"), \
        150, 440, 100, 10)
platform3 = PlatformSprite(g, PhotoImage(file="platform1.gif"), \
        300, 400, 100, 10)
platform4 = PlatformSprite(g, PhotoImage(file="platform1.gif"), \
        300, 160, 100, 10)
platform5 = MovingPlatformSprite(g, PhotoImage(file="platform2.gif"),\
        175, 350, 66, 10)
platform6 = PlatformSprite(g, PhotoImage(file="platform2.gif"), \
        50, 300, 66, 10)
platform7 = PlatformSprite(g, PhotoImage(file="platform2.gif"), \
        170, 120, 66, 10)
platform8 = PlatformSprite(g, PhotoImage(file="platform2.gif"), \
        45, 60, 66, 10)
platform9 = MovingPlatformSprite(g, PhotoImage(file="platform3.gif"),\
        170, 250, 32, 10)
platform10 = PlatformSprite(g, PhotoImage(file="platform3.gif"), \
        230, 200, 32, 10)
g.sprites.append(platform1)
g.sprites.append(platform2)
g.sprites.append(platform3)
g.sprites.append(platform4)
g.sprites.append(platform5)
g.sprites.append(platform6)
g.sprites.append(platform7)
g.sprites.append(platform8)
g.sprites.append(platform9)
g.sprites.append(platform10)
door = DoorSprite(g, 45, 30, 40, 35)
g.sprites.append(door)
sf = StickFigureSprite(g)
```

```
g.sprites.append(sf)
g.mainloop()
```

찾.아.보.기.

ㅎ

기호

번호

누구나 쉽게 배우는
파이썬 프로그래밍

초판 1쇄 발행	2013년 8월 8일
지은이	제이슨 R. 브리그스
옮긴이	황반석, 이상훈
발행인	김범준
편집 디자인	이가희
발행처	비제이퍼블릭
출판신고	2009년 05월 01일 제300-2009-38호
주소	서울시 종로구 내수동 73 경희궁의아침 4단지 오피스텔 #1004
주문/문의 전화	02-739-0739 **팩스** 02-6442-0739
홈페이지	http://bjpublic.co.kr **이메일** bjpublic@bjpublic.co.kr
가격	27,000원
ISBN	978-89-94774-46-6